JN324040

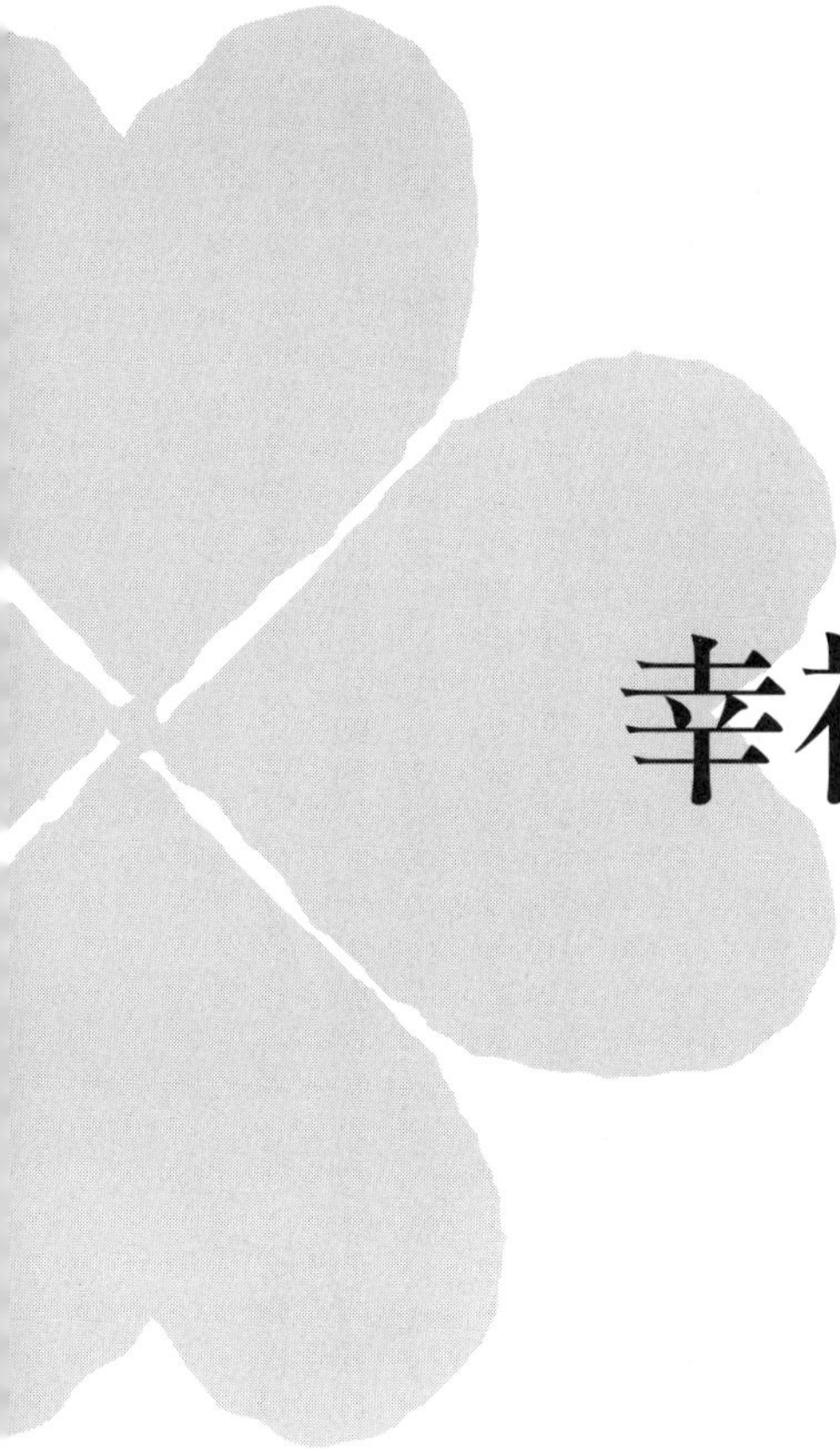

マチウ・リカール【著】
日本語版翻訳 竹中ブラウン・厚子

Happiness
幸福の探求

人生で最も大切な技術

評言社

■著者　マチウ・リカール

フランスにおいて細胞遺伝子の分野で将来を嘱望された研究者の経歴を放棄し、ヒマラヤ山間で仏教僧として35年間修行に専心。現在は著述家、翻訳家、写真家としても活躍するほか、瞑想の脳に及ぼす効果に関して展開中の科学研究にもポジティブに参加。チベットとネパールを生活の拠点として人道的プロジェクトにも従事。

■英語版翻訳者　ジェシー・ブラウナー

ニューヨーク市在住の小説家兼翻訳家。訳書はジャン・コクトー、ライネル・マリア・リルケ、ポール・エリュアール他多数。

本書は、Matthieu Ricard による原書 Plaidoyer pour le bonheur, Nil 2003 の英語訳 Happiness, A Guide to Developing Life's Most Important Skill（英訳者：Jessy Browner, Little, Brown and Company 2006）をさらに日本語に重訳したものである。

PLAIDOYER POUR LE BONHEUR
(aka HAPPINESS)
by Matthieu Ricard
Copyright(c) Nil Editions, Paris, 2003
Japanease translation rithts arranged with
SA.EDITIONS ROBERT LAFFONT through
The English Agency (Japan) Ltd.

マチウ・リカールは、深い思いやりとシャープな論理性と、思わず笑い出してしまうユーモアを交えて、人間の可能性に関する偽りを暴きだし、これまでの仮定に反駁してくれた。本物かつ永続的な幸福が可能であるのみならず、幸福は人間の生得権であることを明確に示した。我々の中で最も叡智に富み、最も信頼に値する友人による類い稀なる書である。

リチャード・ギア

目次●幸福の探求

カバーデザイン／関原直子

はじめに

それは明け方のことだった。茫洋たる草原を見わたす地点に、私の住む粗末な草庵は建っていた。戸口にたたずみ、目の前に迫る雄大なヒマラヤの頂上から今まさに姿を見せようとする朝日に目を奪われていた。シーンとして物音一つしないあたりの静寂と、内面の静寂さが渾然一体となって溶けあう、といった感覚で満たされた。パストゥール研究所に籍を置き、大腸菌の染色体上に遺伝子を位置づける、細胞分裂の研究に取り組んでいたのは、かれこれ35年前のことになる。研究所と今の住処との間にある時空の隔たりにしばらく思いを馳せた。

実に思い切った方向転換をしたものだ、と受け取られて当然だろう。だからといって、西欧社会と完全に縁を切ったのか、と問われれば、答えは否である。縁を切る（Renunciation）という概念は誤解を生みやすい。少なくとも、仏教徒がこの言葉を使うとき、善なるもの、美なるものを放棄することを意味しない。第一、そのようなことは愚の骨頂である。むしろ、満たされない心から自らを開放し、最も大切な物に断固として立ち向かうことを意味する。それは自由、すなわち、精神的な混乱や自分中心の心のあり方から生じる苦しみから自らを解き放ち、洞察と慈悲心に裏付けられた行為を意図することに他ならない。

20歳の頃、無意味な人生だけはなんとしても避けたい、と考えていた。ところが何がしたいのかは皆目検討がつかなかった。青春時代の私は退屈とはまったく無縁だった。

記者をしていた友人のおかげで、著名な作曲家のストラヴィンスキーとの昼食に同席するチャンスに恵まれた。16歳の若造にとってどれほどの興奮だったか、今でもはっきり覚えている。偉大な作曲家の一言一句を余すところなく吸い込もうとした。《アゴン》その他、それほど世に知られていない作品の楽譜にまでサインを求め、巨匠から以下の言葉を頂戴した。「マチウ君へ、アゴンは我ながらよくできた作品だ」。

私の両親はどちらもフランス知識層に仲間入りしていたので、魅力ある人物との出会いには事欠かなかった。母のヤンヌ・ル・トゥムランは、画家として名が通っていたし、詩作の才もなかなかのものだった。生気に溢れた暖かい人柄で、彼女自身も仏教に帰依している。母の仲間には、アンドレ・ブルトン〔1896〜1966年、フランスの詩人、文学者、シュールレアリスト〕やレオノラ・キャリントン〔1917年英国生まれ。シュールレアリスト画家、小説家〕、舞台装置を母に依頼したモーリス・ベジャール〔1927〜2007年、ローザンヌ生まれの舞踏家〕などの現代アートの著名な芸術家が名を連ねていた。一方、現代フランスを代表する知識人の一人と評される父は、ジャン・フランソワ・ルヴェルのペンネームで多くの本を書いており、ルイス・ブニュエル〔自暴自棄の哲学者〕、エマニュエル・シオラン〔ポルトガルをファシズムのくびきから救出した活動家〕、マリオ・スアレス〔世紀の目と評された人物〕、写真家アンリ・カルチェ・ブレッソン等といった、偉大な思想家たちを頻繁に我が家に招いている。

父は1970年に『マルクスでもイエスでもなく（Without Marx or Jesus）』と題する本を著し、政治および宗教的な全体主義に対する拒絶を宣言した。同書は、米国で発売と同時にベストセラー入りし、年間を通じてリストから漏れることがなかった。

私がパストゥール研究所内の、ノーベル医学賞受賞者フランソワ・ジャコブ教授の細胞遺伝学研究室に研究員として採用されたのは1967年のことだった。当時、ジャック・モノやアンドレ・ルウォフをはじめ、分子生物学界の権威が多数在籍していた。世界中から集まった、科学界のそうそうたる顔ぶれと研究所内のテーブルで昼食を共にしたものである。博士課程の学生をわずか2名しか受け入れなかったジャコブ教授の研究室は、学生たちの垂涎《すいぜん》の的だったが、そのうちの一人に選ばれる、という幸運に恵まれた。後に共通の友人から聞かされた、採用決定の理由がふるっている。大学での成績はさておき、私がハープシコードを自分で組み立てるという野望を抱いていたことが決め手となったというのである。1967年当時の私は、天文学、スキー、ヨット、鳥類学などにも大いに興味があったし、弱冠20歳で、渡り鳥に関する[1]本を書いたりもした。野生動物を専門とする写真家の友人から撮影技術を教わり、ソローニュ沼や大西洋岸の海辺をカイツブリ科の水鳥や野生のガンを追いかけて週末を過ごしたものだった。冬場はアルプスのスキー場で過ごした。大戦後に30フィート級ヨットで単独世界一周にチャレンジした、叔父のジャック・イヴ・ラ・トゥムランの友人の船に乗って、大洋を航海するのが夏場の過ごし方だった。この叔父は、冒険家、探検家、神秘主義者、占星術師、形而上学者といった、めったにお目にかかれないような変人に囲まれていた。叔父はこれらの仲間に私を熱心に紹介してまわった。ある日、叔父の友人宅に立ち寄ったところ、玄関に「これからティンブクトウ［アフリカの国マリの町］に出かけます。失敬！」というメモが留められていた。

退屈とは無縁の生活を送っていたにもかかわらず、何か本質的なものが欠けているという漠然とした感覚は拭えなかった。1972年、パリの生活に飽き飽きした26歳の私は、ヒマラヤ山脈を背にするインドのダージリンに向けて出発した。チベットの高僧の教えを乞うのが目的だった。

このような人生の岐路に至った経路に触れておこう。それまでにも傑出した才能をもつ人物との出会いに事欠くことはなかったし、その一人一人が優れた技能で私を魅了したのは事実である。グレン・グールドのようにピアノが弾けたり、ボビー・フィッシャーのようにチェスがうまくなりたかったたし、ボードレールのような素晴らしい詩が書けたら、と思ったりした。

しかし、人間としてみたとき、誰からもインスピレーションを感じ取れなかった。芸術、科学、知性の面では確かに飛びぬけていたものの、利他の心、世の中に向けて大きく開く心の態度、強靭な意思、生きる喜び、などの人間力の尺度で測った場合、普通の人間である我々となんら差がない、と感じられた。

何人かの稀有な人物との出会いがすべてを変えることになった。これらの人たちは、精神的に満ち足りた人生とはどういうことか、を具現していた。こうした出会いの以前にも、人間に本質的に備わっている、純粋性という力で人々に変革を鼓舞した、マーティン・ルーサー・キングやガンジー等の偉人伝を読んで感動することはあった。20歳の頃に、友人のアルノ・デジャルダンがドキュメンタリー・シリーズの制作を手掛けていた。それは、中国による残酷な侵略を受けてチベットを逃れ、インドとブータンの難民としての日々を送る、精神的指導者たちをテーマにしたものだった。その映画を見て、言いようのない衝撃を受けた。指導者たちの外見はさまざまだったが、内からにじみ出る清々しさ、思いやりに満ち溢れた表情、ほとばしり出る叡智などの点で驚くほど共通していた。ソクラテスに会うことも、プラトンの議論に耳を傾けることも、聖フランシスの足元にひれふすことも不可能な今、20名以上の賢者が突然、私の目の前に姿を現した、という衝撃的な喜びだった。インドに行って彼らに会おう、と決意するのにさほど時間は要らなかった。

1967年6月、ダージリンから数マイルほどの地に建つ木造の小さな小屋にたどり着いた。カンギゥル・リンポチェ師と出会ったときの感動を正確に表現する言葉はみつからない。窓越しに、8800メートルを超えて悠然と横たわるヒマラヤ山脈にたなびく雲海がはるか遠くに見渡せた。大自然を背にして座る同師の体からは、稀にみる深遠さ、静謐さ、慈悲心がにじみ出ていた。それからの3週間は、同師の前で無我夢中で過ごした。世に言う瞑想なるものを試みたつもりだったが、実際には、師の前でただただ気持ちを落ち着かせ、自分の思考の後ろにあるものを見つめるのが精一杯だった。

そのインド旅行は、パストゥール研究所での仕事開始からほんの1年目のことだったが、リンポチェとの出会いが私に与えた衝撃は並々ならぬものだった。人生に希望と方向性を示し、重大な意義を明らかにしてくれる存在と遂に巡り合ったことを実感した。1967年から1972年にかけて、ダージリン行脚を毎年繰り返した。ダージリンに到着するやいなや、ヨーロッパの生活はすっかり色あせたものになった。反対に、パストゥール研究所に戻ってからは、ヒマラヤに恋焦がれて空しく日が過ぎる、といった状況だった。私のようすを見かねたリンポチェは、博士課程だけは修了するように、と助言してくれた。「急ぐことはない」という師の言葉どおり、数年は待つことにしたものの、どこが本当に望む場所なのかを決めるのに一切迷わなかったし、その後、自分の決心を後悔したことは一度もない。

前途洋々、スムーズに滑り出したかに見えたキャリアを唐突に放り投げてしまおうとする私に対し、父は失望を禁じえないようすだった。しかも、「仏教に反対するつもりは毛頭ない。純粋で率直な仏教的アプローチは、各種の宗教的教義の中でも独特の立場を確立している。究極の厳密さを要求する、西欧の哲学者からも重視されていることは事実」[2]と好意的に話しているとはいえ、確信的な不可知論者である父が、仏教を真剣に受けとめる日が来ようとは夢にも思わなかった。久しく顔を会わせないのは当たり前で、父のほうからダージリンとブータンまで足を伸ばして会いにきてくれたこともあった。記者の質問に対して、「息子との間をさえぎる雲があるとすれば、それはアジアのモンスーンだけだ」と応じている。

こうして私が発見したものは、盲目的な信仰心の強要ではなく、豊かで実際的な心の科学、利他の心に基づいて生きる技術、深遠な哲学、内側を本質的に変革する精神的鍛錬などと表現できるだろう。この35年間に、私が理解してきた科学的精神と矛盾すると感じたことは一度もない。仏教とは要するに、経験主義的な真理の探求に他ならないのである。こちらに来て、「常に幸福」な状態が続いている、という人物に何人も出会っている。これらの人たちは、一般的に考えられている幸福な人とは異なり、現実とは何か、何が心の本質か、などを深く洞察し、他者に対する慈悲心に満たされた状態にある人たち、と呼ぶに相応しいだろう。生まれつき人一倍幸福を感じることのできる人は世間にたくさんいる。だが、彼らの幸福は脆くて不完全なものである。これに対し、永続的な幸福を体得するには技術が必要であること、内側の平静さ、今この瞬間の気付き、利他の心に根ざした愛、といった人間に本来備わっている能力を開発するには、それなりの努力と訓練が必要であること、などが次第にわかり始めた。

深遠で静寂な観想の方法論と英知を言葉と行動で具体的に範を示してくれる生きた見本に直に触れる、という経験は、間違いなく充実した人生を歩むためのお膳立てができた、といっても過言ではない。「私の行動は真似せずに言葉にだけ従え」といった、真理の探究者を失望させる、多くの教えとは一線を画す本物の教えに出会ったのだった。

インドでの最初の7年間は、ダージリンに居を構えた。リンポチェが亡くなる1975年までは、師のお側近くで暮らした。その後は僧院のすぐ上に庵を構え、学習と瞑想にひたすら励んだ。その間にチベット語を習得し、当地に滞在中はチベット語が日常語となった。二番目の師、ディンゴ・キェンツェ・リンポチェの指導を受けながら、ブータンとインドで過ごした13年間は、生涯忘れえぬ歳月となった。同世代の中でも、最も強力に人を啓発する人物と評され、ダライ・ラマの教師まで勤めた同師は、ブータン国王から貧農にいたるまで、多くの人々が畏敬の念を抱いた人物である。師の内面の旅はどこまでも深く、その知識は驚くほど幅があり、慈悲心、叡智、思いやりの心は至高の域に達していた。

同師のもとには、教えを乞いに馳せ参じる教師や弟子が引きも切らなかった。これらの人々は、私がチベット語の文献を西欧の言語に翻訳する際に、内容を正しく理解するための、知恵の宝庫となった。リンポチェがヨーロッパに出向く際には、通訳として同行したし、30年の亡命生活の後にチベットに戻る際にも共に行動した。チベットの荒廃は筆舌に尽くせないものだった。6000を数えた僧院はことごとく破壊され、数百万のチベット人が飢饉と迫害で死亡し、生き残った人々も15年から20年を強制労働収容所で過ごしたのである。リンポチェのチベット帰還は、長く暗い闇夜にもたらされた夜明けの灯にたとえられた。

インドとブータンでは、手紙が数カ月に1通届く程度で、ラジオすらない。世界の出来事とは殆ど無縁の生活を送った。1979年、リンポチェは、チベット文化遺産の保存を目的として、ネパールに僧院を立てる事業に着手した。芸術家、学者、瞑想家、慈善家その他多くの人々が、シェチェン僧院に参集した。私は、同師の亡くなる1991年まで同僧院に常駐した。

ある日、父親との対話を本にしないか、という提案がフランスから飛び込んだ。「私のほうは反対する理由がありませんので、父に聞いてください」と応答して、冗談半分に聞き流していた。その話はそれっきりになると思っていた。何しろ、頑強な不可知論者の父が、たとえ血を分けた息子とはいえ、仏教僧との対話本に関与するなど、想像もできなかったからである。ところが、それが考え違いだ、ということがわかった。出版社の人が昼食に父を招待し、いくつかのタイトルを提案し始めた。父はそれらを皆はねつけ、料理の美味しさにばかり話題を集中させていた。デザートが運ばれる段になって、出版社の人が、対話本のことをさりげなく切り出すと、冷ややかなようすで黙りこくっていた父が、数分後に、「その話は拒否できないな」

と言ったというのである。その瞬間、それまでの世捨て人としての心地よさを私は一挙に失うことになった。

父の回答を聞かされたとき、真っ先に浮かんだのは、間違っていると思ったら、情け容赦なく攻撃する父によって、木っ端微塵になっている自分の姿だった。ところが運のいいことに、対話は私の本拠地で行われることになった。父がネパールまで足を運び、カトマンズの山間にある宿で10日間を共に過ごすことが決まった。午前中1時間、午後1時間の会話が録音された。残りの数日間は、森林を共に散策した。対話の内容が自分の知的レベルに達しないのでは、と危惧の念を抱いていた父も、最初の対話が終わった直後に出版社に「すべてが順調」とファックスを送っている。一方、戦々恐々の私のほうは、広範なトピックを網羅したリストで体勢を整えていた。リストを一瞥《いちべつ》した父は、開口一番、「過去2000年間の哲学者たちが議論しつくしたテーマばかり」と応じた。何はともあれ、対話は実現し、数日が過ぎた。最終章にとりかかる頃、父はリストをみながら、「これらについて未だ議論し尽くしてない」と、真顔でいうほどの変わりようだった。

『僧侶と哲学者』というタイトルがつけられたこの対話本は、あっという間にベストセラー入りを果たした。フランスでは35万部が刷られ、21カ国語に翻訳された。テレビのトーク番組に次々駆りだされ、マスコミに追いまくられる日常が続いた。私にとって最も価値があり大切にしているもの、私の人生にもたらされたかけがえのないものを多くの人に紹介する機会が与えられたことが嬉しくないはずはない。しかし同時に、セレブリティなるものが、いかに人為的に作りだされるかを、まざまざと見せつけられたのも確かである。自分自身はまったく変わってないのに、突然に手のひらを返すように重要人物扱いされる、ということも経験した。

想像以上の大金が転がり込むというおまけがついた。長年続けてきた、インドでの月50ドルの生活が一挙に変わってしまったのである。私には豪邸もプールも一切不要だったので、対話本とその後にまとめた本の著作権と印税のすべてを、人道的および教育関連のプロジェクトを推進するアジアの財団に寄付することにした。その決断が私の心を開放してくれた。人道的プロジェクトが、私の人生における中心的関心事となった。ラブジャム・リンポチェ僧院長のインスピレーションに従って、ボランティアとして献身的に活動する友人や後援者と共に、チベット、ネパール、インド各地に30を越える医院と学校を建設し運営する事業をスタートさせた。人件費として使われる経費は、今も1％以下に収まっている。

その後2回にわたり、科学との再会があった。第1回目は、物理学と外界にある現実の性質の出会い、第2回目は、認知科学と心の本質の出会い、という形で起こった。

バージニア大学の著名な宇宙物理学者、チン・スアン・トゥアン博士が仏教と科学の対話を申し込んできた。現象世界の性質について物理学者に多くの疑問を投げかけたい、と考えていた矢先だったので、断るにはあまりにも魅力的な誘いだった。１９９７年の夏にピレネー山中のフランスとスペインに挟まれたアンドラ公国で博士と落ち合った。静かな森の中を二人で散策し、時を忘れて会話に没頭した。原子は「物質」か、それとも単なる「識別可能な現象」か。宇宙の「造物主」は科学的分析に応えられるか。現象（実在に対する）のベールの後ろ側には確固たる実在があるのか。宇宙は相互依存的な出来事で生まれたのか、それとも独自の自律的存在なのか。これらの議論を重ねた末に、コペンハーゲン学派の量子物理学と仏教の現実分析の間には驚くべき類似性があることを発見した。その後も対話が継続され、『掌《てのひら》の中の無限――チベット仏教と現代科学が出会う時』というタイトルの一冊が誕生した。

二人の対話は、科学の哲学的、倫理学的、人間学的な側面を中心として行われた。科学との次なる再会は今も続行中である。それは、仏教の修行、すなわち心の変革に関する科学的な研究である。

神経科学の先駆者、故フランシスコ・ヴァレラ博士とは、精神的な問題を話し合ってきた。博士は、「認知科学と仏教の瞑想者が共同研究に従事することが、今後向かうべき進路である。そうすることは、人間の心に対する理解を深めるだけでなく、実際の科学的実験によって無限の可能性を汲み取ることができるだろう」と述べている。同博士は、米国の実業家アダム・エングルと共に「心と命の研究所（Mind and Life Institute）」を設立し、一流の科学者とダライ・ラマの対話を実現させた人物でもある。ダライ・ラマが科学に対して並々ならぬ関心を寄せていることは周知の事実である。

ダライ・ラマのインドの拠点であるダラムサラで、「心と命」に関する対話が続けられていたが、私は2000年に初めて参加した。そのときの話題は「破壊的な感情」で、実に興味深い議論が展開された。フランシスコ・ヴァレラ、リチャード・デヴィッドソン、ポール・エクマンその他、それぞれの分野で最高峰といわれる科学者がインドに集まった。ダニエル・ゴールマンを議長として進められた会議は5日間続いた。期間を通して、人類に有意義かつ独自の貢献をもたらそう、といった才気縦横と率直な熱意で会場が満たされていた。感情を処理するさまざまな方法について仏教的見地から話すよう、依頼を受けたが、ダライ・ラマの面前でしゃべらされるのは、まるで受験生のように落ち着かないものだった。何しろ、ダライ・ラマは、このテーマでは、私の百倍も高度な知識を備えた人物である。10年前から、ダライ・ラマの通訳を務めてきたこともあって、いつもの役を気負わずに演じればいいのだ、と自分に言い聞かせた。科学者や50余名のオブザーバーの前で、類い稀な恩師たちから習得した知識の本質的な部分を忠実に伝えることに専念した。会議が進行するにつれて、同研究プログラムが膨大な成果をもたらすことがはっきりしてきた。瞑想者が研究室に出向いて、長年にわたる心の鍛錬が、どのような効果を心に及ぼしているか、について実験することはできる、と実感した。瞑想者の感情処理能力と脳の変化についての研究は、デビッドソン博士の長年の夢だった。この共同実験の実現は、デビッドソンとエクマンの共通の課題となった。他ならぬこの私が当事者として参加することになったのである。この共同実験については、ダニエル・ゴールマンの『破壊的感情』の著作で詳述されている。また本書の16章でも触れている。

30年以上もご無沙汰してきた科学との再会と、超一流の科学者と協力する機会に恵まれたことは、稀有ともいえる幸運である。最新の科学的調査法を使えば、心の集中、思いやりの心、瞑想などの異なった段階において脳がどのような特徴を示すかを、明らかにできるのではないかという期待感で心が弾んだ。さらに、長い経験を積んだ瞑想者は、均質な結果を出すのだろうか、修行していない一般の対象者とはどのような違いがあるのだろうか、等についても知りたかった。共同作業は、わくわくするような緊張感と暖かい人間的な雰囲気の中で続行された。今、最初の科学白書が出版の段階にある。これこそ先端的な科学調査の出発地点だろうと期待している。

こうした活動と同時に、写真との関わりも一層強まっている。ここ数年で5冊の写真集が出版された。生活を共にした恩師たちの姿とその内面の美しさ、彼らの棲み家を囲む壮大な自然の美しさを捉え、世の人々と共有し、ごく微力ながら人々に希望を与えることができるのは幸運なことである。

では、なぜ幸福について書くことにしたか、について触れよう。一言で言えば、議論好きで知られるフランス人に特有な「異議申し立て」が直接のきっかけとなった。フランス知識層の中には、「幸福という言葉を聞いただけで虫唾《むしず》が走る」と言って憚《はばか》らない輩が少なくない。その中の一人とフランスの雑誌で対談する機会を与えられたのだが、次に本を書く機会があれば、このテーマ以外にはない、と実感したのである。もう一方、エクマン、デビッドソン、アラン・ウオレス等の科学者と、果てしなく広がる北カリフォルニアの海辺で、「感情と精神の健全性に関する仏教及び心理学的な展望」[3]と題する記事の共同作成で2日間過ごした。この問題は、人間生活の根幹を成すだけに、深く掘り下げて探求する必要があることを痛感していた。1年の間、幸福と喜びに関するものを片っ端から読みあさった。西欧の哲学者、社会心理学者、認知科学者等の著作、幸福に関するさまざまな意見を定期的に特集している大衆紙にいたるまで、ありとあらゆる文献に目を通した。「私にとっての幸福は、美味しいスパゲッティを味わうか、星空の下の雪景色の中を散策すること」と述べる女優がいるかと思えば、幸福の定義は相互に矛盾しあい、曖昧模糊としていて、表面的な表現が多かった。こうした作業を経て、恩師の類まれな慈悲心を通じて学んだ、分析的で静観的な心の科学の観点から、真の幸福とその対極にある苦しみの意味とメカニズムの解明を試みることを決めた。

本書がフランスで出版されるやいなや、喧々囂々《けんけんごうごう》の議論が全国で沸き起こった。インテリ層は幸福には関心がない、という意見を明らかにして、技術として習得することが可能である、という私の議論に一切耳を傾けようとしなかった。ある作家は、「幸福を逆手に取って人心を惑わせるのもいい加減にしてほしい」と詰問するような記事を書いている。挙句の果てに、「幸福の妖術師」と題する雑誌の特集記事まで出る騒ぎとなった。パリでの議論やマスコミとの応酬で散々な目にあい、ばらばらに崩されたジグソーパズルのひとかけらのような自分を見る思いがした。ネパールの山に戻り、元の生活を始めたことが無常の喜びとなった。

以前よりは確かに多忙になったとはいえ、ネパールのシェチェン僧院を本拠地として、ヒマラヤを見上げる隠遁生活を年2カ月程度することにしている。

純粋な心の解放の境地に至るまでは、まだまだ修行と努力が必要であることは言うまでもない。だが、その道程を心から楽しんでいる。最も純粋な心の本質を抽出するために生活を簡素化することとほどに価値あるものは、これまでの人生経験の中で見当たらない。それは自分に有益なことを全てあきらめることを意味しない。本質的に大切なもの、持続的な満足感、真の喜び、静謐さ、とりわけ、かけがえのない利他の愛、などの恩恵を得るための方策を探ることであり、同時に、世界をよりよい場所にするために自分を変革していくことなのである。

本書の最終章でも触れているが、20歳の頃の私にとっては、幸福、慈悲心などの言葉になんら意味を見出せなかった。アインシュタインやマルクス兄弟の映画を見て、楽器を奏で、ソルボンヌ大学のバリケード事件（1968年5月）に加わり、スポーツと自然を楽しむ、典型的なパリの学生だった。当時は、ぶっつけ本番、臨機応変に毎日を過ごすのが自然で、そのような人生をこれから先も続けることの意味を深く考えもしなかった。自分にも周りの人にも、生気溢れた人生が待ち受けている、といった期待はあった反面、どうすればそれが実現できるのかについては皆目見当もつかなかった。35年たった今、終着地までの道程はまだまだ遠いものの、方向性だけははっきりと見えているし、その道を一歩一歩踏みしめている自分を心から楽しんでいる。

本書は、仏教的精神に基づいているとはいえ、キリスト教、不可知論的な本とは一線を画す厳密な宗教書とは違う。ダライ・ラマがしばしば口にする「世俗的な精神性」の観点から書かれたものである。したがって、図書館で仏教書の棚に置かれるのは歓迎しない。この本は、生きる喜びを追求し、叡智と思いやりに満たされた素晴らしい人生を過ごしたい、と希望する多くの人々に捧げたい、と願っている。

2005年5月　ネパールのシェチェン僧院にて

第1章 幸福に関する名言

人は誰でも幸せになりたいと願う。だが、幸せになるには、まず幸福が何なのかを理解する必要がある。

ジャン・ジャック・ルソー
〔フランスの哲学者〕

幸福とは

写真の編集者として名が通っているアメリカの友人がいる。その友人が大学の卒業試験を終え、これからの人生をどう歩むか、について仲間と話し合ったときのことを話してくれたことがある。「とにかく幸せになりたい」というその友人の発言に、一瞬、気まずい空気が漂って、皆黙りこくってしまった。ようやく仲間の一人が「君ほど有能な人間が、そんなありきたりのことを望むとは驚きだ。いったいどうしちゃったの」と問い質した。友人は答えた。「どのようにして幸福になるかについてはまだしゃべってないでしょ。幸せを見つける方法は山ほどあるはず。結婚して家族をつくるのだってそう。キャリアを追求するのも悪くないし、冒険に命をかけたり、ボランティア活動や心の平安を探求したりするのだって、幸福を見つける方法だわ。どのような人生を歩むかは、これから考えるとして、とにかく本当に幸せな人生を送りたいことだけは確かよ」。

アンリ・ベルグソン〔フランスの哲学者〕[1]は、次の言葉を残している。「幸福という言葉は、概して、何か複雑で曖昧な何かを指すときに使われる。この言葉を故意に不明瞭にしておくことで、個々の人間が独自に解釈できる、と人類は考えてきた」。確かに、非論理的な感情について論じる場合には、定義を曖昧にしておいても差し支えない。だが、生きる瞬間瞬間の価値を定義することによって、人間のあり方そのものを論じる場合、曖昧にしておくなどは論外である。では、幸福とはいったい何なのか。

社会学者による幸福の定義はこうなる。「自分の現世における人生全体をどれだけポジティブに評価するか、その評価が高いときが幸福の状態。言い換えると、幸福であるとは、自分の生き方を好感している状態、となる」[2]ところが、この定義では、人生に対して深く満足している状態と、単なる外的条件を評価している状態との違いを区別することはできない。幸福は一時的に通り過ぎる儚《はかな》いもの、というイメージをもつ人にとっては「幸福に感じる強さと期間は、それを感じさせてくれる資源の多少に大きく影響される」[3]。その類の幸福というのは、あっという間に消滅し、まわりの状況によって左右されるため、自分でコントロールするのは難しい。哲学者のロバート・ミズラヒによれば、幸福とは、「自己存在のすべて、またはその人の活動的な過去、現在、そして予測可能な未来に対する、わくわくするような喜びが一挙に現れる状態」[4]となる。おそらく、そのほうが長続きするだろう。アンドレ・コント・スポンヴィル〔1952年フランス生まれの哲学者〕にとって幸福は、「喜びが瞬間的に湧き上がる時間」[5]となる。

では幸福は、いったん体得してしまえば、人生の浮き沈みを通して永久的に持ちこたえることができる技術なのだろうか。幸福についていては、数え切れないほど多くの考え方があり、古今東西の哲学者が独自の見解を述べている。聖アウグスティヌスにとっての幸福は、「真理の中で感じる喜び」であり、イマニュエル・カントの幸福は、「個人的な汚点のない美徳に適った合理的なもの」でなければならない。一方、カール・マルクスは、「仕事を通して成長すること」

としている。アリストテレスは、「幸福についての一般人の考えは、哲学者の考え方と異なる」という言葉を残している。

言葉そのものがあまりにも使い古されてきた結果、幸福に対する人々の期待感が薄れ、幻滅を感じたり、陳腐さにうんざりしているのだろうか。中には、幸福の追求などを話題にするのは悪趣味だ、と考える人さえいる。知的自己満足という鎧兜《よろいかぶと》に身を包んだ連中は、お涙頂戴的な大衆小説に対するのと同じ冷笑を浴びせている。

幸福がこれほど軽んじられるようになった原因は何なのか。メディアが幸福の模造品を人々に押しつけた結果か。あるいは、人々が純粋な幸福探求の努力を投げだしてしまったせいだろうか。苦しみから自分を開放して幸福になるには、真剣で知的な試みが必要なのに、私たちはその努力を断念してしまい、不幸な状態に慣れっこになってしまったのだろうか。

子供の純真な笑顔に出会ったときや山道を歩いた後に一服の温かいお茶にありついたとき、私たちは単純に幸せを感じる。心豊かにしてくれるし、とても心地よい瞬間ではあるものの、人生全体という尺度に照らしてみれば、そのような経験は枝葉末節の出来事に過ぎない。心地よさ、強烈な快感、突発的な喜び、はかなく消える心の平和、迷路のように複雑な人生の中でひょっこり手に入れた快活な一日、奇跡的に幸運な一瞬、等々も幸福のリストに加えることができるだろう。だが、幸福はそれだけではないはずである。真の幸福は、深遠で永続的なものであり、以上にあげた現象だけでは、その種の幸福のもつ特徴を正確に描ききることはできない。

本書で語ろうとしている幸福とは、際立って強靭で健全な心から生まれ出る、生気の漲《みなぎ》った感覚に満たされた境地のことを指している。単なる心地よさとか、はかなく消える感情や気分とは異なるもので、究極的な自然の姿である。幸福とは、同時に、世界をどう捉えるか、という世界観でもある。普通の人間である私たちには世の中を変える力など備わってないが、世の中に対する見方を変えることはいつでもできるだろう。

幸福の前触れ

歩くのがもどかしくてつい駆け出したくなるといった瞬間が、30歳になったバーサ・ヤングからなくなることはなかった。小躍りして歩道を駆け抜け、輪を投げ、空に向かって何かを放り上げては捕まえ、立ち止まってひたすら笑い転げたい、そんな衝動にかられる瞬間。人生の曲がり角といわれる30歳になって、突然、この上ない喜び、猛烈な喜悦の瞬間に出くわして圧倒されるとき、人はどのような振舞いをするだろう。口をあけた瞬間に吸い込む、柔らかい午後の太陽が、おなかの中で燃えだし、手の先、足の先まで火の粉が行き渡る、といった感覚と似ている。

キャサリン・マンスフィールド「喜悦」より[6]

「完璧に幸福」な瞬間について誰かに質問してみるといい。木の間隠れに降り注ぐ日の光を浴びて散策するとき、はるか遠くまで広がる地平線を見渡す山頂に登り詰めたとき、小波一つない静まり返った湖の岸辺に腰かけるとき、きらめく星夜に照らされた雪景色の中を歩くとき等々、美しく調和のとれた大自然に抱かれて、深い心の安らぎを経験する、あの瞬間、と応える人は少なくない。また、試験で優秀な成績を収めた、試合に勝った、なかなか会えなかった人に会えた、子供が誕生したなど、長年の夢がかなえられた瞬間、と答える人もいるだろう。あるいは、家族との和やかな団欒のひと時、恋人との逢瀬、誰かを幸せにしたとき、などをあげる人も多い。

これらの経験には、内面的な葛藤が瞬間的に消えた状態、という一つの共通要素がある。経験者たちは、自分が世界と融合していると感じている。例えば、静寂そのものの自然の中を歩きながら、こうした経験を楽しむ人は、歩くという単純な行為以上の何ものも期待していない。その人は、この瞬間に自由と開放感だけを味わっているのである。

ほんの数分間、過去の考えが押さえ込まれ、未来の計画に悩まされることもなく、今この瞬間は、心の中にある雑多な考えから完全に開放されている。あらゆる切迫感が消え失せて安らぐ瞬間に、人は深い心の平和を体験する。目標を達成した人、一仕事し終えた人、勝負に勝った人たちは、長い間抱え込んでいた緊張がほぐれる結果、並々ならぬ開放感を味わうことになり、待望とか恐怖の感情は遠のく。

残念ながら、こうした経験は、特別の条件が揃ってはじめてもたらされるに過ぎないうえ、儚《はかな》く消えてしまう魔法の一瞬とか神の恩寵《おんちょう》、などの言葉で表現されてきた。このような電光石火のような幸福の対極に位置するのが、内面の平和を持続する中でふつふつと感じ続ける種類の賢人の幸福である。両者の間には、大きさ、期間、深さの点で大きな違いがある。針の穴からごく一部の大空を見るのと、惑星間に広がる無限の空間を見るほどの違いである。

とはいえ、儚く瞬間的な経験からでも人は何かを学ぶことができる。絶え間なく続く苦闘の合間に思いがけなく現れる安らかな瞬間は、実に充実したものである。その充実感を得るための条件は何かについて学ぶのに役立つ。

あるがまま

モンスーンの豪雨に見舞われた後のある日の午後、ネパールの僧院の階段に座って、泥沼状態の中庭を眺めていた。門から階段まで辿りつくには、仮置きの踏み石を踏みしめるしかなかった。一人の友人が到着し、うんざりしたようすで中庭を眺めてから、踏み石を渡り始めた。最後の石を踏み終わるまでぶつぶつと言い続け、階段に辿り着くやいなや、あたりを一瞥して、「もう、うんざり！　きたならしい泥水にはまったりしたら、たまったものじゃないわ。この国ときたら何もかもが不潔なんだから！」と不快感を隠そうとしなかった。付き合いが長かったためもあり、その友人の性格をよく心得ていたので、衝突を避けるほうが得策と、「お気の毒に」と言わんばかりに無言でうなずいた。数分後にもう一人の友人ラファエルが現れ、同じように泥沼を渡り始めた。踏み石の上を「ラン、ラン、ラン」と鼻歌混じりで飛び跳ね、ぬかるみが終わったところまで辿り着くや、「あー、面白かった！」と叫んだ。そして、目をキラキラ輝かせながらこう付け加えた。「モンスーンの素晴らしさは、埃をきれいに掃除してくれることだわ」。人が二人いれば、二通りの見方があるものである。60億人いれば60億の世界がある。

１９８６年にチベットを初めて訪れたラファエルが、そのときの経験談を話してくれたことがある。それは、中国によるチベット侵略の際に、身の毛がよだつような恐ろしい経験をした人物との感激的な出会いだった。「その方は、長いすに座るように勧めてくれて、大きな魔法瓶からお茶を入れて下さったの。西洋人と話すのは、そのときが初めてだったそうよ。私たちは話しながらよく笑ったわ。その方は本当に愛すべき人物で、子供たちがひっきりなしに私たちを囲んで、驚いたようすでじろじろ見ていたわ。私を質問攻めにしたお返しに、中国の侵略者によって受けた残虐な仕打ちのことを話してくれたの。12年もの間、獄中に繋がれて、その間にダク・イェルパ渓谷ダムで石切労働の刑を宣告されたのですって。完全に干からびた川底にダムをつくる工事なんてまったく無意味だったそうよ。その方を除いて、労働に駆りだされた友人全員が一人、また一人と飢えと疲労で死んでいったのですって。でも、それほど過酷な経験を話しているのに、その方の発する言葉からは憎しみのかけらも感じられなかった。目には恨みの色がまったくなくて、思いやりと暖かさでいっぱいだった。その夜、床についたとき、あれほどの苦難を経験したのに、どうしてあんなに幸せそうにしていられるのかしら、と不思議でならなかったわ」。

心の平和を維持する技を体得した人は、成功して鼻高々になることもなければ、失敗して意気消沈することもない。そのような人は、どのような経験もつかの間のものに過ぎず、それにこだわることがどれほど無意味かを十分に理解している。そのため、どのような経験でも、深く平穏な心の状態を保つための修行の一つにしてしまうのである。事態が悪化したり、逆境に置かれたりしても、「激突」して破滅する危険はない。その人の幸福は、確固たる土台に根ざしているため、心がぐらつかず抑うつの底に沈み込むこともない。オランダの若き女性、エッヒ・ヒレスムは、アウシュビッツ収容所で命を落とす1年前に次のような注目すべき心境を書き残している。「内面的な生活を体得したなら、収容所の塀の外側にいようが内側にいようが、一向にへこたれることはない。私は、既に数千の強制収容所で数千回の死を心の中で経験している。私の心はすべてを知っている。どのような新しい情報も、もはや私を苦しめることはない。とにかく、私はこの世のあらゆることを知っている。それでも、この人生は美しいと感じられるし、あらゆる瞬間が意義深いものと思える。あらゆる瞬間がそうである」[7]。

香港で開かれた公開セミナーに出席した折、聴衆の中から一人の若者が私を名指してこう質問した。「人が生き続けなければならない理由を一つあげてください」。この本は、その若者の質問に対するささやかな回答と言って差し支えない。というのは、幸福とは、命を慈しむことに他ならないからである。生きる理由を見失うということは、底知れぬ苦しみのどん底に突き落とされることである。外的な条件が幸福を左右するのと同じくらい大きな影響力を、苦しみが心の状態に与えるのである。このことを正しく理解することは、生きる価値のある人生を謳歌するための前提条件である。では、どのような心の状態が生きる喜びを奪い、逆に、どのような状態が喜びを膨らませてくれるのだろうか。

世界観を変えるということは、短絡的な楽観主義に切り替えることでも、逆境を軽減するために人工的な陶酔感に浸ることでもない。不満や欲求不満の奴隷になってしまうと、心はとりとめなく混乱してしまう。それは、廃墟の壁を塗りたくるように愚かな行為であり、ただ、「幸せだ、幸せだ！」と繰り返し自分に言い聞かせるような無駄な試みに過ぎない。幸福を探求することは、ばら色の眼鏡を通して人生を見ることでも、世の中にはびこる痛みや不完全なものに目を閉ざすことでもない。幸福はまた、あらゆる犠牲を払って狂喜を長続きさせようとする試みとも異なる。憎しみや執着などの、心をゆがめる毒素を浄化することであると同時に、実体のない上辺の姿とあるがままの真実の姿の間のギャップをなくす作業であり、物事を大きな視野で展望する方法を学ぶことである。そのためには、心がどのように機能するかをよりよく理解し、物事の本質を正確に洞察する力を体得することが必要となる。なぜなら、苦しみは、その最も深い部分で、現実についての本当の性質を誤って把握してしまうことと密接につながっているからである。

現実と洞察

現実とは何か。仏教では、現実とは、物事のあるがままの姿のことを言う。人間の心は、いろいろな層が重なりあい、絡まりあって構成されているが、そうした心の構成に修正されないあるがままの状態を指している。表面に見えているものと、あるがままの本当の姿との間にギャップがあれば、人間はこの世と永遠に対立し続けることになる。ラビンドラナート・タゴール〔インドの思想家〕は、「自分たちが世界を誤って見ておいて、世界が自分たちを裏切る、と嘆く」[8]と書いているが、人間はとかく、つかの間の儚いものを永久不変と勘違いして、苦しみの原因である富、権力、名誉、快楽へのあくなき欲望を、幸福の目的と受け取ってしまう。

知識というと、大量の情報を手にすることとか、学問に秀でることと考えがちだが、真実は、物事のあるがままの姿を理解することなのである。私たちは、表に現れている仮の姿を、そのものに本来備わった性質をもった、何ものにも依存せずに独立して存在するもの、と勘違いする悪習からなかなか抜け出ることができない。何が「善」で何が「悪」かを日常の経験から判断するし、その善悪を区別する「私」についても同じように具体的な実体ある存在と考えてしまう。仏教では、この誤解を「無知（または無明）」と呼ぶ。無知は、苦しみを導く根源である執着と嫌悪を強力に反映している。エティ・ヒレスムは、簡潔な表現でこう述べている。「そのような大障害は、常に仮の姿に過ぎず、現実の姿ではない」[9]。無知と苦しみの世界は、サンスクリット語でサンサーラ（輪廻転生）、すなわち、存在の本来の姿ではないものを真実の姿と妄想する、人間の誤った見方から起こる心の世界のことである。

目に見える外面的な世界は、常に変化する無限の数の原因と条件が絡まりあって構成されている。例えば、太陽が雨のカーテンを横切って輝くときに虹が出るのを考えてみよう。その虹を作りだす要因の一つでも消滅すれば虹は見えなくなる。いかなる現象も原理はそれと同じで、独立した固有のものは何一つなく、相互依存の関係で存在している。この世のあらゆるものは因果の力の影響を受けている。この基本的な考え方が正しく把握できたとき、この世に対する見当違いの見方が修正され、物事のあるがままの姿を正しく見られるようになる。これこそが真の洞察である。洞察は、単なる哲学的な論理の組み立てとは違う。精神的な盲目とか苦しみの最大の原因である、心を乱す感情を一掃するための根本的なアプローチなのである。

どの一粒のゴマからも油が抽出できるのと同じで、生物はすべて完成に至る潜在性を秘めている。このように物事を捉えるなら、無知とは、単に完成の可能性に気づかない状態だ、ということがわかるだろう。ちょうど、自分の小屋の床下に埋められた宝の存在を知らずに、どん底の生活をする乞食と同じである。自分本来のあるがままの姿を実現することは、隠された宝を手に入れるのと同じことで、本当に意義深い人生を送ることを可能にしてくれる。それは、心の平和を得る最も確実な方法であり、純粋な利他の心を引き出す方法である。

ジョージ・ベルナノス〔20世紀前半フランスのカトリック作家〕はこう述べている。「まるで、嵐の真っ只中にあっても、静まり返っている巨大な湖の底のように、何ものもそれを変えることができない[10]」。安らかで心地よいこうした状態にある幸福感をサンスクリット語で「スカ〔安楽〕」という。

安楽とは、聡明さに欠けた状態と苦痛の感情から自らを解き放つときに自然に現れる、精神の健全さが永続する状態をいう。私たちが、ベールを通さず、偏見もなしに世界をあるがままに見るための叡智ともいえる。そしてまた、心の自由と利他の心に向かって、歩を進める喜びなのである。

第2章 幸福は人生の目的か

人は、幸福に至る手段を講じなければならない。なぜなら、人は幸福なとき、すべてを手に入れたと感じ、不幸なときは幸福を手に入れるために何でもする。

エピクロス
〔古代ギリシャの快楽主義哲学者〕

心の内側を熟視する

この世に苦しみを求める人などいるだろうか。朝目覚めるときに、「今日一日苦しめられたら、どんなにいいだろう」と願う人はいない。意識的であれ無意識であれ、上手であれ下手であれ、情熱的であれ冷静であれ、冒険的であれ月並みであれ、苦しみをできるだけなくして、もっと幸せになりたい、と願うのが人間の性《さが》である。それでいて、単に愉しく感じることが本当の幸福、と勘違いすることが多い。

人は、一生懸命に生きよう、友情や愛を強めよう、金持ちになろう、愛する人を守ろう、自分に害を加える人を寄せつけないようにしよう、等々の願いをこめて、膨大な時間とエネルギーを費やす。こうした骨折りが自分には達成感を、他者には幸せをもたらしてくれる、と考えて涙ぐましい努力をするのである。

どのような探求の仕方であろうと、それを喜び、義務、情熱、満足のうちの何と呼ぼうと、幸福こそが人間の目指す最大の目標ではないだろうか。アリストテレスいわく、「幸福は人間の唯一の目標である。人間は常に幸福そのもののために幸福を選択するのであって、何か別のもののための手段としてそれを選択したりしない」。それに異論を唱える人は、自分が何を望んでいるのかを実際にわからないだけであって、幸福という言葉を使わずにそれを求めているに過ぎない。

メンタル・イメージ研究の世界的権威、スティーブン・コスリン・ハーバード医科大教授がかつてこう述べたことがある。「朝目覚めた時、私を寝床から起き上がらせる力は、幸福願望ではなく、家族、自分の率いるチーム、仕事、人類に対する義務と責任の感覚である」。教授のチェックリストの中に幸福は加えられていない、と主張してはいるが、長年にわたる努力を通じて数々の障害を乗り越え、最終的に価値ある目標を達成するときの満足感は、疑いもなく本当の幸福「スカ（安楽）」の一つの側面が反映された状態といえる。それは、自分が内面的に調和していると感じさせてくれる。苦悩や苦難は「自己鍛錬」に繋がる、と信じこんでいる人が自分の「義務」を立派に果たす場合でも、自分または人類全体の不幸を培養しようとは望まないだろう。

こうした至福感を手に入れる方法を誤認するのは悲劇的である。無知は、向上心を歪める。チベット密教の高僧、チュギャム・トゥルンパは、無知についてこう説明している。「無知は愚鈍とは関係がない。無知とは、ある意味で非常に知性が高い。ただ、その知性が、あるがままの現実の姿を単純に捉えずに、専ら自分の固定観念に反応する方向に向いているとき、それは無知と呼ばれる」[1]。

仏教辞典では、無知は、あるがままの現実を認識することができず、幸福と苦悩を左右する因果の法則があることも理解していない状態、と定義されている。例えば、最善の世界を築きたいだけだ、と主張して民族浄化を支持する人たちは、自分たちの憎悪が正当化できると確信している。利己的な衝動を満足させるためなら、死や破壊の種をばらまくことも躊躇しない、という連中は、それがまったく理屈に合わず、不健全な考え方であっても、自分たちの行為が一定の満足感をもたらしてくれると期待している。悪意、妄想、侮辱、傲慢などは、純粋な幸福を手に入れる手段には決してならない。にもかかわらず、残酷で、妄想に取りつかれ、独善的で、思い上がりの激しい人は、物事の本質をまったく気づかないまま、突然に向きを変えてみたりしながら、ただ闇雲に幸福を追求しようとする。耐え難い心身の苦痛にけりをつけようとして自殺する人に、ただ幸福を求めて破れかぶれの行為に及んだだけなのである。

こうした根本的な無知からどうしたら抜け出せるだろうか。唯一の方法は、誠実に真剣に心の内側を熟視することである。この内観には、分析と瞑想の二つの方法がある。分析とは、自分の苦しみと自分が他者にもたらした苦しみを、あらゆる角度から明確かつ整然と評価することであり、どの考え、言葉、行為によって痛みが生じたか、反対に精神的健全性がもたらされたか、を理解する作業を伴う。手始めとして、自分の在り様と自分の行為に何らかの問題がないか、ということを探求し、続いて、自己変革への燃えるような願望を抱くことが望ましい。瞑想的アプローチでは、混乱した思考に飲み込まれない状態をほんの少しの間保ち、心の奥底にある願望の正体を見つけるために、心の内側にひろがる景色を静かに眺める、という作業をする。人によって瞑想は、快楽の醍醐味を一つ一つ味わいながら、一瞬一瞬を激しく生きる生き方に繋がることがある。あるいは、家族、社会的成功、レジャー、またはささやかながら苦しみのない人生、等々の目標達成の手段にする場合もある。残念ながら、こうした願望達成の瞑想はどれも未完成に終わる。この先まで内観を進め、心の奥深くまで入り込むと、最も本質的な願望を見つけることができるだろう。それは、すべての人間の心の底に横たわるものであり、人生を慈しむ気持ちを強化するに十分な満足感となる。端的にいえば、「自分と他者の人生が、あらゆる瞬間で叡智、生気そして心の平和で満たされたい」という願望である。

苦しみの味

麻薬について触れてみよう。十代のパリの若者がこんな話をしていた。「薬が切れると、猛烈にぺしゃんこになったように感じる。とびきりの絶頂感が欲しいから、薬切れのきつさにも耐えられるのさ。痛みから逃れられないなら、それと向かい合うほうがいいさ。精神的な幸せなんか何になる。そんなの難しすぎるし、第一、時間がかかりすぎる。それよりは、インスタントの幸せでも十分さ。本物じゃなくたって、効き目がどんどん弱まるにしたってね」。この若者は、麻薬の刺激と瞬間的な快楽を強調し、深遠で永続的な心の平和を頭から否定している。とはいえ、一定の間隔でやってくる、「実に惨め」または不幸のどん底への下降が人生にスパイスを加味してくれるかもしれないが、そうした惨めなどん底そのものを求める人はいない。どん底と有頂天の強烈なコントラスト、どん底に落ちたら次は上昇しかない、といった変化への期待が求められているに過ぎない。

ドミニク・ノゲーズ〔１９４２年フランス生まれの作家〕にとっては、幸福より悲惨への関心のほうが高い。その理由は、「悲惨は、鮮烈で魅惑的で魔王のように強烈なものだから。悲惨には二次的な魅力がある。悲惨がそのまま終わることはなく、常に予感（すなわち幸福の）を漂わせている」[2]。幸福を手にする前にもっと痛みを、というのは愚劣な堂々巡りで、勘違いも甚だしい。自分の頭を金槌で打てば、打ち終わったときに少しはましな気分が味わえる、と考える狂人とどこが違うというのか。永続的な幸福など、変化がなくて退屈だが、苦しみは常に違った形でやってくるので興奮できる、という論理なのだろう。悲惨には、人生に際立った変化と色彩をもたらす役割が確かにあることは認めよう。だが、喜びの瞬間を苦しみの瞬間と交換したい、と願う人がいるだろうか。

一方、自分と同じか、またはそれ以上に苦しむ人に対する思いやりで心を開くように、自分を変革するための手段として苦しみ活用する、といった機知に富んだアプローチもある。そうした意図がある場合に限り、「苦しみには痛みが伴う。しかし、それは悪ではない」というローマの哲学者、セネカの言葉の真意が評価できるだろう。苦しみをどうしても避けられず、苦しみの状態も苦しみ自体も決して善ではないことをはっきり認識できて、はじめてそこから何かを学び自己変革することができる。

古代ローマの哲学者、聖アウグスティヌスは、『幸福なる生活』の中でこう述べている。「幸福は人間の根本的欲求であり、人間の行為の原動力である。幸福は、この世で最も尊く、明確に理解でき、賢明で、信頼性があり、永遠不変であり、人はそれのみを願望する。幸福を欲求するのは人間の本質である」。この欲求は、人間のあらゆる行為、言葉、思考をあまりにも自然な形で鼓舞するため、人間はまったく気づくことがない。ちょうど、生きている間まったく意識せずに空気を吸い続けているのと同じである。

幸福になるための必要条件

幸福とはあらゆる願望と熱望を実現させること、という考え方は、内面的な達成感への筋道の通った願望を、単なるユートピア願望と混同するのと同じことである。ユートピアを願望すれば、欲求不満だけが残るだろう。カントは、「幸福の多様性、強度、期間などの側面を考え合わせれば、あらゆる願望を満たすことなどは可能の領域から外れる」[3]として、幸福を取るに足らないものとして退けている。また、「すべてが願望と意思のおもむくまま」[4]の状態が幸福、と主張しているが、すべて願望と意思のおもむくままに「運ぶ」ことなど奇跡的で、ほとんどあり得ないことではないだろうか。昔見たギャング映画の一シーンを思い出させる。

「俺は自分のものは手に入れるのさ」

「で、お前のものって何だい」

「世界だよ。それと、世界にあるものすべてさ」

非現実的ながら、仮に欲望がすべて満たされることがあったとしても、それが必ずしも幸福をもたらすことにはならない。それどころか、新たな欲望の種が蒔かれる、その結果、無関心、嫌悪、あるいは抑うつ状態に陥る可能性が高い。気まぐれがすべて満たされることが幸福につながると確信すると、その幻想が崩れたときに人は、幸福が存在することさえ疑い始める。そして抑うつ状態になるのだ。有り余る財産を所有しているのに少しも幸せに感じられないなら、本当に幸福になるのは不可能だろう。これなどは、幸福になるための原因を突き詰めて考えずに、自分をいつまでもごまかし続ける典型だろう。内面的な平和と叡智は幸福になるための必要条件、それが真実なのである。希望と疑惑、興奮と退屈、願望と無気力等の相反する状態の間を振り子のように揺らぎながら生きるのは、「転石苔を生ぜず」の諺のように、貴重な人生を知らず知らずに蝕むことになる。幸福は、心が完全に満足している状態であり、外界とか表面的な事物への飽くなき欲求を満足させることとは異なる。

自分の幸福は他者の幸福によって左右されるのか

幸福の状態を築こうとする試みには、粗野であったり、盲目的であったり、極端である、など様々な方法があるが、その中でも最悪なのが自己中心的な動機をもつものだろう。文豪、ロマン・ロランは、「自分本位の幸福が人生の唯一の目標である場合、人生の勝負は早晩に無得点になる」[5] と表現している。他者の幸福から自分を遠ざけている限り、幸せぶりを見せびらかす看板を立てて表面を取り繕ったとしても、本当の幸せは手に入らない。とはいえ、自分の幸せを軽視しなければならない、ということではない。自分の幸福を、他者の幸福と同じように追求することは正当化される。他者を愛するには、まず自分自身を愛することを学ばなければならない。自分を愛することは、目の色、体つき、性格的な特徴などを自画自賛することではなく、人生のどの瞬間にも重要な意味をもたせ、満足感に満たされた生き方がしたい、という心の奥の願望を正当に評価することである。

自分を慈しむことは、人生を慈しむことに他ならない。それは、他者を幸せにすることが自分を幸せにすること、という法則を理解することの基本である。

生きとし生けるものすべてを慈しむ心をもって、あらゆる瞬間に深遠な幸福と叡智に満たされた境地に到達すること以外、人生の目的があるだろうか。本当の幸福は、誰もが生きることの本当の意味を見出してほしいと心から願うことであり、それは人間に本来備わっている善性から湧き出るものなのである。見せびらかしでも自己正当化を目的にするものでもなく、いつでも気持ちよく手を差し伸べる用意がある、つまり愛なのである。優しい心は常に不変であり単純である。

第3章 両面の鏡　内から外から

自分の外に幸福を求めるのは、北向きの洞穴の中で太陽を待つようなもの。

チベットの諺

心の内側の状態

誰でも、何とか幸せになりたいと願う。だが、願ったからといって、すんなり叶えられるものではない。ここに人間の悲劇がある。不幸を恐れながら不幸に陥り、幸せを望みながらそこから遠ざかってしまう。苦しみを和らげる手段が逆に苦しみを煽《あお》ってしまうことも少なくない。なぜこうした誤った判断をしてしまうのかというと、それは、幸福探求の方法が間違っているからである。幸福とは、本質的に心の内側の状態であるのに、自分の外側にそれを求めるからである。もし、幸福が外的な状況であるなら、永遠に求め続ける高嶺の花、ということになる。人間の欲望は果てしないものであるのに、周囲の状況を制御、支配する力は、ごく限られた断片的なものに過ぎず、どちらかといえば妄想である場合が多い。

無二の親友を得る、結婚して一家を構える、よき社会人として生きる、物質面の向上をめざして仕事に励む、等々が幸福の定義と言い切れるだろうか。否。「必要なものはすべて」手に入れているのに、なぜか不幸の底に沈んでいるケースがある一方、逆境にもめげずに心安らかに過ごしているケースもある。外的条件のみが幸福をもたらすと考えるのはあまりにも短絡的で、遅かれ早かれ幻滅の悲哀を味わうことになろう。ダライ・ラマの次の比喩は当を得ている。「真新しいビルの100階にある豪華マンションに引っ越したのに不幸のどん底にいる人に残された唯一の手段は、飛び降りるための窓を探すこと」[1]。幸福は金では買えないとか、権力を手にした途端に正直でなくなるとか、名声はプライバシーを奪う、などの言葉を繰り返し聞かされている。しかも、失敗、離別、病気、死等の不幸が手ぐすね引いて機会を狙っている。

小中高の教育を終えるのに十数年を要し、その後数年は大学や専門学校で学び、健康維持のためにジムに通い、快適ライフや富や社会的地位を獲得するために膨大な時間とエネルギーを費やす。それに引き換え、人生の質を高めることになる、心の内側の状態を改善する修行はおざなりにしがちである。内側を静観し、苦楽、欲望や憎悪の本質を理解するのをためらい、恐れ、気後れするのは何故なのか。未知なるものへの漠然とした不安が心を占有していて、心の奥を探検する勇気が入口で挫《くじ》かれてしまう、というのが現実だろう。日本の宇宙飛行士があるとき、「心の内側を見るのは大変に勇気がいることです」という言葉を漏らしたことがある。人生の最高潮の時期を謳歌する科学者による、誠実で率直なこの言葉に私の好奇心は大いにそそられたものである。最近出会った、カリフォルニアの十代の若者が、「自分の内側なんか見たくもない。自分の心の中に何がくすぶっているかを探るなんて考えただけでもぞっとする」と話していた。わくわくする程に素晴らしい発見があるかもしれないのに、試す前にたじろいでしまうのは、実にもったいないことではないか。アウレリウス（１２１〜１８０年ストア派哲学者）は、「内側に目を向けよ。心の奥はあらゆる善なるものの泉である」[2]という言葉を残している。

心の内側を観察することこそ学ぶべき重要なことである。心の内側に生じる問題で精神が錯乱すると、それを鎮めようとして、本能的に外側に救いを求めてしまう。これが幸福の条件と想定して、その条件を満たすために当座しのぎの処方で人生の大半を浪費してしまう。こうした生き方が習慣化し、「仕方ないさ、人生なんてこんなもの」をモットーにしてお茶を濁す。一時的な幸福を追い求め、それが首尾よく手に入ることもある。だが、外的な状況の質、量そして持続期間を自分でコントロールすることは絶対にできない。愛、家族、健康、富、権力、快適さ、快楽等々、人生のほとんどの側面にそれが当てはまる。友人で仏教哲学者のアラン・ワラスはこう書いている。「完璧な配偶者、高級車、豪邸、有利な保険、名声、経営トップなどを生きる目標にして、それを獲得した時に本当の幸福が手に入る、と真剣に考える人は、人生の宝くじに運よく当たるのを願うべきだ[3]」。それはちょうど、水漏れのする樽に水を注ごうとして貴重な時間を費やすようなもので、心の内側に幸福を見出すための方法、とりわけ人間としての在り様を無視した無益な行為である。

ここでの元凶は、幸福と苦しみの根本原理を知るためのアプローチの間違いである。健康、長寿、平和な法治国家での自由な暮らし、相思相愛、教育と情報へのアクセスの自由、快適な生活水準、海外旅行や他者の幸福を願って寄付する経済的余裕、保護された環境等々は、人間が共通して望む状態であることは誰も否定しないだろう。社会学的な人類の研究によれば、人間は、このような環境下での生活を最も享受することは明らかである。それ以外の条件を望む人間がいるだろうか。ただし、外的状況のみに希望を託せば、必ず失望することを覚悟しなければならない。

例えば、金こそ幸せの根源とばかりにあくせく働き、いったんそれを手に入れると、今度はもっと殖やそうとして奔走し、損でもしようものなら地団太を踏んで悔しがる。香港の友人が言っていた。「1億ドル貯めたら仕事を辞めて、余生を大いに楽しむ。それこそ幸福というものだと考えていた。10年たってみると、1億ドルどころか3億ドルも貯まっていた。これで幸せになれたか、と自問したところ、貴重な10年を無駄にしてしまった、という答えが返ってきた」。

人は、幸福になるための手段として富、快楽、地位、権力を追い求める。日々奮闘するうちに、本来の目的を置き去りにして、目的達成の手段そのものを追求することに時間を費やすようになる。その結果、的が外れ、深い不満の底に陥る。このような目的と手段のすり替えは、意義ある人生を追求しようとする人間がはまりやすい最大の落とし穴である。経済学者のリチャード・レイヤードはこう述べている。「幸福とはそれ以外の何かの副産物としてのみ手に入るものだから、幸福それ自体を追求すべきでない、と考える人がいるが、それはまったく惨めな哲学でしかない。何でもいいから何かに自分を追い込んで懸命に没頭させる方法に過ぎない」[4]。

逆に、幸福とは、内的な条件によって左右される心の状態である、という考え方をするなら、これらの条件が何かをはっきりと認識した上で、きちんと整頓する作業が必要となる。頼みもしないのにのこのこやってくる幸福もなければ、無理やり押しつけられる苦痛もない。人は常に岐路に立たされていて、どちらの道に進むべきかの選択を迫られている。

幸福は育成できるか

「幸せを養うですって！」私は医者に向かって手短に言った。「あなたは幸せをお養いになりますの？　どんなふうに？」……幸せとは、ジャガイモではない。土に植え、肥料をやって畑で栽培するわけにはいかない。

シャーロット・ブロンテのヴィレットより

シャーロット・ブロンテは、ウィットたっぷりで、的も外していない。だが、人を変革させるに足る心の力を過小評価しているのはまったく残念である。心に浮かぶ思考に惑わされないように心を訓練し、ネガティブな感情に対し正しい解毒剤を使うことを学び、ポジティブな感情を育成強化する努力を、ゆったりと時間をかけて実践する覚悟ができれば、最初はとても不可能と思われるような成果を手にすることがある。例えば、ジャンプ競技の選手が8フィートの高さをクリアするのを目にした人々は、あっと驚く。大半の人が、テレビ画面で実際にクリアされるのを見るまでは、4フィートがせいぜいだろうと決めつけていたからである。肉体を使う競技には限界があるが、心ははるかに弾力性に富んでいる。例えば、愛や思いやりの心に限界があるだろうか。人間特有のこうした美徳を心の奥に仕舞い込んでいる人でさえ、人生を通して忍耐強く努力すれば、徳を高める可能性は十分にある。

おかしな話だが、近代思想家の多くは、「自己形成の作業は果てしなく続けるべきもの」[5]という考え方に猛烈に反対していると、あるフランスの作家が批判している。仮に、年月をかけて習得する学習プロジェクトなどは徒労だ、止めてしまえ、という意見に従うなら、見習修行、教育、文化、自己鍛錬などの考え方そのものが意味を持たなくなる。精神的修行の道はさておくとして、読書、科学調査、実世界の学習などに励むことはまったく無意味になってしまうだろう。知識の積み重ねも終わりのない作業ではあるが、人生の質を大きく左右することになる、自己変革の重要性を無視していては、どのように蓄積されたとしても知識など無意味になる。大海に漂う小船のような行き当たりばったりの生き方でお茶を濁しているようなもので、最後に暗礁に乗り上げるのが関の山だろう。

自分らしくあることで事足りるだろうか

一方、本当の幸せを手に入れるには、自分を愛することを学べば事足りる、と考える人がいる。その成否は「自分らしくあること」の意味をどう解釈するかによる。満足と不満、静寂と興奮、熱意と無気力の間を永遠に揺らめく振り子の状態に甘んじ、その一方で、衝動や性癖を野放しにしておくことが「自分らしい」という解釈なら、それは安易な解決策または妥協、もっと悪く言えば屈服でしかない。

これぞ幸福探求の道だ、という方式の中には、人間は光と影の混合物なのだから、欠点も長所も併せて受け入れるしかない、と主張するものが少なくない。これらの方式は、自分の限界への挑戦を放棄することによって、心の中に生じる葛藤を取り除くことができる上、日々、自信に満ちて心地よく過ごせるだろう、と断言している。さらに、自分が本来持っている性質を自由にさせておくのが最善策、抑圧するのは問題を悪化させるだけだ、と説いている。選択の自由がない場合は、些細なことに歯ぎしりして悔しがったり、涙がでるほど退屈したり、自分を憎むよりは、自由気ままにさせておくほうがましかもしれない。だが、それは自分の悪癖を綺麗な入れ物に仕舞い込んで見ないようにするだけである。

たしかに「自由な自己表現」は、衝動をあるがままに自由に振る舞わせることで、精神的な緊張を一時的に解くことにはなるだろう。しかし、常日ごろ繰り返すことで機械的になった習慣または性癖の罠から抜け出すことは容易でない。このような手ぬるい態度を止めない限り、深刻な問題を解決することはできない。普段の自分で居続けるということは、世間並みの凡人であることに甘んじることに他ならない。フランスの哲学者、アラン〔1868~1951〕はこう喝破した。「魔法使いでなくても、私はこの通りの人間だ、これ以外の人間にはなれない、と自分に向かって呪文を唱えることはできる」[6]

人間は、長い間籠の中で飼われた鳥に似ている。逃げるチャンスが到来しても、飛び立たずに、すごすごと籠にもどってしまう。自分の欠点や短所にあまりにも慣れっこになってしまい、欠点や短所なしの人生など想像もつかないし、変化とか変革などは考えただけでもぞっとするのである。

エネルギーが枯渇していて、そうなるのではない。人間は、あらゆる方面に向かって奮起する力があるし、無数の計画にチャレンジすることもできる。夜遅くまで仕事をし、夜明け前に起きる勤勉さを称えた、「星空があるのは帽子を被って作業するため、白霜があるのはブーツを履いて作業するため」という諺がチベットにある。「利他の心、忍耐力、人間愛を鍛える努力をすべきだ」と考えた途端に、そんなのは長生きすれば自然に身につくだろうとか、たいして重大なことではないとか、これまでだってそんなものなしに十分やれたなどと自分に言い聞かせて、曖昧な態度をとりたがるのが人間である。「毎日、几帳面に楽譜に向かおう」と本気で決心しても、実行せずにモーツァルトの難曲を演奏できる人はいない。ぽろんぽろんと二本指を動かしていては、モーツァルトは弾けないのである。幸福は技術であり、人間の在り様である。技術は訓練しなければ身につかない。昔のペルシャに、「忍耐には桑の葉を繻子《しゅす》に変える力がある」（桑の葉で蚕を飼い、繭から生糸が作られ、それを加工して絹の繻子ができるまでの作業にはたゆまぬ努力と忍耐力が必要であることの譬《たと》え）という言い伝えがある。

第4章　見せかけの友

快楽、富、名誉、権力、武勇などに幸福を見出そうとする人は、虹を捕まえてそれを羽織ろうとする幼子のようにうぶな人である。

ディンゴ・キェンツェ・リンポチェ

幸福と快楽…重大な混同

外的な要因と精神的態度、すなわち心構えのうち、どれが本当の幸福をもたらすもので、どれがそれを阻害するものかを見分けようとする場合、幸福とそれに似て非なる特定の状況とをはっきり区別することが必要となる。

最も起こしやすい間違いは、快楽を幸福と取り違えることだろう。ヒンズー教には、「快楽とは幸福の影に過ぎない」という教えがある。快楽は、肉体的、美的、知的な刺激を受けた直接の結果である。場所とか瞬間などの条件が揃った特定の状況において、束の間の快楽を経験することができる。快楽は本来、不安定なもので、快楽に誘引される感動は間もなくかすんで無色になり、ついには不快感さえ味わうようになる。同様に、快楽は繰り返されると、無味乾燥、ときには嫌悪感に変わることもある。高級料理を味わうのはこの上ない喜びだが、満腹した後も食べ続ければ、吐き気を覚えることさえある。外気で冷えた体を温めてくれる暖炉の火も同じことである。温もりを感じているうちは心地いいが、それを越すと火傷を起こす。そうならないようにするには火から遠ざかる必要がある。

快楽は、ろうそくが次第に燃え尽きるように、使っているうちに消耗する。それは常に「活動」の結果として生じる。そのため、反復されるうちに飽き飽きして退屈が頭をもたげる。バッハの前奏曲に熱心に耳を傾けるときには相当の集中力を必要とする。だが、いつまでもその状態を続けることはできない。疲労困憊して、ついには音楽の魔力を感じられなくなってしまう。来る日も来る日もバッハを聴かされたら耐えられなくなるだろう。

快楽はまた個人的な経験でもある。その大部分が自己中心的であるがゆえに、自分本位に陥り、時には他者の幸せと矛盾することもある。性的行為は、快感を相手と交換しあうことで相互に快楽を得る。しかし、この種の快楽も、相互関係と利他の心が中心にある場合にのみ純粋な幸福を感じられるものである。他者を犠牲にして、快楽を経験することもできるが、そこから幸福を得ることはまずないだろう。快楽は、残酷、暴力、傲慢、欲その他の心情と結びつくこともあり、本当の幸福とは両立しない。フランスの作家で批評家のバルベー・ドールヴィイは、「快楽とは狂人の幸福であり、幸福は聖人の喜びである」と書いている。

中には復讐や拷問を楽しむ人間もいる。同様に、競争相手の破滅に有頂天になるビジネスマンもいれば、盗品を肴に祝杯を傾ける盗賊もいるし、闘牛の観客は牛の死を見て狂喜する。そのどれもが束の間の快楽に過ぎず、時にはそれが病的な高揚状態をもたらす。これらも幸福とはまったく無縁である。

熱烈で機械的な欲望を満足させて得られる官能的快楽の感覚は、強迫観念つまり執着と密接な結びつきがある。そして最終的には幻滅を感じることになる。快楽は人間との約束を果たさないことが多い。詩人のロバート・バーンズは『シャンタのタム』で以下の詩を書いている。

だが、快楽は畑に咲くけしの花
摘めば花びらが萎む
川に舞い落ちる雪のように
一瞬の白さが溶けて、永遠に消えさる

快楽とは異なり、心が純粋に生気に溢れた状態は、たとえ状況に影響されることがあっても、支配されることはなく、意気消沈することはない。持続性があり、経験を積むうちに鍛えられる。時間の経過でそれは第二の天性と呼ばれる習慣として体得され、達成感という副産物をもたらしてくれる。本物の幸福は、活動とは無縁である。それは人間の在り様、すなわち、心がどのように機能するかについて正しい理解に到達することで、感情のバランスが見事にとれている状態を指す。普通の快楽は、快適な対象と接したときに生じるが、その接触がなくなると快楽は消滅する。反対に、スカすなわち永続的な安楽は、内なる本質と完全に調和している期間中ずっと持続する。

安楽は、自己への執着を超えて、内側から発散してくる平安な無我の状態を一つの側面とする。自分とうまく調和できている人は、家族、隣人、場合によっては社会全体とも良好な関係を維持するために自発的に貢献しようとする。

要するに、快楽と幸福は直接的な関係がない。だからといって快適な感覚を求めてはならないということはない。壮大な景色、海水浴、バラの香りの楽しみをすべて止めなければならない理由はない。ただ、心の平静さが損なわれ、満足感を得ることに執着し、快楽の妨げとなる何事をも毛嫌いするようになると、快楽は障害となる。

快楽は、幸福とは本質的に異なるとはいえ敵ではない。ただ問題になるのは、快楽がどのように経験されるかである。所有に取りつかれるとき、あるいは、心の自由が妨げられるとき、貪欲と依存症の兆候が頭をもたげ、幸福が妨害される。一方、心地よい瞬間とか、心が平静で自由な状態で経験される快楽は、幸福に影を投げかけることはなく、かえって幸福を引き立てることになる。

幸福と喜び

喜びと幸福の違いはもっと微妙である。純粋な幸福は、喜びとして自然に外に発散される。内側の喜びの場合、必ずしもほとばしるような現れ方になるとは限らない。それは、今この瞬間に対して滲み出る感謝とか賞賛の気持ちの現れであり、それは次の瞬間にまで延長され、「生きる喜び」と呼ばれる連続体となる。スカは、思いがけない喜びによって増強されることがある。だが、どの喜びもすべて安楽から生じるとは限らない。それどころか、その反対である。クリストフ・アンドレが『幸福の心理学〔心のレシピ〕』で強調しているとおりである。「例えば、復讐といった、平安な幸福から程遠い不健康な喜びがある一方、穏やかな幸福もある。それは歓喜に本来備わった興奮からは程遠いものである……人は幸福にではなく歓喜に飛びつくのである」[1]。

幸福の定義では、無数の異論があることに触れた上で、本物の幸福とは何かを明確にしようと試みた。心理学者のP・エクマンが明らかにしているとおり、喜びは、五感が知覚する快楽と同じくらい多様な感情と結びついている。したがって、喜びという言葉も以下が示すように非常に曖昧である。おかしみ（くすくす笑いから爆笑までの）、満足感（より穏やかな満足）、興奮（目新しさや挑戦への反応）、安堵感（恐怖や不安、時には快楽などの他の感情の後の）、いぶかる（驚いたり感心する前、または理解を超える場合）、有頂天または恍惚（外的なことで我を忘れるとき）、狂喜（困難な仕事をやり遂げたり、偉業を成し遂げたとき）、晴れやかな誇り（子供が特別の賞を受賞したとき）、高揚感（心の広い親切、寛大、思いやりの行為を目撃したとき）、感謝（無私無欲な行為を受けたとき）、不健全な喜び、他人の不幸に対する意地悪な喜び（復讐などを介して他者の苦しみを楽しむとき）[2]。人間はまた、喜びに浸る（他者の幸せ）、楽しみでうっとりする（素晴らしい満足感で）、精神的な輝きを感じる（深い幸せや慈悲の心から生じる静かな喜び）、等々を経験するときがあるが、これらはどれも一瞬に消えるはかない感情とは違った永続性がある。

以上にあげた感情はどれも喜びの要素を備えている。普通は顔がほころび、特別の表情や声の調子で表される。とはいえ、幸福に関与したり、幸福に貢献したりするには、いかなるネガティブな感情にも邪魔されないことが必要である。怒り、羨望などの感情が生じると、喜びはあっという間に消える。また、執着、利己心、驕りなどが頭をもたげると、喜びは徐々に押さえ込まれる。

喜びが持続して、静かに落ち着いた中で成熟し、コルネイユ〔1606～1684年フランスの劇作家・詩人〕が表現したような、「心が開花する」状態に至るには、本当の幸福の他の側面と結びついていなければならない。言い換えれば、心の明晰さ、愛情豊かな親切心、ネガティブな感情の段階的消滅、利己的な気まぐれの消去が条件となる。

面白おかしく過ごそう！

「面白おかしく過ごそう」が現代人のテーマとして定着している。具体的には、孤独を心配するあまり、予定にない休み時間は一切考えないようにして、強迫観念に取りつかれたように年がら年中猛烈に動き回る、多動症候群のような生き方をモットーとして生きている。ただ奮闘していれば安心で、意味などまったく問題にしない。現代人は、常に活動していないと、人生が退屈極まりなくなる、と感じている。アジアで旅行ガイドをしている友人がもらしていた。ツアーの客は、旅程の中のほんの少しの空白も我慢できない。「5時から7時の間に何も予定がないのですが？」と言って不安がる。どうやら現代人は、自分の内面に目を転じることを恐れ、五感で知覚できる外界にのみ焦点を当てようとする傾向があるようだ。熱病にうなされたように闇雲に何かを探求すれば、持続性ある質の高い人生が待ち受けていると信じるのはまったく子供じみている。

時間をかけて心の内側を探検するなら、外的な探求が白昼夢とか空想、または過去にこだわるか未来を夢見るだけの行為に過ぎないことがわかるだろう。心が自由になったら自然に生じる本物の満足感は、生きているどの瞬間に対しても、これまでとはまったく異質の強さを与えてくれる。その上、心の安らぎがどのようなものかを生々しく経験させてくれる。そうなると、あらゆるものが美しく輝いて見える。それは今この瞬間を楽しむ方法を学ぶことであり、利他の心、平常心の強化、自分の最高の部分の成熟、世界をより良く変えるための自己変革という形で現れるのである。

人工的な高揚感

ある日突然、有名人とか金持ちになることが欲望を満足させること、と考えるかもしれない。だが、そうした状況から得られる満足感は多くの場合、あっという間に消えうせ、幸福感を高めてくれることはない。自分の名声と運に不快感と失望を抱いている、台湾の有名な歌手に会ったことがある。その歌手は涙ながらに漏らしていた。「有名になどなりたくなかった！」。ある研究によると、例えば宝くじで大当たりする等の予期せぬ状況は、快楽指数を一時的には高めるが、本人の幸福または不幸の感じ方には長期的な効果がない。宝くじの当選者の大半が、幸運に恵まれたことで、気分が高揚される期間を経験するが、1年後には普段の満足度に戻る。[3]時には、人もうらやむ出来事が「幸運な当選者」の生活を覆すこともある。心理学者のマイケル・アーガイルは生前、１００万ポンドを超える宝くじに当選した24歳の英国人女性について述べている。彼女は仕事を辞めたが、間もなく退屈病に罹った。高級住宅地に家を買い、それまでの友人たちと縁を切り、運転免許がないのに高級車を買い、箪笥の肥やしになるほどの洋服を買いまくった。最も大衆的なフィッシュ・アンド・チップスが大好物なくせに高級レストランで食事したのだった。１年もたたないうちに、空虚な生き方に対する不満がつのり、うつ病に罹ってしまった。[4]

今日の消費社会では、いんちき臭い快楽を無数に発明し、緊張感を持続させるために、精神的無感覚症を引き起こしかねないような興奮剤をばら撒いている。チベットの友人がニューヨークに出向いた際、華やかに点滅する広告板を見て、「あれは私たちの心を奪おうとしている」とコメントしていた。幸福が自然に現れて感じる純粋な喜びと、瞬く間に消滅する興奮によって生じる恍惚感には大きな違いがある。表面的なスリルは永続する満足感に根ざすことはない。そのスリルの行き着く先は間違いなく失望である。

苦しみと不幸

幸福と快楽の違いを考えたところで、心身の苦痛や苦難と不幸とを区別する必要があるだろう。苦難は外から被るもので、不幸は自らが作りだす。サンスクリット語にドゥッカという言葉がある。これはスカの反語で、その定義は、不快な感覚だけに留まらず、究極的に厭世観につながる苦しみ、痛みに対する基本的な脆さ、生きることが無意味で価値がないという状態となっている。サルトルは著書『嘔吐』の主人公にこう言わせている。

もしも存在とはなんであるかと問われたならば、私は誠意をもって、まったく無意味なもの、空虚な入れ物である、と答えたであろう。私たちは自分自身に当惑し気詰まりな存在の群れであった。私たちは誰も彼も、そこにいることの理由を少しも持たなかった。それぞれ存在するものは、当惑し、なんとなく不安で、互いに他のものとの関係において余計なものである、ということを感じていた……ところでこの私もまた余計なものだった……これら余計な存在の少なくともひとつを消滅させるために、自分を抹殺することを漠然と思い描いてみた。[5]

自分がこの世から居なくなったほうがいい、と信じることが自殺者に共通する動機である。苦しみ（＝苦難）は、無数の原因によって生じる。中には自分の力で何とかできるものもあれば、まったく無力のこともある。身体障害者として生まれたり、病に侵されたり、愛する者を失ったり、戦争や天災に巻き込まれる、等の苦しみは不可抗力である。それに引きかえ不幸はまったく違う。なぜなら、不幸は、外的な条件によって生じる身体的、道徳的な苦痛と関連するとはいえ、本質的な関係はない。

四肢麻痺に関する研究によると、麻痺が生じた直後に大半の障害者が自殺を考えるそうだが、１年後には10％だけが惨めな人生と考えているという。残りの90％は、生きることの素晴らしさを考えているのである。[6] 苦しみを不幸と解釈するのが心の在り方であるのと同様、それをどう理解するかを支配するのも心である。世界観を管理、知覚、解釈する流儀をわずかに変化させるだけで、私たちの在り様が大きく変わるのである。移ろいやすい感情を経験する仕方を変化させることが、気分と在り様を永久に変えることにつながる。人間を悩まし続ける苦しみを消滅させることになるこの「治療法」は、人間として生きるに最適な生気溢れる状態をもたらしてくれる。

第5章 幸福は可能か

手に入れられる外的自由の大きさは、ある瞬間の成長段階で獲得済の内的自由の大きさに比例している。それが自由についての正しい考え方なら、自己の内側を変革することにエネルギーのすべてを集中すべきである。

マハトマ・ガンディー
（インド独立の父、宗教者、政治指導者）

外的幸福と内的幸福の差異

一生の間には、誰もが、幸福の香を放って生きている何人かの人たちに出会うものである。そのような人たちの身のこなしや言葉には、隅々まで幸福が染み込んでいるため、備わっている徳と威力を無視することは到底できない。中には、人生でさまざまな問題に直面しようとも、心の奥深くに常に幸福を潜ませていられる術を達成していることを、何のてらいもなしに示している人がいる。ロバート・ミズラヒによれば、「こうした人々にとって幸福とは、完全かつ意義深く経験されるべき生活様式であると同時に、人生を総合的に意味するものである」[1]となる。

これらの人たちのように常に一定して満足した状態を維持するのはまれである。とはいえ、特に過酷な生活状態でない限り、ほとんどの人が自分の生活の質に満足しているという調査結果もある（先進国ではそれが75％に達している）。

以上は、長い年月をかけて数十万人をインタビューして得た一般的意見が反映されている。こうした結果を拒否するのは生産的でない。だが、回答者が言わんとする「幸福」なるものの中身を問題にするのは理に適っているだろう。回答者の満足感が比較的安定しているのは、先進国では生活上必要な物質的条件が総じて快適である、という事実に裏づけられているからであろう。その反面、これらの条件は脆くて儚いものでもある。例えば、愛する者や仕事を失う等、条件の一つでも突然に消滅すれば、幸福感はたちどころに崩れてしまう。いずれにせよ、「外的条件に不満を言うような客観的根拠がない、というだけで人生に満足している」というのを聞くと（国別に見ると、最も「幸福」な人はスイスに多い）、内心穏やかでなくなる。北米居住者の15％が35歳までに深刻な抑うつ症を経験するという。1960年以降、米国の離婚率は2倍、強姦の被害は4倍、未成年の暴力犯罪は5倍に膨れ上がっている。[2]

以上のデータからも、外的な幸福と内的な幸福との間には差異があることがわかる。そして「この世は苦なり」すなわち、苦しみは宇宙に遍在する、という仏教の説示と、調査結果との間に見解の相違があることを物語っている。仏教でいう遍在性とは、すべての人間が常に苦しみの状態にあるということではなく、人間は、いつ起こるかもしれない潜在的な苦しみに対して脆く崩れやすい、ということを意味している。不幸の原因となる心の毒を払いのけることができないうちは、苦しみから免れることはできないのである。

幸福は苦しみの小康状態に過ぎないか？

幸福とは、苦しみというマイナス極に対するプラス極として経験される、ほんの一時的な休息と考える人が少なくない。ショーペンハウアー〔ドイツの哲学者〕にとっては、「どの幸福もみなネガティブである……つまるところ、満足と満足感は、苦痛と窮乏の単なる中断に過ぎない」[3]。また、フロイトの考えはこうである。「最も厳密な意味でとらえるなら、いわゆる幸福とは、抑制された欲求が突然に満たされたときに生じるものである。その性質からして、相互関連性のない現象以外の何ものでもない[4]」。つまり、「幸福」とは、一時的に苦しみが弱まるか、治まった後のわずかな時間に経験される、苦しみと対照的な状態、という考えである。ということは、嵐の中で経験する偽りの穏やかな瞬間という解釈になる。

中国による侵略後、チベットの強制労働収容所で長年苦しい生活を強いられた友人はこう述べている。「尋問は、何日も休みなしに椅子の上に立たされる、といったものだった。動くことは一切認められない。独房の氷のようなセメントの床に倒れこむとき、また立たされるまでのごくわずかな時間が、最高に喜ばしい開放感を味わう瞬間となる」。これは、苦しみがほんの少し和らぐ結果、得られる幸福の一例、それも極端な例である。だが、この友人が長年の監禁と拷問を生き延びられたのは、心が常に安定して幸せの状態を維持できたから、と強調している。

これほど過酷な状況は特別である。では、もう一つ例を取り上げたい。インド旅行中にかなり混乱させられた筆者の実体験である。36時間もの間、インドの列車に揺られる場合、座席指定の予約をするのは常識である。だが、駅に着いてみると、予約した車両は見当たらない。超満員の代用貨車にぎゅうぎゅう詰めにされる羽目となった。個室など望むべくもない。窓にはガラスがない。凍えそうな旅客たちと共に、木製の寝台に体を丸めて横たわった（それは厳冬の1月だった）。数百人の旅客は座席や通路の床に押し合いへしあい状態で座っている。その日は高熱と腰痛に悩まされるというおまけまで付いていた。

列車は、盗賊が徘徊することで知られるビハール州を通過する路線を走っていたため、旅客は皆、荷物という荷物を鎖で固定させていた。インドの旅がどのようなものかは経験ずみだったので、ノートパソコンと1カ月分の書類を入れたブリーフケースを、一番安全と思われる上段の寝台の奥にしまいこんでおいた。ところが夜になって、隣の寝台から釣り針状の道具を使って、見事に持ち去られていることに気がついたが、後の祭り。しかもその後に数時間停電が続いた。暗闇の中で旅客たちは、荷物がなくならないようにと、互いに悪態をつきあっている。そうした喧騒を寝袋の中で横たわって聞いていた。極度の混乱状況なのに、気が転倒するどころか、なぜか気持ちが軽くなり、完璧な至福と自由を感じていることに突然気づいたのである。

ひょっとしたら、高熱で一時的な錯乱状態になったのかもしれない、と疑ったが、頭は非常にすっきりしていた。自分の置かれたとんでもなく混乱した状況と際立って対照的な幸福感が、あまりに喜劇的だったので、暗闇の中で思わず噴き出してしまった。これは開放によって生じる幸福感とは明らかに違うケースである。むしろ、ある種の不快な外的状況が、心の平静さを一段と鋭く際立たせた、という経験だったと考えている。それはまさに「手放す（＝執着を絶つ）」瞬間であり、自分の内側にしか見出すことができない深い満足感であり、したがって、外的状況とはまったく無縁である。人間は誰もが快、不快を感じる。それは当然だが、純粋な幸福という観点からすれば、快不快などは些細なことである。このときの経験が、永続的な幸福の中で生きることができることを理解する手がかりとなったのは確かである。

一つの結論に達したところで、釣り合いのとれた冷静な態度で不幸の原因を探求し、続いて、正しい方向に向かうことを次なる目標としてみたい。真の幸福とは、人生の浮き沈みからの瞬間的な開放に限定されるものではない、ということが論証できたこの時点では、不幸の主因を取り除く作業が必要となる。前章でも触れているとおり、不幸の主な原因は無知と心の毒である。幸福が、意識の状態、内的自由といった人間の在り様であるなら、幸福になることを妨げる邪魔物は本質的には存在しないと考えていいだろう。

幸福の可能性を否定する考え方は、この世界と人類が基本的に悪であると決めつける考え方に影響されているだろう。こうした信念は、キリスト教的な原罪の思想に由来している。マーティン・セリグマン(米ペンシルバニア大心理学部教授)によれば、「すべての文明(近代的道徳、科学、宗教、技術的進歩を含む)は、幼稚な性衝動と攻撃性との基本的葛藤から巧みに防御するものに過ぎないという定義に基づいて、20世紀の心理学に原罪を引っ張り込んだのはフロイトである」。この種の解釈は、多くの現代知識層が、寛大さとか親切な行為は負の衝動から生じる、という愚にもつかない結論に到達させる原点である。セリグマン教授は、ドリス・カーンズ・グッドウィン(フランクリン・ルーズベルトと妻エレノアの伝記の著者)の次の文を引用している。「大統領夫人は、自分の母親のナルシズムと父親のアルコール中毒の悩みを相殺するために、有色人種を献身的に支援した」。グッドウィンは大統領夫人が純粋な親切心からだけで行動したことには、まったく考えが至っていない、とセリグマンは批判している。セリグマンと彼の提唱するポジティブ心理学の仲間にとっては、「ネガティブな動機から生じる力と徳などが存在するという証拠はどこにも見出せない[5]」。

マスコミから有害で俗悪な情報の集中砲火を浴び、紛争解決の手段として使われる暴力の映像を見せつけられる現代は、社会学者が名づけた「邪悪な世界症候群」が蔓延しつつある。ペルピニャン（フランス）の1999年度国際フォトジャーナリズム・フェスティバルの写真展には筆者も出展しているが、36出展作品の中で、わずか2点だけが人間性を建設的に捉えていたのが、その症状の深刻さを物語っている。他の34点は、戦争、パレルモのマフィアによる犯罪、ニューヨーク市の麻薬窟その他、世界中にはびこるネガティブな側面を扱ったものばかりだった。

「邪悪な世界症候群」は、幸福実現の可能性そのものを危うくさせる。戦いは始める前に既に敗北しているように見受けられる。誰もが完成に至る可能性を秘めていることを忘れ去り、人間性が根本から堕落していると信じ込む結果、人生観は悲観論で汚染され、幸福探求の根拠それ自体までが懐疑的に見られることになる。根本的に悪いものを純化しようというのは、真っ黒な石炭の塊を漂白するような愚行である。逆に、深遠な人間として向上し、完成する可能性を引き出すことは、金塊をピカピカに磨きあげるように賢い行為である。

メッセンジャーがメッセージに変化するとき

なるほど理屈ではそのとおりであるが、「言うは易し」ではないだろうか。米国の精神科医、ハワード・カトラーも著書『幸福の技術』で述べている。「ダライ・ラマは、他の何人も真似のできないほど深い静寂と高い達成感を持って生きる術を達成している、と確信している」[6]。

我々凡人の到底及ぶところではないようだし、容易に到達できそうにないレベルである。だが、ダライ・ラマだけが超然とした存在ではない。35年の間、筆者は多くの聖人や精神的指導者に出会い、生活を共にしたりもした。だが、心の静寂さと喜びが、人生の浮き沈みにも決して負けない強さに達している、ごく「当たり前の」人々を数多く知っている。私利私欲を貪る欲望がなくなっている結果、他者のために喜んで己を捧げる用意がある人たちである。友人のアラン・ウオレスは、親しいチベットの隠者が、何の気負いもてらいもなしに「まったく途切れることのない至福感の中で20年間過ごしてきた[7]」と述べた言葉を伝えてきた（彼は隠居所で誰かに何かを要求することもなく淡々と平穏に過ごしたのである）。

以上の例は、顕著な人たちの驚嘆すべき点を強調することが目的でもなければ、一つの流儀（この場合は仏教）が他の流儀よりも勝っていることを誇示するために取り上げたのでもない。学ぶべき一つの教訓を示したかったのである。すなわち、賢者が幸福になれるのなら、それを見習う誰もが幸福を手に入れることができる。あまりにも多くの人々が、本当の幸福など絶対に無理、と信じている今、このことを考えるのは極めて重要なことだろう。

賢者とその人が具現化している叡智は、近づき難い理想ではなく、生きたモデルである。自分もそうなれるとはっきりと自覚し、日々、具体的に参考にすることができる模範なのである。これまでの自分の生き様を丸ごと放棄することではない、ということを知ることが大切な点である。幸福と苦しみがどのような傾向をもつか、という力学を解明した人たちから無尽蔵の知恵を引き出すことができる、ということを認識すべきである。

幸いなことに、「幸せな賢者」の考え方が、西欧にとっても現代社会にとっても、異質で相容れないものではなくなっている。ただ、希少価値になってしまったのは確かである。アンドレ・コント・スポンヴィルによれば、「賢者というのは、期待も希望もしない。なぜなら、賢者は完全に満たされているので、何も欲求がないのである。何も欲しくないので、完全に幸福なのである」[8]。このような特質は、空から降っては来ない。現代人にとって、賢者が流行遅れのイメージに映るとすれば（少なくとも西欧において）、その責任は誰にあるのか。賢者を絶滅の恐れのある珍奇な存在にしてしまった責任は、現代人全員が負うべきだろう。生まれつきの賢者など存在しない。それなりの努力なしにはなれないのである。

隠れ家から事務所に

実に感動的な話である。だが、家族を養いながら、あくせくと毎日働きに出なければならない普通の人にとって、聖者や隠者のことをいくら聞かされても、自分に益があるとは思えない、と考えるかもしれない。ところが、賢者とは、努力次第でそうした人間になれる、ということを具体的に示してくれるモデルである。彼らは、普通の人に希望をもたらす存在として直接に関係があるのである。後に続く人々が一歩一歩前進し、遂には豊かな人生を謳歌できるようになる、そのために人跡未踏の道を踏み固めて用意してくれる人たちなのである。誰もがオリンピックの槍投げ選手になれるわけではないが、槍の投げ方は学ぶことはできるし、技術を磨くこともできる。アガシのような名選手でなければテニスを楽しめないとか、アームストロングでなければ楽器は奏でられないということはない。どの活動分野でも、完成度を高めようとするインスピレーションの源はある。自分が目標とし、憧れるビジョンをもって高度に完成したモデルたちは、凡人を落ち込ませるどころか、情熱をいやおうなく喚起してくれるだろう。偉大な芸術家、信念の人、英雄たちが敬愛される理由がそこにある。

精神的な修行は、驚くほど多くの結果をもたらす。日々わずかの時間を瞑想に割くだけで、精神を鍛えることができる。想像以上に多くの人たちが通常の家庭生活を営み、仕事に励みながらこうした訓練を続けている。このような生活態度のプラス面は、煩わしい時間のやりくりといったマイナス面をはるかに超えている。こうした訓練を続けることで、現実的な日常生活の中で心の変革の旅に乗りだすことができるのである。パストゥール研究所で研究に取り組みながら、パリの生活にどっぷり漬かっていた頃、数分しか実行しなかったにもかかわらず、毎日の瞑想は非常に有益だった。日々の活動の中に、芳香が漂い、これまでにない価値を見出すことになった。ここで言う瞑想とは、単なるリラクゼーションではなく、内面に目を転じることである。思考がどのようにして生まれるのかを静観し、憂うつなものも陽気なものも、すべての思考の裏に常に潜んでいる平安、静寂、純粋な心の様相をじっくりと見つめる作業である。

それは思ったほどに複雑で難しいことではない。ほんのわずかな時間を割くだけで、瞑想がもたらす効果を実感し、結果を認識するようになる。自分の中で起こっていることを内観する、その経験を少しずつ身につけることで、思考経路をよりよく理解するようになる。その結果、心の毒を洗い流すコツがつかめるようになる。心の平和を少しでも感じられるようになれば、生気溢れる感覚の維持と煩雑な職業を両立することが難なくこなせるようになる。同様に、心身が不安定で不安感の強い状態（過度の自己中心としばしば関連する）から自分を開放することができたとき、恐怖心は弱まり、人に対して自然に心を開き、「人智を超えた存在の気まぐれ」と呼ばれる運命に翻弄されずに、それに直面できるようになる。

国だろうが教会だろうが、あるいは専制君主でさえも、人々に人間性向上を義務づける権力を持たない。これは本人の意思で選択するしかない。統計遺伝学者のルカ・キャヴァリ・スフォルツァ[9]とその息子フランチェスコが雄弁に述べている。

心の自由は、自分が制限するか、制限することを許した他者が制限する場合を除けば、限界がない。その自由は偉大な力をもっている。個人を変革させ、その能力を最大限に伸ばし、人生のあらゆる瞬間に、完全な満足感をもたらす。個人が意識を成熟させれば、世界も変わる。なぜなら世界は個人の集合体であるから。

第6章 苦しみの錬金術

苦しみから解放される道があるなら、一瞬も無駄にせずにその道を探さねばならない。苦しみを続けたがるのは愚か者のみ。毒と知りつつ飲むほど哀れなことはないだろう。

ダライ・ラマ7世
（1705年即位）

生きているがゆえの苦しみ

昔、ペルシャに一人の王子がいました。兄弟がいないため、大臣の息子と一緒に育てられました。二人の友情は人々の語り草となったのでした。王子が国王に即位したとき、「余には国を治める、という大仕事がある。そちは、余が重要な教えを学び、王として適切な行動をとれるよう、人間と世界に関する歴史書を書くことを頼まれてくれぬか」と大臣の息子に頼みました。

幼馴じみは、最も著名な歴史家、最高の学識者、最も尊敬された聖者たちに相談に出かけるなどして5年の歳月を経て、意気揚々と宮殿に戻って王に申し上げました。

「陛下、天地創造から王のご即位に至る時代を完全に集録した全36巻の世界史を仕上げて参りました」

「なに36巻とな？　そのように膨大な書物を悠長に読む時間を余は与えられておらぬぞ。国のまつりごとに時間を追われている上、２００人の王妃の相手もせねばならぬのだからな。その歴史書をもっと手短に要約してくれぬか」

幼馴じみは2年を費やして10巻に縮小した書を携えて宮殿に参上しました。ところがその頃、国王は、隣国との戦に明け暮れており、砂漠の中の山頂で陣頭指揮にあたっていたのでした。

「そちとこうして話している間にも、国の命運が決せられるかも知れぬのだ。もっと短縮するように頼むぞ」

戦地を後にした大臣の息子は、今度は3年をかけ、要点のみを正確に描写した1巻にまとめ上げたのでした。ところが国王はその頃、法律の制定に忙殺されていました。

「静かに書き物をする余裕のあるそちが羨ましいぞ。運の良い奴よのう。それにひきかえ世は、税金だ、徴税だ、と議論攻めにあっているのだ。一夜で読みきれるよう、10分の1の分量を所望するぞ」

2年後に遂に完成させた幼馴じみが宮殿に出向くと、国王は激痛に苦しむ病に伏していました。幼馴じみも年老い、白髪で顔の皺が覆われていました。

「さて、人間の歴史とな？」

国王は息も絶えだえに呟いたのでした。

幼馴じみはいまわの際の国王をじっと見つめて呟きました。

「陛下、人々は苦んでおります」

そのとおりである。世界中では刻一刻、人々は苦しんでいる。赤子の死産もあれば母体の死もある。殺人、拷問、暴力、不具、愛する者との別離などは毎秒起きている。片や、見捨てられ、裏切られ、追放され、拒絶される人たちもいる。憎悪、貪欲、無知、野望、傲慢、妬みのために殺される人たちがいる。母親が子供を失い、子供が両親を失う。病院では、病気が終わることなく進行している。治療を受ける希望を絶たれて苦しむ者がいる一方で、回復の希望がないのに治療される者がいる。臨死の人が苦痛にあえぎ、残される者は悲嘆にくれる。餓死、疲労死、火災の犠牲者、落下石による事故死、水死と際限がない。

苦しみは何も人間に限ったことではない。森林、草原、海、空で動物どうしが生存をかけた壮絶な戦いを繰り広げている。一方、毎秒毎秒、人間の手で無数の動物が殺され、粉々に引き裂かれ、容器に詰められている。飼い主から虐待を受け、重い荷を負わされ、死ぬまで鎖につながれる、等々で苦しむ動物、狩猟の標的にされ、釣られ、鉄の歯で捕まり、罠にはまり、網で窒息する動物、肉、じゃ香、象牙、骨、毛皮、皮のために熱湯に投げ込まれ、生きたまま皮をはがれる、等で苦しむ動物と枚挙にいとまがない。

これらは単なる言葉の羅列などではない。人間の日常生活にもともとついて回る、現実的な出来事である。物事は常に移り変わり、生まれたものはすべて死すべき運命にある。そしてそこに苦しみがある。死に直面して悲嘆にくれ、苦痛に対して無力となるかもしれない。だが、死から目をそらすことは、無関心であるか臆病である。人間は、死に対して強い関心を持ち、あらゆる方法で苦しみから解放されるよう努める必要がある。

苦しみの性質

仏教では、遍満する苦しみ〔行苦〕、変化に基づく苦しみ〔壊苦〕、苦痛に基づく苦しみ〔苦苦〕の3種類の苦しみがある、というふうに説いている。遍満する苦しみは青い果実が熟す寸前の状態、変化の苦しみは毒の盛られた美味しいご馳走、苦痛に基づく苦しみは腫れ物の発疹に喩えることができる。遍満の苦しみは、苦しみとは認識されていない状態のこと、変化の苦しみは、最初は快楽と感じられたものが苦痛に変化すること、苦痛に基づく苦しみは苦痛の増大と関連している。

遍満の苦しみは目に見える苦しみ、変化の苦しみは隠れた苦しみ、苦痛に基づく苦しみは見えない苦しみなどの表現で置き換えることもできる。目に見える苦しみは、普遍的に存在していて、誰の目にもはっきり見える。隠れた苦しみは、表面的には快楽に見え、悩みがない喜びの裏側に潜んでいて見えない苦しみである。例えば、美食家が美味しいご馳走を楽しんだ直後に食中毒の発作に襲われる、家族そろって田舎にピクニックに出かけたら、子供が突然蛇に噛まれる、野外パーティに出かけて愉しく踊っていたらテントが突然燃えだす、等々の快楽が苦しみに変化することで、人生のどの瞬間にも起こりうる。それにもかかわらず、人間も事象も永遠に不変であり、変化に左右されることなどあり得ないという幻想を抱いている人間の目には見えない苦しみである。

また、最も日常的な人間の活動の根底に潜んでいる苦しみがある。目に見えないが故に、突き止めることが難しい。そのために歯痛のように直ぐに局部治療することもできない。この苦しみは、どのような信号も発することがなく、日常の決まりきった行動に本質的に結びついているため、世の中で普通に機能することが妨げられることもない。ゆで卵を例に取ろう。これほど日常茶飯的なものはない。とはいえ、農場で放し飼いする養鶏はさておくとして、ブロイラー養鶏のようすを考えてほしい。雄鶏は産まれた直後に雌から離されて粉砕工場に直行する。一方、雌鳥は昼夜を問わず、人工灯の下で餌を与えられ、一刻も早く卵を産ませるために促成肥育される。ぎゅうぎゅう詰めの状態に置かれた鶏は攻撃的になり、互いに羽を引きちぎって争う。私たちの食卓に上るゆで卵からは、こうした光景はまったく見えない。

見えない苦しみを突き止めるのが一番難しいのは、それが人間の無知無関心に原因があるからである。無関心と利己主義にとらわれている限り、無知、盲目の状態から抜け出ることはできない。判断力と知恵に欠けると心が混乱する。その結果、苦しみを排除して幸福を得るにはどのように考え、どのような言葉を使い、どのように行動すべきか、反対に、どのような考え、言葉、行為を避けるべきか、の判断ができなくなる。混乱しやすい性癖または傾向を持つ人は、どうしても苦痛の根底にある混乱した態度を繰り返してしまう。有害になるこうした誤った判断から抜け出るには、無知の夢から目を覚まし、幸福と苦しみがどのように生じるか、という繊細で神秘的な法則を探求する努力をする必要がある。

苦しみの原因としての我執〔エゴへの執着〕とは何かを確認することが果たしてできるか、という問題を考えてみよう。一般的に考えれば、それは不可能だろう。苦しみの三つ目の種類が「見えない苦しみ」と呼ばれる所以がそこにある。この世は自分中心に回っている、と思い込む自分本位の考え方、別名、利己主義は、人間を最悪の混乱に陥れる。嫉妬心はいうまでもなく、強迫観念から憎悪にいたるまでを含む我執の病毒は、磁石が鉄くずを引きつけるように苦しみを引き寄せてしまう。

ここまで読むと、この世に普遍的に存在する苦しみから逃れる道はなさそうだ、というふうに考えたくなるだろう。預言者が賢者の出現を予言し、多くの聖者が神に続いて現れているにもかかわらず、苦しみの川は永遠に流れ続けている。マザー・テレサは、カルカッタの死を待つ人の救済に50年の長きにわたり心血を注いだ。だが、彼女の設立したホスピスが消え去れば、存在したことなどなかったかのように、患者たちは道端に戻って死を待つだろう。インドのそこかしこの道端で人々が死んでいる。人々の苦しみを前にして、手をこまねいている自分の無能さを測る尺度は、苦しみの遍在性、大きさ、そして永続性である。輪廻転生の循環の中では、苦しみからの避難場所はないと仏教は教えている。針の先ほど小さな場所にさえ苦しみはある、と。

一切が苦しみで、そこからは逃れられない、という考え方は、絶望、意気消沈、あるいは、もっとひどい無関心の状態に人々を追い込むのか。激しい苦しみに耐えきれずに精神的に参ってしまうのだろうか。

苦しみの原因

苦しみを消滅させる道はあるだろうか。仏教では、苦しみは、この世の普遍的現象として常に存在するが、「誰にでも」苦しみから解放される潜在力が備わっていると説いている。

仏教的に考えれば、この世には初めも終わりもなくて限りなく続く。したがって、苦しみがこの世から単純に消滅することは期待できない。本当の始まりがないということは、無から突然何かが生じることはあり得ない。ただし、「無」という言葉を聞くと、人はこの世の現象が不在または何も存在しない、というふうに捉えがちである。そうではなく、単なる考えが何かを存在させることはあり得ない、ということである。

真の終わりに関しても同じことが言える。有（存在）が無（非存在）に帰すこともない。そうであるから、生命が存在する宇宙のいたるところに、病、老、死、愛しい人との別れ、苦手な嫌な人との付き合い、欲しいものが手に入らない、恐怖との直面等々の苦しみが永遠に遍在する、ということも真理となるだろう。

このような考え方を受け入れるのは難しいかもしれない。だが、苦しみは不可避、幸福は手が届かない、というニヒリズム的な西洋哲学の考え方とは一線を画している。その理由は、「不幸の原因は確認でき、取り除く方法は確実に存在する」という信念があるからである。不幸の原因を見誤る場合、不幸からの立ち直りを危うくする。最初の誤りは、不幸が神の意志または不変の法則だから、避けられないものであり、人間は永遠に手をこまねいて傍観するだけだ、という妄信である。第二の誤りは、不幸の原因など確認不能、誰もが無作為に襲われ、個人的な相関関係はない、と事実無根の想像を巡らすことである。第三の誤りは、原因が何であろうが、結果は同じ、といった混乱に満ちた運命論でお茶を濁すことである。

もし、不幸の原因が不変の法則に基づくものであるなら、確かにそれから逃れることはできないだろう。そこでは因果性は意味をなさなくなる。それが真理であるとすれば、空に花が咲き、光が闇を造り、どこからでも何でも生じ得る、という理屈が通用してしまう。ここで、ダライ・ラマの好んで使う言葉を引用しよう。「苦しみにばかり思いを巡らしてくよくよ過ごすのは良くない。海辺に出かけ、冷えたビールを飲もうといった、何か楽しいことを考えるほうがましだ」。苦しみの治療法がないときに、そのことだけを強調することで症状を悪化させるのはまったく意味がない。それよりは、まず、苦しみを完全に受け入れ、苦しみが過酷にならにように、何か他のことに気をそらせるほうがずっと効率がいい。

因果性に話を戻そう。あらゆる現象には原因がある。いかなる大火もほんの小さな火花によって始まるものだし、憎悪、恐怖、貪欲なしには戦争は起こらない。妬み、敵意、虚栄心あるいは初歩的な無視等々、不毛な土壌に撒かれずに育つ心の痛みはない。直接的な原因と考えられているものも、必ず変化する。それ自体が独立して存在する原因はないし、絶対に変化しない原因もない。不幸が一時的で束の間の存在でしかない原因から生じるものなら、不幸それ自体も変化して変質する運命にあるはずである。したがって、根源的、永久的な苦しみも存在しない、ということが納得できるだろう。

誰でも、苦しみの原因を調べて、苦しみから自らを解き放つ力を備えている。無知蒙昧《もうまい》の闇を突き破り、不幸を誘発する利己心や対象を取り違えた欲望等から自分を開放し、利他の心をもって他者のために奉仕し、他者との関係においてのみ生きられるという人間の本質的な条件を体得する潜在性を誰もが持っているのである。他者に対して働きかけるときに問題とすべきは、どれだけ大きな仕事をするかではなく、どれだけ勇気をもってするかである。

苦しみの四つの真理

2500年以上前、釈迦は、菩提樹の下で悟った7週後に、バラナシ郊外のサールナート（鹿の園の意）で初めて説法をされた。そこで教えたのが四つの聖なる真実の教えである。第一の教えが「真の苦しみ」についてである。先に触れた、外から見える苦しみだけでなく、より神秘的で捉えがたい種類の苦しみも含まれる。第二が「苦しみの真の起源」である。異常な渇望を誘引する無知、悪意、高慢その他自分だけでなく他者の人生までも台無しにする心の毒がこれに該当する。心の毒は、除去できるので苦しみは消去することができる。したがって、第三の教えである「苦しみの真の消滅」が可能というのは実に論理的である。第四の教えは「苦しみの消滅を現実化する道」である。道とは、苦しみの基本的な原因消滅のために、あらゆる手段を使うプロセスを指し、簡潔に言えばこうなる。

苦しみを認識し、
原因を除去し、
道を採用し、
苦しみの消滅が達成される。

苦痛が苦難になるとき

幸福と快楽の違いを見分けたが、同様に、不幸と一過性の不快感を区別する必要があるだろう。外的状況に左右され、一時的にしか続かない一過性のものは不安感という。一方、外的条件が好ましくても、心の奥に恒常的に不満が潜む状態を不幸と呼ぶ。例えば、非常に深い悲しみにおいては、心身の苦痛は感じているのに、平静で無私無欲の心に根ざした満足感は失われないことがある。その状態は、嵐が来たら、海の表面は荒れ狂って波が高まるが、海の底は穏やかそのもので静まり返っている状況に喩えられる。賢者の心は常に穏やかな海の底とつながっているのに対し、凡人は、表面だけを見ていて海底の静かさに気づかず、苦しみの波に弄《もてあそ》ばれるのである。

確かにそうかもしれないが、わが子が瀕死の病に冒されたら精神と肉体が参らずにいられるだろうか。内戦で国外追放や体をむごたらしく切断された何百万もの犠牲者を見て悲しみに心が乱れないでいられようか。喜怒哀楽を感じてはいけないのか。そんなことを受け入れる方法なんてあるわけがない。最も静寂さを保てる聖者も含めて、それほど辛い経験に影響されずにいられる人間がこの世にいるだろうか。等々の疑問が生じるに違いない。だが、聖者と凡人の違いははっきりとしている。すなわち、現象は固有の独立した形で存在しない（非実在性すなわち空性）、そして事物は互いに依存しあっている（相互依存性）という揺るぎない信念に根ざし、世の苦しむ人に対して無条件の慈しみを感じ、力の限り彼らの苦しみを和らげようとするのが聖者である。人生で生死にかかわる出来事が発生したときでさえも、絶望感に負けることなしに、救いを求める人に快く応じる用意があるかどうか、が両者を分ける違いである。

デリー空港で働く六十代のシーク教徒の男性と、ここ数年の間に親しく話す茶飲み友達の間柄になった。空港を利用するときは、哲学や精神的なことを話題に話し込む。白い髭をふさふさ生やしたその男性は、前回の続きから話を再開するのが常だったが、あるとき、数週間前に亡くなった父親にまつわる話を切りだした。「父の死はあまりにも不公平だったので、すっかり参ってしまった。父の死を未だに理解できないし、受け入れることもできないでいる」。確かに辛かろう。だが、父の死が不公平という表現は妥当性に欠けるだろう。自然現象は因果律に従って起こっている。諸行は無常、つまり、すべてのものは絶えず変化し続けている。あらゆるものが不確実である、という真理が反映されているだけなのである。

そのことを彼に知ってほしかったので、私はこの友人に、息子の死に打ちのめされ、釈迦に息子を生き返らせてほしいと懇願した母親の話を、できるだけ穏やかな調子で話した。「生き返らせたいなら、死が一度も起こらなかった家の土を持ち帰りなさい」と釈迦に言われた母親は、村中をくまなく訪ね回った挙句、死別の苦しみを経験してない家が一軒もないことを知ったのだった。釈迦の元に戻った母親は、慈愛と知恵に満ち溢れる言葉で癒された、というのが話の内容だった。

次に、20世紀はじめに東チベットで精神的指導をしていたムラ・トウルクの例を取り上げた。同師には家族がいて、妻と相思相愛の生涯を貫いた。「妻なしでは何もできないし、妻にもしものことがあったら生きていられない」と、常々洩らしていた。最愛の妻が突然亡くなったとき、師の元に駆けつけた友人と弟子のうち誰一人として、訃報を伝える勇気を持つものはなかった。それでも弟子の一人が意を決して師にそのことを告げたところ、予想に反して、喪失体験で通常見られる反応は一切示されなかった。その場にいる人たちを見回し、静かにこう述べたのである。「お前たちはなぜそのように動揺しているのか。現象も存在もすべてが無常で移り変わる、と何度言い聞かせたら学ぶのだ。お釈迦様でさえこの世をお去りになったではないか」。妻に対する愛がどれほど深く、どれほど辛い悲しみを感じていたかしれない。だが、悲嘆に心を奪われることが妻への愛を強めることにはならない。同師にとって最も大切なことは、亡き妻の冥福を祈り、静謐《せいひつ》な心を供え物とすることであると同師は熟知していたのである。

愛する者との死別の苦しみ、そして故人の思い出に、何カ月あるいは何年もの間、無気力、無感覚な状態に陥る。よくある情景だが、こうした苦痛に取りつかれて過ごすことが愛の証ではない。それは、誰のためにもならない、無益な執着心に過ぎない。死が人生の一部という当たり前のことを認めれば、理解と平常心が悲嘆と苦悩に取って代わる日が遠からずやってくる。ある母親が死の直前に息子に言い残した素晴らしい言葉がある。「母の死を、あなたの一生を左右する重大事というふうに捉えることが、母に対する最大の捧げもの、と勘違いしてはなりません。あなたが、今のままの満ち足りた人生を送り続けることこそ、母への最高の手向けなのですから」。

苦しみの波動をどのように経験するかは、その人の心の態度にかかっている。病老死の苦しみは絶対に避けることができないものである。油断した心の隙を狙って忍び寄る苦痛に翻弄されるより、自分が遭遇しそうな苦しみの種類を事前に調べ、万全の体制を整えるほうが賢明だろう。また、肉体的、道徳的な苦痛も、ポジティブな人生観が失われることがないにしても、非常に激しく感じられることがある。精神的な健全性が備わっていれば、外的状況が厳しくなったとしても、強靭な精神を保ちながら、容易に立ち直ることができる。

では、その精神的な平安は、望めば簡単に得られるものだろうか。ほとんどあり得ないことである。単に望んだからといって、生活の糧が手に入らないのと同じことで、平安は努力なしに手に入れることのできない、心の宝である。個人的な難問に打ちのめされてしまうと、それがたいして悲劇的でない場合でも、問題の難易度が高まり、自分だけでなく周りの人にとっても非常な重荷となる。出来事や周囲によって引き起こされる苦痛を気にし過ぎて、それにとらわれることが習慣化されると、ごく枝葉末端の事象までが、悲しみと不幸の原因となってそれが持続するようになる。不幸感が習慣化し、それが強まると、自分の周りで起こるあらゆる出来事に苦しめられ、心の平安は居場所を失う。そうなると、敵対的な性格が前面に出るようになり、自分の運命に逆らおうとして、生きる意味さえを疑問視するようになる。反対に、一定の精神的健全性を身につければ、感受性、愛情、利他の精神が鈍ることなしに、自分の存在の深みと結びついた状態を作ることができるようになる。

傷ついた人間

幼少期に豊かな愛情を受けることなく、苦しみを感じながら成長した人間は、深い傷を負っている。この人たちが自分の中に平安と愛を見つけるのは非常に難しい。その結果、他者との信頼関係を築くことが容易でなくなる。だが、傷ついた人が治癒力や回復力を引き出すこともできる。そうなると、困難に直面しても簡単に崩れることがなくなり、試練をバネにして自分の力を強め、自分流の生き方を見出すことができる。しかし残念ながら、心の傷が対人関係で長く尾を引く可能性は残るのである。新生児と幼児に対して優しい愛をたっぷりと浴びせることが最適な育児法、という説はおおむね公認されている。ブルガリアと中国の孤児院でのケースだが、世話係から肌の触れ合いはおろか、優しい愛情をかけられたことがほとんどない孤児の大半が、脳の発達障害を起こしている。発達障害は、育児放棄された幼児の特徴として医学的に立証されている。因みに、ネパールでは、孤児院で育った幼児の驚くべき変身が目撃されている。不活発で放心状態だったこの幼児は、愛情豊かな養父母の優しい接触と話しかけによって、数カ月後に活発な児童に見事に変身したのである。

生後間もなくに優しい愛情の恩恵に浴すか否かが、人間の愛情授受の機能を大きく左右すると同時に、精神的な安らぎの程度を決定する。M・エインズワースにより提唱され、後にP・シャーバーのグループが採用した、人間タイプ分類法に触れてみよう。具体的には、青年および成人を対象とした、人間タイプ分類の研究[1]である。「安定型」は、精神的健全性が高いばかりでなく、対人関係においても、相手と自然に打ち解けて、信頼関係を築くことが容易である。また、過去の関係についても感情的にならずに冷静に評価し、過去の記憶についても開放的である。相手との「心の密着度」が強く、誰かと不和になっても、敵対的な態度はとらずに、妥協点を探そうとする。このタイプは、ストレス処理がうまい。一方、「恐れ型および不安定型」は、自信に欠け、純粋な慈悲や愛情を心底欲しているくせに、それに出合う可能性には懐疑的である。このタイプは、相手を信頼できず、独占欲と嫉妬心が強く、執拗な疑念にとらわれるが、それらが取り越し苦労である場合が多い。過度に考え込み、意気消沈する傾向があり、ストレスに出合うと極度に感情的になる。「不安定性回避型」は、苦しみが増す危険を侵すよりは、他者を寄せつけないで済まそうとするタイプで、感情を内側に押し殺すか、または、びくびく恐れて、自己の繭に閉じこもる。そうすることで誰かと親密になることを避けようとする。このタイプは、自己評価は高いものの、防御的か利己的な評価になりやすい。過去のことで感情的になり、記憶に心を閉ざす。しばしば退屈し、気持ちが散漫になり、「強迫神経的な自己依存」に陥り、他人に対する気遣いがなくなる。

シェーバーのグループによると、両親、特に母親の感情表現スタイルが子供の感情表現に多大な影響を及ぼす、という。母親が「回避型」であれば、子供も母親との相互作用で同型になる率は70%に達する。安定型も恐れ型も結果は同じである。自分自身が愛情豊かで開放的で穏やかな気質をはっきりと表現し、安定型の力を発揮させることこそが、子供への最高の贈り物と言っても過言ではないだろう。

では、生後間もなく体得した感情表現スタイルは、性格的な特性として、生涯変わらずに深く刻まれるものだろうか。答えは「否」であり、それは朗報である。シェーバーのグループは、不安定性恐れ型や回避型の人間でも、愛情その他のポジティブな感情をたっぷり受けとることでより安定型の感情表現スタイルに大きく変化することができる、という結果を発表している。[2]

次に、深い心の傷を負った人間を救う方法を考えてみよう。十分な愛情を注ぐことで、その人の心に平安と信頼がある程度芽生えるだろう。では、傷ついた本人が自分自身を救うにはどうすればいいだろう。例えば、認知治療などの効果的な方法もある。意味深い会話のできる、人間味あふれた温かみのある心理学者がこのアプローチを使えば効果的だろう。あるいは、慈悲心、思いやりの心を養い、今この瞬間を正しく認識して生きることを学ぶのも一つの方法である。

苦しみを最大限に利用する

苦しみは絶対に避けたいものである。だが、避けられない場合は、人間性と精神性を向上させるのに利用することを考えるのが賢明だろう。苦しみは、日常の関心事や自分の脆さなどには実体がないこと、取るに足らないこと、等に気づかせてくれる素晴らしい教師である。この師は、心の深い部分で何が本当に価値あるものかを発見するための貴重な教訓を与えてくれるのである。

次の文は、数カ月のあいだ激痛に苦しみ、死の床についていたカナダの精神科医、ガイ・コルノーの書き残した書の引用である。

> 「もういい。行かせてくれ」と呟いた。まったく和らぐことのない激痛との戦いを止めにして、誰にでも来る静寂に心を向けた。
>
> 心を解放させる効果は、その後数日から数週の間にはっきりしてきた。私は、無上の幸福感に突き進んでいったのである。巨大な愛の炎が自分の中で燃え盛った。目を閉じるだけで——それは長く満ち足りた一呼吸だったが、幸福を享受することができた。続いて、人間一人一人、事象一つ一つで成り立つこの宇宙に普遍的なアイデンティティがあり、それは愛そのものであることを理解したのだった。愛の他なにもない……結局は、苦しみは外と内の間の区切り、肉体と精神の区切り、自分と他者の区切りなどが、一切存在しないことを発見させてくれるのである。[3]

苦しみの賢い利用の仕方で、人間は多くを学ぶことができる。逆に、「仕方ないさ!」という投げやりな考えに甘んじて過ごすのは、心が大きく変化するチャンスと可能性を放棄するようなものである。こうした変革の可能性は誰にでも備わっていて、苦しみが深刻な不幸に変わるのを未然に防いでくれる。病気、憎悪、批判、不運などの障害に単に挫けないだけで、事態に左右されない、とか、障害を永遠に乗り越えた、という意味に受け取るのは間違いである。それは、障害が精神の自由への道を塞がなくなった、というレベルに過ぎない。苦しみに遭遇したくない、あるいは、苦しみの反応を促進させるカタリスト（触媒）としておおいに利用したいと願うなら、恐れと失望によって心を支配されるのを防がなければならない。8世紀の聖者、シャーンティデーヴァは説いている。「治る道があるのに不満に思うことに何の意味があるのか。治らないとわかって不満に思うことに何の意味があるのか」。

苦しみの処理

心を変革させることで、精神的な苦痛を除去できるなら、肉体的な苦痛にもその方法が応用できるか。文字どおり耐え難い苦痛となる身体障害をどのように耐えたらいいのだろう。ここでも二種類の苦しみを区別しておく必要がある。生理的苦痛とそれが誘引する精神的、感情的な苦痛である。同一種類の苦痛を大なり小なり経験することが多々ある。

神経学的な観点から見る場合、苦痛に対する感情的反応は人によって大きく異なる。しかも、痛みの感覚の大部分は、痛みに対する不安と、軽減したいという強い願望に結びついている。不安によって心が圧倒されてしまうと、軽度の痛みでも耐え難い苦痛に悪化する。ということは、苦痛の評価は心の状態に左右されるということになる。痛みに対して恐れ、拒絶、失望、無力感などの感情で反応するのは他ならぬ心である。単純な痛みに対して、さまざまな感情を溜め込む、というのが事実であるようだ。

この事実を理解したところで、苦痛の犠牲にならずに、それをコントロールする方法を学ぶことが次のステップだろう。痛みが回避できないなら、それを拒絶するよりは受け入れるほうが得策というものである。意気消沈しようが、生きることに強い希望をもって回復力を強めようが、どの道苦痛にはしつこく付きまとわれるのである。とはいえ、ポジティブに対応すれば、人間としての尊厳と自信を保つことになるのだから、両者の違いは大きい。

ポジティブな対応には、メンタル・イメージ法、愛と慈悲心に目覚めて苦痛を変身させる法、精神力を鍛える法など各種考えられる。

メンタル・イメージ力

近代心理学の一つに、メンタル・イメージという苦痛の認識を変える方法がある。仏教にもイメージを使って苦痛を消去する手法が古来より伝わっている。光輝く聖なる命の水が痛みの中心部に浸み込んでいって、体全体にそれが浸透し、痛みが消滅し、次第に幸福感に変わっていくことを心に思い描く、というのがイメージ法である。

50ほどの科学関連記事を集めた書物が出版されている。それによると、メンタル・イメージ法を使った症例の85％が、痛みに耐える力を高めたとされる。[4] 多様な手法の中でも、メンタル・

イメージ法が一番高い効果を上げていることが証明されている。その効果はどのような視覚サポート（心に描く映像）が使われるかによって差が出る。一つは、良くも悪くもない中立的な情景を心に描かせる。二番目は、美しい景色などの快適な状況を思い描かせる。三番目の方法は、苦しみから注意をそらせることを主な目的として、心の外側の対象を使う（スライドを見せるなど）とか、作業を反復させる（数字の１００からゼロまで三度繰り返し数えさせる）とかによって、意識的に痛みを受け入れさせる。三番目の方法は、それほど効果がないという結論がでている。メンタル・イメージ法のほうが、外的な対象を使った方法、知的作業、意識的対応などよりも集中力が高まるという理由で効果が高かった、と説明されている。正しい指導の下にメンタル・イメージ法を開始した慢性片頭痛患者の21％が治療開始から1カ月以内に症状を著しく改善させている。一方の訓練を受けなかったグループは、７％しか改善されていないという事実も報告されている。[5]

慈悲心の威力

感情的、肉体的な苦しみをコントロールするもう一つの方法がある。慈悲心すなわち他者に対する思いやりを深める、というアプローチである。「自分以外の人たちも自分と同じかそれよりひどい苦しみに喘いでいる。どのようにしたらその人たちが苦しみから解放されるだろう」と、深く考える憐れみの心を通して、生きとし生けるものすべてと結びつくことは、結果として、自分の苦しみをコントロールすることになるのである。それができるようになったら、自分の苦痛がそれほど過酷なものとは感じなくなり、「この私が何故このようなひどい目に遭うのか?」という苦々しい問いを繰り返すこともなくなる。

極端なくらい自分の苦しみを避けようとしているとき、他人の苦しみに思いを馳せるなど、あり得ない。第一、そのようなことをすれば、自分の苦労が増えるだけだ、といった否定的な言葉が聞こえてくる。だが、その心配は無用だろう。まず、自分のことに夢中になって、周りのことに無関心な状態になると、心が傷つきやすく、混乱、無力感、不安などの感情にとらわれやすくなる。逆に、他人の苦しみに対して深く共感できれば、無力感が勇気に、抑うつは愛に、独りよがりは周りへの心の解放へと変わってくる。究極的ポジティブ感情である、愛と思いやりの心が強まると、他人を苦しみから解放することに喜んで手を貸す人間に成長し、自分の問題の深刻度が低下するのである。

精神力の鍛錬

深刻な肉体的、感情的苦痛を感じると、その苦痛の経験が心を虜にしてしまう。体が麻痺しそうな激痛を経験するとき、痛みの色や形その他に不変の特徴があるか、じっくりと考えてみるといい。苦痛だけに焦点を合わせると、それまでのピントがぼやけ始め、最終的には、苦しみの後ろ側が見えるようになる。そして、痛みや喜びの向こう側には、純粋無垢で不変の意識が存在していることに気づくだろう。このレベルに到達したら、心をゆったりとリラックスさせ、その意識の中に苦痛を安らかに休ませることができるようになる。そうなると、苦痛に消極的に服従する、惨めな犠牲者として存在することの無益さに目覚め、心が痛みで荒廃するのを拒否または保留することができる。

ダライ・ラマの主治医であるテンジン・チョドラクは、中国政府による１９５９年の侵略の後に、１００人ほどの同胞と共にチベット北東部の強制労働収容所に送られた。この収容所を生きて出られたのは彼を含むわずか５人だけだった。20年間、各地の収容所をたらい回しにされたが、その間、自分も餓えか拷問で死ぬだろうと覚悟していたという。[6] 同医師を診察した外傷後ストレス障害専門の精神科医は驚愕した。チョドラクには、心的外傷の兆候がまったく見られなかったのである。恨みや怒りは微塵も感じられず、穏やかで親切心に溢れ、不安や悪夢といった通常の心的外傷患者の抱える問題がまったく示されていなかった。チョドラクは、「確かに拷問者に対して嫌悪を感じたことは時たまあった。だが、平安と思いやりの心を保つための瞑想訓練を日課としていた」と述懐している。生き延びる希望をつなぎとめ、最終的に彼を救ったのは、こうした訓練に他ならない。

もう一つ、チベットの王女で尼僧、そして反乱軍の戦士という激しい生涯を送った、アニ・パチェンの例を紹介しよう。21年間の投獄生活を終え、ほっとしたのも束の間、またもや９カ月間独房に閉じ込められたのだった。[7] そこは、鳥のさえずりだけが昼夜を告げる暗黒の世界だった。だが、パチェンは強調する。「幸福という言葉のもつ一般的ニュアンスの状態だったとは決して思わないが、スカの本質的側面を見失うことはなかった。心の内側を見つめ、瞑想の習慣を忘れず、精神的指導者の教えを繰り返し繰り返し思い起こした。そして、因果の法則と世の無常を熟慮し、憎しみ、貪欲、思いやりの欠如がもたらす破滅的な結果をはっきりと意識し続けた」。

西欧と異なる文化や哲学に根ざした知的または道徳的な態度を議論する意図で例を挙げたのではない。ここで例に挙げた人たちは、いかに残忍で、長期間繰り返される拷問の犠牲者になったとしても、安楽な境地を維持することのできる生きた証なのである。長い年月の苦しい経験は、圧倒的な真実味で聞く人に迫ってくる。それは、いかなる理論よりも力強く私たちに訴えかけるものである。

次は、ヒマラヤを控えたブータン国のブムタン地方で20年間過ごした、生まれつき四肢のない男性の話である。40年前にチベット難民の仲間に担がれながらチベットからこの村外れのちっぽけな竹の小屋に移り住んできた。以来そこに住みつき、一度も外出したことはなく、床に敷かれたマットからもほとんど移動したことがない。彼が生存できたこと自体が驚異というほかないが、それにもまして、喜びに満ち溢れた表情には、いつも感動させられる。穏やかで素朴で優しい雰囲気はまったく変わることがなかった。友人仲間が、食料、毛布、ポータブルラジオなどを持参すると、「どうぞ構わないでください。欲しいものなどありませんから」と笑顔で告げられるのだった。

その小屋には、水や食事を携えた老若男女が、村のゴシップを土産に訪ねてくるのがお決まりだった。村人たちは、彼と一緒に過ごす時間が自分に有益だ、と考えているのである。彼の助言はいつでも役に立った。村に問題が起こると、その解決法を求めて彼を訪ねるのだった。

　筆者の精神的指導者、ディンゴ・キェンツェ・リンポチェもその村を通過するときは必ず彼を訪問した。この障害者が師に祝福を依頼するのが常だった。しかし師は、他の村人に比べれば、祝福を必要とする問題が何もないことを熟知していた。障害者は、心の奥に幸福を発見し、何ものもそれを奪うことができないのである。

第7章 エゴのベール

人間は最初に「我」を心にはらんでそれに執着する。
次に「我が物」を考えて物質界にしがみつく。
水車に巻き込まれた水のようになすすべもなく輪廻転生を繰り返す。
命あるすべてのものを包み込む憐れみの心を褒め称える。

チャンドラ・キールティ
〔600から650年頃のインド哲学者〕

投影という防御機能

精神の錯乱とは、現実の姿を正しく見ることを妨げ、事物の本質に対する理解を曇らせるベール、と表現できるだろう。具体的には、幸福を見つけだして、苦しみを避けるにはどう行動すべきか、という判断のできない状態である。外界に目を向けるとき、本来備わっている特性など不在であるにもかかわらず、自分が目にする世界には確固たる実体が備わっているというふうに見てしまう。

また、内側に目を向けるとき、もう存在していない過去、そして、未だ存在していない未来の間に「私」を存在させて、意識の流れをそこに凍結してしまう。事物を見るとき、目に見える表面の姿を実体として信じ込み、滅多に疑うことをしない。また、人や物を見るとき、「これは美しい」とか「これは醜い」と考えるが、それらの人や物に自分が感知したままの特性を焼き付けているだけであることには気がつかない。

そして、「美しい」や「醜い」が人と物の根源的な特性でもあるかのように、自動的に当てはめてしまう。人間はまた、世界全体を「好ましい」と「好ましくない」とに区別して見たがる。しかも、短命で儚《はかな》い存在を永続する存在と受け取ったり、世の中が実際には常に変化し続け、相互依存の関係で成り立っているのに、どこにも無関係に独立した固有の性質がある、というふうに見たがる。また、事象、状況あるいは人間の特定の側面だけを取りだして、その面の性質に焦点を合わせて、「敵」「善人」「悪人」などのレッテルを貼りつけ、これらを本来の属性と勘違いしてそれにとらわれてしまう。そうせずに、現実の姿を注意深く観察するなら、物事がそれほど単純なものでない、ということが明らかになるだろう。

仮に、自分の目に入る対象が真に美しいか快適で、そうした価値が純粋にその対象に属しているなら、その対象はいつどこでも望ましいものであるはずだろう。とはいえ、誰も異議を唱えずに、「美しい」と普遍的に認められるものがこの地球上に存在するだろうか。仏教詩の中に次の一節がある。「美女とは、恋人にとっては欲望の対象、修行者にとっては乱心の元、狼にとっては格好の獲物」。同様のことが嫌悪についても言える。対象が本質的に嫌悪すべきものなら、もっともらしい理屈をつけて、誰もがそれを避けるだろう。だが、物や人間にそうした性質や特性を単純に当てはめているに過ぎない、ということに気がつけば、すべてが変わってくる。すべての美しい対象が、元々精神的に有益な価値が備わっているか、というとそうではない。逆に、醜い対象物だからといって、それが精神を阻害する性質が根本的に備わっているというものでもない。

同じく、今現在、自分にとって敵である相手でも、他の誰かにとっては愛の対象である可能性は十分にある。今日の敵とある日、友情の絆を結ぶ日が来るかもしれない。自分が勝手に対象に貼り付けた特性が、対象とは切っても切れない属性であるかのように反応する。かくして、現実の姿から自らを遠ざけ、自分の心の状態を他者や物に映しだす、投影という防衛機能を容赦なく活動させながら、目に入る対象に対して、これは魅力あるとか、これは嫌悪すべき、と感じ続けるのである。こうした観念が、人間が勝手に存在するとする物の中にすべてを閉じ込め、そうすることで心の自由をなくすのである。水が氷に変わるときに流動性を失うのと同じ原理である。

エゴの結晶化

精神的な混乱の側面の中でも最も破壊的なのが、個人的アイデンティティの概念を主張すること、すなわちエゴ（自我）への執着である。仏教では、「私は目覚めている」とか「私は寒い」など、生まれながらに備わった本能的な「私」と、習慣の力によって形成される概念的な私である「セルフ（自己）」とを区別している。人間は、「私」に多種多様な価値を付けて、それが自立した永続的な存在のコアであるかのごとく想定する。

生まれてから死ぬまでのどの瞬間にも、人体は絶え間なく変化し、心は無数の感情と観念を経験する舞台となる。にもかかわらず人間は、セルフには、恒久性、独自性、自律性が備わったものである、と頑なに考えようとする。セルフは非常に脆いものだから、保護して満足させてあげる必要があると感じると、嫌悪と親密という相互に反する感情が活動し始める。セルフにとって脅威となる対象には嫌悪感が機能し、セルフを喜ばせ、心地良くさせ、自信を強め、リラックスさせる対象には親密感が機能する。この二つの基本的な相反する感情は、互いに衝突しあう、さまざまな感情の原点を成している。

仏教哲学者のハン・デ・ウィットは書いている。「エゴは、経験に対する快感、不快感などの情緒的反応の場、不安を原因とする心の引きこもりの場でもある」[1]。世の中に対する恐怖心や対人関係の不安、苦難に対する恐怖、生死に関する心配などから、泡のようなエゴの中に閉じこもることで自分が保護される、と仮想する。あるいは、世の中から距離を置くことで苦しみが回避できる、という幻想を抱く。残念なことに、実際にはその反対のことが起きてしまう。エゴへの執着と強い自尊心は、苦しみを引き寄せる最も強力な磁石である。

真に勇敢な人は、自分が遭遇するいかなる状況にも対応できる内面的な強さを発揮しようという自信に溢れている。それは、自己陶酔への引きこもり、言い換えると、不安定な感情を持続させる、恐怖に満ちた反応の対極にある。

人間は誰しも、独特の個性を持っている。自分とは何かを見つめ、評価するのは大変に結構なことである。だが、自分の中のセルフ部分だけを分離して、それを強めてしまうと、現実の世界とかけ離れてくる。そして、人間が他者および環境と基本的に相互依存した関係にある、という真理を見失う結果になる。人間の経験とは、メンタルフロー（想念の流れ）、すなわち連続的に流れる意識が集積されたものに過ぎない。セルフを、メンタルフローの中でまったく別個で独立した存在、とみなすのは不合理である。波が広がるようすを想像してほしい。波は、広がって周りの環境に影響を及ぼすし、波そのものも周りから影響を受ける。だが、広がる波は何かを伝達する存在ではなくただの現象である。人間は、メンタルフローに「私」というレッテルを貼ることにあまりにも慣れっこになっているため、それを「私」と同一視して、それがなくなることを恐れる。セルフへの執着の根源はそこにある。「私の」体、「私の」名前、「私の」所有物、「私の」友人、等々、「私の」という観念が芽生え、それが所有欲、他者に対する嫌悪、反感などの感情を生じさせる。

以上がセルフと他者を二分する観念が心の中で結晶化する経緯である。結晶化が起きると、「私のもの」と「他者のもの」という二元性の感覚が生まれ、疎外感、嫌悪、嫉妬、うぬぼれ、自己中心などの精神的苦悩の原型となる。そうなってしまうと、世の中を幻想という歪んだ鏡を通して見るようになる。そして、物事の本質と自分が不調和になり、当然の帰結として、抑圧と苦しみに見舞われる。

日常生活のあらゆる場面で、「私」と「私の」の結晶化を観察する。湖の真ん中にボートを浮かべ、気持ちよく居眠りしているとき、他の船が衝突してきて目が覚めるとする。不器用なのか、悪ふざけなのかはさておき、「下手くそな漕ぎ手め！」と、めらめらと怒りを爆発させ、悪態をついて相手を攻撃しようとする。だが、ぶつかってきたのが無人ボートだとわかる。自分の間違いに笑いがこぼれ、再び穏やかな眠りに戻る。ここには二つの異なった反応が示されている。最初は、相手に悪意があり、「私」が標的にされたと考える。次に、「私」が標的でないことに気がつく。

同様に、誰かに殴られた場合、苛立ちは長く尾を引く。しかし、肉体的な痛みだけ考えると、痛みはすぐになくなり、間もなく痛みは感じなくなる。唯一、うずき続けるのがエゴの傷である。香港の友人が、ある講義に参加するためにネパールにやってきた。数千人が集まり、広い僧院の中庭はぎゅうぎゅう詰めの状態となった。クッションを置いて必死に場所を確保し、なるべく居心地よく落ち着こうとした。すると、誰かが背中をドンと突いた。「授業中ずっといらいらしていたわ。仏教の授業で学ぼうとする人が、あんな失礼で思いやりのない態度をとるなんて。私は、遠くから教えを乞いに来ているというのに。いらいらは相当しつこかったけど、肉体的な痛みはすぐに消えて、ほとんど感じられないくらいだった。ただ、自分のエゴの傷だけが、ずきずきと疼いたの。肉体の痛みは1分なのに、エゴの痛みは59分続いたってわけね」。この場合、あらゆる犠牲を払っても守るべき自律的な実体としてセルフを捉えることがなければ、まったく異なった反応となっただろう。自己は単なる概念にすぎないのである。

「私の物」という考えに執着する別の例を挙げよう。美しい磁器の花瓶をショーウィンドウで見ていると、店員がヘマをして倒してしまった。「あの素晴らしい花瓶が！　何たることだ！」とため息をつくが、それだけでさっさと道を急ぐ。一方、自分が買ってきたばかり花瓶を暖炉の上に誇らしげに置いた途端に、床に落ちて粉々に砕け散ってしまったとする。「私の花瓶が粉々に！」と失望落胆して絶叫するだろうし、この不幸な出来事に大きく影響されるだろう。二つの場面の唯一の違いは、花瓶に「私の」というレッテルを貼るか貼らないかである。

このようにセルフを現実の独立した存在、と誤って捉える感覚は、自己中心性に根ざしているのは言うまでもない。この自己中心的考えが、自分の運命は他者の運命よりも価値が高い、と自分に言い聞かせるのである。例えば、自分の気に入らない同僚が上役に叱責されているのを見れば、気分が良くなったり嬉しくなったりするものである。特に好きでも嫌いでもない同僚が、がみがみ言われていても無頓着でいられる。だが、自分が懲戒処分を受けるとなれば、深く傷つく。これら三人の「幸せ」という観点から、現実的に捉えてみた場合、誰の幸せが他の二人の幸せよりも価値が高いだろうか。自分の幸せだ、というのが、世界の中心に自分を置いて物事を判断する、自己中心性である。それは、自分を他者と比較する、非常に相対的な見方である。こうした自分の見方にしがみついて、「自分の」世界が他者の世界に優先すると期待するか、もっと悪い場合は、それを主張することが最大の誤りである。

ダライ・ラマがメキシコを訪れたときのこと。世界地図を見せられて、「大陸の配置を変えると、メキシコが世界の中心ということができます」と言われた。ダライ・ラマは、「その論法に従えば、メキシコ市がメキシコの中心で、自分の家が町の中心で、自分の家族が家の中心で、家族の中で自分が世界の中心、ということになりますね」と応じていた。子供の頃に「僕の知る世界の中心はこのデュメ島さ」と言っていたブレトンの幼友達を思いだささせる逸話である。

エゴとの対応

仏教では、賢者とは、エゴを完全に消滅させるところまで修行を極めた人を指す。ところが、自己中心性をどうしたら弱められるか、という問題にまともに取り組んでいる心理学的な治療法はほとんどない。セルフこそが人格形成の基本である、とする西欧世界にとって、無我の考え方は、まったく耳慣れない上、破滅的とまで言いだされかねない。「エゴを排除したら、個人として存在しなくなるのでは」「私とかエゴなしに個を保つことができるだろうか」「そのような考え方は、精神衛生上危険ではないのか」「統合失調症に陥る危険はないのか」「エゴが弱いか存在しないというのは、臨床的症状の現れではないのか」「エゴを否定する前に個を十分に強める必要はないのか」等々の質問は、西欧人が馴染みのない考え方に対して示す、防衛反応の一種と言える。強力なエゴは絶対必要という考え方は、精神的問題を抱える人は、断片的で壊れやすく不十分なセルフ感覚しかないタイプだ、という解釈に根ざしているのだろう。

幼児心理学とは、乳幼児が世界をどのように学習するかを研究する学問である。この分野では、母親、父親、環境との関係をどのように理解するようになるか、一歳では母親が自分と別個の存在であること、世界は単なる自分の延長でないこと、または、自分が展開している出来事の原因であること、等をどのように理解し始めるかを研究している。乳幼児の認識の成長は「心理学的誕生」とも呼ばれる。具体的には、人間が個人を人格（安定して、自信にあふれ、自己存在の信念と結びついたものであることが理想であるが）として認識し始める時期を指している。最初は両親、次いで学校教育が認識を強化する、というのが世間一般の文献にも歴史的にも定着した考え方である。ある意味、セルフの確立は、私たちの文明を支配する特徴の一つと言えなくもない。しかし、もしそれが真実なら、強くて弾力性に富み、順応性があって、自己主張のできる人格や個性を育てるべき、ということになるだろう。

だが、それこそがエゴと自信とを混同させる原因である。エゴは、権力、成功、美、肉体的強さ、知的優秀さ、他者の意見その他、自分および周囲が見る自分の「アイデンティティ」、自分のイメージなどといった、実体のない属性の上に架空に築かれた自信を生みだすだけである。物事が移り変わり、エゴと現実とのギャップが広がり過ぎると、エゴは苛立ちを強め、身動きが取れなくなり、よろめき、躊躇するようになる。その状態になると、自信は喪失し、欲求不満と苦しみだけが残る。

仏教では、純粋に自信のある状態とは、エゴのない（無我の）状態、というふうに逆説的な言い方をしている。エゴの錯覚から抜けだすことは、精神の根本的な脆さから自分を解放することである。実際、錯覚から生まれた安定感などは、著しく脆いものでしかない。心の基本的な質をはっきりと認識すること、そして、自分の変革と生気溢れた状態を体得できる可能性を信じることができて、初めて自信が生まれるのである。仏教はこれを、人間であれば誰にでも備わっている仏性と呼んでいる。このように認識することで、外的状況や不安によって脅かされることのない、穏やかな精神力、すなわち、自己陶酔や不安を超越した自由を手に入れることができる。

もう一つ、一般に広く浸透している考え方がある。それは、強力なセルフがなければ、何かに感動することもなくなり、人生が無味乾燥になる、という考え方である。創造性も冒険心もなくなる、つまり個性がなくなると懸念する。自分の周りにも、エゴを極端に強めているか、かなり発達させているタイプは少なくないだろう。逆に、性別、年齢別、人種を問わず、エゴが「肥大化」していないで、本当の精神的自信を体現している人間について考えてみよう。ソクラテス、釈迦、キリスト、ガンジー、マーティン・ルーサー・キング、マザー・テレサ、ネルソン・マンデラを筆頭に、まったく無名のままで、世の中でひたすら奉仕している勇者は数多くいる。両者の人間性の違いは説明するまでもないだろう。

エゴという独裁者から、たとえ部分的であれ自らを解放したなら、自発的で自由な発想と行動ができるようになる。実際の経験者がそのことを明示している。対照的なのが、勝ち誇ったセルフの赴くままに流されるタイプだが、彼らは常に精神錯乱の状態にある。情動科学研究の先駆者の一人、ポール・エクマン教授は、「卓越したヒューマン・クオリティ（HQ）」の研究に長年熱心に携わってきた。教授は、「HQの高い人に共通して見られるのが、親切な印象を人に与える、他者がそう感じかつ高く評価する存在、公と私の態度が完全に調和している、等の特徴である。これらはカリスマ的なはったり屋には見られないものである。彼等は善意そのもので、エゴのない状態を最大の特徴としている」と述べている。これらの人たちは、自分の立場や地位や名声等、セルフの頓着するものは、まったくと言っていいほど意に介さない。そうした在り様が周りの人を勇気づけるのだろう。自分の地位や重要性が社会で認められていようといまいと関係ないのである。教授はさらに、「こうした自己中心性の不在は、心理学的見地からは不可解としか言いようがない。周囲は本能的に、この人たちとの交わりを希望したがる。うまく説明できないが、彼らと同席することで心が豊かになる」と述べている。一言でいえば、彼らの善良さが強調されているのである。[2] 以上に挙げた特質とエゴのチャンピオンとは著しい対象を示している。エゴが極端に強い人の傍にいると、苛立ちを感じることがある。彼等は、芝居がかった、わざとらしい手法を使うかと思えば、時には凶暴性を示すこともある。このタイプと、エゴを廃した人の温かみある誠実さのどちらを選択すべきかは、容易に見当がつくだろう。

誰とも共感できない、他者に苦しみを負わせても悔やむことがない、等は、精神病の症状であると同時に、エゴ至上主義者の特徴でもある。認知療法の生みの親、アーロン・ベックは次のように述べている。「精神病患者と関わる専門家は、彼らの示す、極端な自己中心性に驚いている。患者は皆、完全な利己主義者で、他者より自分が優れていると感じており、とりわけ、自分には生まれつき備わった権利と特権があり、それは他者の権利に優先すると思い込んでいる[3]」。

自分自身のイメージへの執着と、高い志で目標を達成しようという堅固な決意とはまったく別物である。なのに、両者は混同されやすい。そして混同すると、世の中で成功を収めるには強力なエゴが必要だ、という考え方をするようになる。実際、セルフの重要度が弱いほど、持続性ある精神力を鍛えやすくなるのが真実である。その理由は簡単に説明がつく。つまり、自己中心性は、嫉妬、不安、貪欲、拒絶など、精神力を果てしなく脅かす、ネガティブな感情の標的にされるものだからである。

当てにならないエゴ

日常生活の場面で、セルフが脆く崩れそうになるのをしばしば経験する。素朴な笑顔に会えば即座に嬉しくなるが、険悪な表情は逆の効果がある。セルフは常に「存在している」。そして、まともに傷ついたり喜んだりする。セルフが複数で構成された、捉えどころのないものであるのに、単一、持続的、中心的、堅固な砦、のように勘違いする。では、自分が自分である証の意味のアイデンティティは、何で確認するのだろうか。骨と肉で組み立てられた自分の肉体でか。瞬間の継続的な流れでか。過去の記憶以外の何者でもない自分の歴史でか。あらゆる種類の考えを貼り付けた自分の名前でか。それとも遺産、名声、社会的地位でか。とどのつまり、それらすべては文字の羅列に過ぎない。例えば「ジョン」という言葉を見るとする。自分がその名前だったら、「私のことだ」と気持ちが高鳴るだろう。ところが、ジ・ョ・ンというふうに文字を分解した途端に関心が失せる。「自分の」名前という観念は、心が作りだした虚構にすぎないのである。

したがって、真剣に対応すべき相手は、自分の存在の奥深くに横たわっているセルフである。肉体、言語および心をよく調べれば、セルフなるものが単なる言葉、レッテル、約束ごと、あるいは名称に過ぎないということに気づくだろう。問題は、この単なるレッテルが「自分こそ本物」と思い込むことである。虚構にすぎないエゴの仮面をはがすには、最後の最後まで真実の探求を続けるしかない。家のどこかに不審者が息をひそめているかもしれないと怪しむ場合、部屋という部屋、押入れという押入れをくまなく調べてまわり、誰も潜んでいないことを確認して、初めて安心するものである。自分が何者なのかを定義するものはセルフである、と思い込んだところで、それは幻想に過ぎない。そうであれば、セルフという幻の背後に何が隠れているかを深く掘り下げて調べることが必要となる。

厳密に分析すれば、肉体のどこにもセルフを見つけることはできないし、体中に浸透している実体でもない、という結論が導きだされるはずである。セルフは意識と結びつく、と考えたいだろうが、意識それ自体、捉えどころのない流動的なものでしかない。生きること、すなわち経験という観点で見るとき、意識の過去の瞬間は死んでいて（ただその衝撃だけは残っているが）、未来は未だ存在せず、現在は永続しない。もはや存在しないし、未だ存在しないものの間で、セルフはどのように存在できるというのだろうか。そう考えるのは、空中に花が咲く、という考えに似た、存在しないものを存在すると勘違いするようなものである。体の中、心の中、心と肉体の結合、あるいは、それらの外側にも、何処にも、セルフは実体として存在しないものなのである。真剣な分析、実体験、内省などのプロセスを経たとしても、結局は、人間がセルフを所有している、という確信を得ることはできないだろう。自分は背が高い、若い、知性的だなどと思うことはあっても、背の高さ、若さ、知性はセルフではない。仏教では、「セルフとは、単なる心の連続体に人間が付けた名称に過ぎない。それは、ガンジスとかミシシッピーという名前を川に付けたことと変わらない」と結論づけている。心の連続体は確かに存在する。だが、それは、意識と肉体と環境が相互に依存しあう「縁起」という約束事として存在しているだけであって、固有の独立した存在としてではない。

セルフの分解

この問題をより深く理解するために、詳細な分析に再挑戦してみよう。個人的アイデンティティの概念には「私」、「人格」そして「セルフ」の三つの側面がある。これらの側面は基本的にはたいした違いはないが、自分は自分である、というアイデンティティへの執着の仕方が違うことを反映している。

「私」は現在に存在する。「空腹だ」とか「存在する」と考えるのは「私」であり、意識、思考、判断、意思の発信源である。要するに、現在の状態を経験するのが「私」である。

精神神経学者、デビッド・ガーリンは、「人格」の観念はより広範囲であるとして、次のように結論づけている。「人間の肉体的、精神的、社会的な存在の多様な側面が組み込まれた、過去、現在、未来を通じ、ダイナミックに流れる流動体であり[4]、その境界線は流動的である。『人格』は以下のように広い範囲に該当する：肉体（健康状態などの）、個人的な考え（極めて個人的な感情などの）、性格（良い人などの）、社会的関係（個人的生活と職業生活を分離するなどの）、一般的な意味での人間（人格を尊重するなどの）」。このように時間を越えた連続体は、過去の自分のイメージにも未来の投影にもつながり、個々の人間が他と異なっていて、独自の質を備えていることを明示する。「人格」の観念が、意識、肉体、環境の三者間の関係を単純に示すだけである、と考えている限り、合理的かつ健全でいられる。「人格」が独立した実体だ、と考えた途端、不適切で不健全なものに変わるのである。

「セルフ」については既に、どのようにして「セルフ」が自分の中心にあると誤って信じられるか、の経緯を見てきた。誕生から死に至るまでを通じて自分を特長づける、目に見えない永続的なもの、と想定する。「セルフ」は「私の」手足、「私の」内臓、「私の」皮膚、「私の」名前、「私の」意識等を単に合計したものではない。それらを占有する主人なのである。「私の腕」というとき、「私のセルフが延長した部分」という意味はない。自分の腕が切り落とされた場合、「セルフ」は腕を失くしはしたが、まったく壊れてない。手足を失った人は、肉体的な不完全さを感じるだろうが、自分の「セルフ」が守られていることを確信している。肉体を輪切りにした場合、どの時点でセルフが消滅し始めるのだろうか。思考力が残っている限り、人間は「セルフ」を認知する。このことは、デカルトの有名な「我思う、故に我あり」という言葉を思いださせる。これぞ全西欧がこれまで抱き続けてきた「セルフ」の観念である。だが、この考えは、「セルフ」の存在に関してはまったく何も証明してくれてない。なぜなら、「私」は、刻一刻と変化するメンタルフロー（想念の流れ）の現在の内容以上の何ものでもない。何かが存在する、ということを認識または確認するにはまったく不十分である。蜃気楼とか幻は確かに見ることができるが、現実にないのと同じである。

セルフが概念に過ぎないという考え方は、西欧の大方の思想家により言われてきた、直感的真理とは矛盾する。デカルトに再登場してもらおう。この問題では彼は断定的である。「自分の心、すなわち自分自身について考えるとき、我とはただ思惟するものであるなら、心の部分の存在を認めることはできない。反面、自分自身が単一の完全な実在であるということは考えられる」。神経病学者、チャールズ・スコット・シェリントンは次のように付言している。「セルフは一つの単位である……セルフは自分を一つのものと見なし、他者もそれを一つのものとして認める。名前が呼ばれると、それに応える一つのものである」[5]。これには議論の余地がない。人間は、直感的にセルフに単一性を認める。だが、その単一のものを突き止めようとする途端に、それを理解できずに苦しむのである。

失われたセルフの探索

では、セルフはどこに存在するのだろう。「私は誇りに思う」というとき、誇りに思っているのは肉体ではなく意識である。そうであるなら、セルフは意識の中にだけ存在するのだろうか。それについても未だに確証はない。「誰かが私を押した」というとき、意識が押されたのだろうか。当然そうではない。セルフは体と意識の外側にも存在するはずがない。セルフが他とも相互依存性を持たず、独立した実体であるとすれば、肉体と意識の本質ではありえない。

すでに説明したとおり、部分と構造と連続性を単純に合計したものだったか。セルフの観念が肉体および意識全体とつながっているだけなのか。これらの問いかけは、占有者としてのセルフ、または本質としてのセルフ、という考え方から遠ざかり、抽象的な観念、すなわち概念に移ろうとしていることに読者はお気づきだろう。以上のジレンマから抜け出す唯一の方法は、ダイナミックなプロセスに結びついた、心または言語による呼称として、また、外界の認識、感覚、メンタル・イメージ、感情、概念などを組み込んで変化し続ける関係と結びついた名称として、セルフを考えることである。そうすれば、「セルフ」は観念に過ぎないもの、とわかるだろう。

今この瞬間を経験する「私」を、存在の連続体である「人格」に結びつけると、「セルフ」が出現する。デビッド・ガーリンの説明にあるとおり、人間には、複雑なグループ分けを、「実体」という一つのグループにまとめることで単純化を図り、次に、その実体は恒常的特性を持つ、と結論づけようとする傾向がある。環境が刻一刻変化することがなく、ほとんどの現象が永続するという考え方を受け入れたほうが、世の中で楽に機能できる。ただし、「私の肉体」を作っているのが、百万分の一秒という猛烈なスピードで目まぐるしく変化する旋風のような原子という事実を考えたら、これまで持っていた、肉体に関する観念は狂ってくるだろう。だが、体に関する通常の認識は、この世のあらゆる現象と同じで、刻一刻と変化し続けているという事実を、人間は易々と忘れ、変化しないものと推定してしまうのである。

これまでの話の内容から、セルフも世界も具体的な形のある実体と見なされやすいことを理解できただろう。実体験によって思い知らされるとおり、セルフは確かに存在するものである。だが、それは概念として存在するのである。仏教の「セルフは自立性も永続性もなく、蜃気楼のようなものである」という教義は以上の考え方に立脚している。遠くから見ると、実像のように見える湖の蜃気楼から水を汲み上げようとしても無理なのは、それが虚像だからである。表面に見えている姿とは違うが、まったく存在しないということでもない。究極の実体がないのに、表面はそう見える幻と同じである。以下は釈迦の説法である。

流れ星、蜃気楼、炎のように、
魔術、玉の雫、水の泡のように、
夢、稲妻、雲のように、
あらゆるものを受け止めよ。

アイデンティティの脆い仮面

「人格」の概念の中には、自分が抱く自分のイメージも含まれる。世間的な地位とか身分を指しているアイデンティティの観念は、心の奥深くに根ざしていて、対人関係に常に影響を与え続ける。取るに足らない言葉であっても、自分のイメージを脅かすものは耐えられない。反面、同じ言葉が他者に異なる状況で使われていた場合は、一向に問題にならない。谷底に向かって叫んだ悪口雑言やおべっかがこだまして自分に戻ってきても、心は影響されないが、他者が自分に向かって同じ言葉を叫んだとしたら、ひどく動転するものである。自己イメージを強く抱くと、それが他者に常に認められ、受け入れられているかどうかを確認しなければ気がすまなくなる。それが疑わしくなるときの苦痛は並大抵ではない。

アイデンティティはそれほど重要なものだろうか。personality（個性）という言葉は、役者の仮面を意味するラテン語の persona を語源とする。役者の声がそれを通してこだまする（per）仮面（sonat）を意味する。役者は仮面を付けていることを自覚しているが、普通の人間は、自分が社会で演じている役と自分の正直な姿とを区別することを忘れてしまう。

人間は一般に、自分がどこの誰かを知らせるための参考事項を使わずに、世間を渡るのをひどく恐れ、仮面と形容詞を貼り付けるのである。そして、それらが外されるとめまいを感じてぐらつく。音楽家、作家、洗練された人、ハンサムな男性、強い人、等々の形容詞が外されたら、自分は何者に見られるかと恐れる。どのようなレッテルでも、それを剥がすことこそが、自由になる最善策であり、しなやかに、軽快に、愉しく世間を渡る最高の保証なのである。エゴの偽装を拒否すれば、自分の打ち立てた目標達成への確固たる決意が強化される。同時に、社会との関係、および対人関係を豊かなものにする。

見えない壁を突き抜けて

「エゴが実体のない幻想であることを理解すれば、家族や社会との関係を変えることができる、と期待できるのか」「そのようにUターンしたら混乱を招かないか」等の問いに答えよう。

実体験から、間違いなく良い結果となる、と断言できる。エゴに心が支配されると、心はガラス窓に常に飛び込もうとする鳥と似た行動をする。エゴにそのかされれば、自分の世界を縮小し、狭い場所に閉じ込める。そして、ガラス窓の存在に気がついて当惑しても、心はそれを通過できない。ガラス窓は実在しない壁と同じで、目には見えない。それは心が発明したに過ぎない。それでも、自分の内的世界を閉じ込めるガラス窓として機能していて、無我の境地で生きる喜びに向かう流れを塞ぐ。エゴへの執着は、基本的に自分が感じ、また、他者に負わせる苦しみにつながる。個人的イメージに固着することを止め、エゴからすべての価値を剥がすのは、途方もなく自由な心を獲得することに他ならない。すべての対人関係、すべての状況で自然の気安さ、慈愛、忍耐、静寂さをもって対応するようになる。何かを獲得したいという期待も、何かを失う恐れもなくなり、自由に自分を差し出し、そして受け取ることができるようになる。装うことも、利己的に考え、話し、行動する必要もなくなる。

エゴという拘束衣に閉じ込められているという状況は、自分のことだけで精一杯という心の傾向から抜け出せない状況である。微々たることで挫折し、当惑し、意気消沈する。成功、失敗、希望、心配などに取りつかれることで、幸福はどんどん遠ざかる。セルフの狭い世界は、コップ一杯の水に喩《たと》えられる。一握りの塩を放り込めば、飲料として相応しくなくなる。他方、セルフの壁を突破すれば、同じ一握りの塩を入れても味一つ変わらない巨大な湖のように心は広がる。

セルフがこの世で一番重大なものでなくなれば、楽に他者への関心に焦点を当てるようになる。他者の苦しむようすを見て自分の勇気が高まり、彼らのために働こうという決意が強まり、自分の感情的苦悩に体が麻痺することもなくなる。

仮に、エゴは最も深いところにある本質的なものと想定すれば、それを捨てることがとても不安という心理を理解することはできる。逆に、エゴが単なる幻想と考えれば、それを除去することは辛いことでもなんでもなく、目の前が開かれる経験になる。長い人生の数分間だけでも、静かに心を休ませ、分析と実体験を通して、自分のどこにエゴがあるかを理解するのは価値のあることだろう。エゴの重みに自分の存在が牛耳られている限り、持続的な平和とはどのようなものかを知ることはない。苦痛の源は自分の奥底に居座り、最も必然的な自由が奪われるのである。

第8章 自分の考えが一番の敵になるとき

人は不幸のとき、爪を研ぎ、牙をむいた何かの像が自分を拷問している、と考えてしまう。

アラン
（1868〜1951年　フランスの哲学者）

厳しい試練

愛する者の死に打ちひしがれ、仲違いで動揺し、失敗に落ち込み、他者の苦しみに心を痛め、ネガティブな考えに心が焼き尽くされる等の状況に陥ると、人生そのものがばらばらに砕けそうに感じるのはよくあることである。そこから抜け出る道などどこにも探せそうにない。そうなると、悲しみが暗雲のように心にたちこめる。

ラマルティーヌ〔19世紀フランスの詩人で政治家〕は、「人間が一人去っただけだというのに、この世から人間が一人も居なくなった」と嘆いている。苦しみに終わりはないと想像して、自分の殻に閉じこもり、一瞬一瞬慄《おのの》いて過ごす。「このことをはっきりさせようと思っても、心が完全に塞ぎこんでしまい、どの方向にも広がっていかない感じだった。陽はまた昇りまた沈むことはわかっているのに、陽の光が自分にはほとんど届かなかった」。これはアンドリュー・ソロモン〔米英国籍をもつ作家〕の著作の一節である。[1] 友人の死に直面して感じる苦痛は甚だしいものである。

人間は、無数の形で厳しい試練を経験させられる。スカ、幸福であるための基本要素を持続するのに必要な心の資源が不足すると、幸福が苦悩と手を結ぶ。スカのための基本要素は、生きる喜び、生気溢れる境地に至る能力が自分にあることを確信し、あらゆる事象が変化し無常であることを理解することである。

外界で激変が起こったからといって、それが必ずしも最大級の苦悩をもたらす、ということにはならない。戦時中に、自殺とうつ病の発生率が大幅に低下することが実際に観察されている。天災も、勇気、連帯感そして生きる意志などの人間としての最高の徳をときに導きだす。利他主義と相互援助の心は、悲劇的な経験による外傷後ストレス症を軽減するのに役立つ。心の安定を維持するのを妨げたり弱らせたりするのは、大概の場合、外界の出来事ではなく、自分の心とネガティブな感情である。

矛盾する感情どうしが胸の中で手を結び、その手を解くのを頑なに拒む。これらの矛盾した感情と戦ったり沈めたりの努力は、無駄な抵抗である。漸くそこから抜け出せたと思っても、新たな力で襲いかかってくる。この種の感情的な苦痛は、鎮めようとすると抵抗し、取り除こうとする試みはことごとく失敗に帰す。こうした戦いの間、自分の世界は、矛盾だらけの様相を呈し、不幸、圧迫感、苦痛などの感情が生じる。一体、自分のどこが間違っているのだろう。

思考は、最高の友にもなれば最悪の敵にもなる。世界全体が敵に回った、という考えが生じると、あらゆる認識、あらゆる経験、そして世界が存在することさえが苦痛源となる。そして、敵として立ちはだかっているのは、他でもない自分の考えである。厄介な考えが、群れを成して心にどっと押し寄せ、それぞれが混乱の度合いを深める筋書きを捻りだす。自分の内側がいい状態でなければ、外側がうまくいくはずはない。

日常浮かんでくる思考の中身を注意深く観察すると、世の中のスクリーンに映しだされる自分の内面の映像がどれだけ色づけされているかが実感できるだろう。心配性の人は取るに足らない些細なことを気に病む。飛行機に乗る必要のあるときは、墜落のことを気に病むし、運転中は事故を起こすのでは、と心配する。あるいは、医者にかかるときは自分が絶対にガンに侵されていると信じ込む。また、嫉妬深い人は、恋人の何でもない旅行に疑念を抱き、自分以外に向けられる笑顔は苦痛の種となるし、わずかの時間でも姿が見えなければ、馬鹿げた疑いが心の中を暴れ回る。短気の人、欲深な人あるいは強迫観念の人の問題は、思考が日常的に大混乱になるほど膨れ上がり、自分と回りの人たちの生きる喜びを破壊し、人生に暗い影を投げかけてしまうのである。

矛盾しあう感情が胸の中で手を結びあうという状態は、自分の浮気な夫、自分の欲望の対象、自分の不誠実な同僚、自分の不公平な非難者によってそうなるのではなく、自分の心によって作りだされるのである。自分の内側でなくて、外側にある現実が原因という幻想を抱かせる、精神的構造が原因となってできる結び目は、蓄積され、硬く凝固する。結び目を作り、心の中に凝固する材料を提供しているのは、自己重視の観念が悪化したものである。

セルフの要求に応えない物事は、どれもこれも障害、脅威、侮辱となる。それは、過去を苦痛にし、現在を楽しませず、未来の投影図の前で苦痛におののかせる。アンドリュー・ソロモンは、「人間が落ち込むと、現在進行中のすべてが、未来の苦痛の予測でしかなくなる。そして、存在として現在は完全に不在となる」[2]と書いている。自分の思考をコントロールできないことが、苦しみの主因であることは、証明ずみである。心の安定を乱し続ける思考を静める技術の習得は、心の平和に通じる確固たる道を探り当てる、決定的なステージとなる。ディンゴ・キェンツェ・リンポチェはこう説明している。

　次々と生じる思考も心の境地も常に変化し続ける。それは、雲が風に吹かれて形を変え続けるのと同じである。そのことがわからずに、人間はそれらに重きを置く。遊び興じる子供を見ている老人は、遊びに重大な意味がないことを熟知している。老人は、遊びの結果がどうなろうと、得意にもならず動揺もしない。一方の子供たちは、本気で結果を気にする。人間はまさにその子供たちである。[3]

　スカに達しない人間の精神的健全性などは、嵐にあって手も足も出ずに、恐怖に慄《おのの》くだけだということを認める必要がある。悲嘆にくれるとき、それを忘れようとしたり、気をそらそうとしたり、距離を置こうとしたり、旅に出たり、等々で対応することもできる。だが、それらは、木の足にギブスを嵌《は》めるように無駄な対応策だろう。ニコラス・ボアロー〔フランス初の批評家〕はこう表現している。

　彼は問題から無益にも馬上で逃亡しようとする。
　問題は鞍を共有しているし、彼の行路を見つめている。[4]

応急措置

では、自分の感情とどう折り合いをつけたらいいだろうか。最初のステップは、心的苦悩には、生で未加工の力があることに焦点を当てることである。このステップを避けたり、暗い心の片隅にしまい込んだりせずに、それを瞑想の対象とするのである。苦痛をもたらす出来事をくよくよと考え込んだり、人生という映画の一こまとして吟味したりする必要はない。今、苦しみに直接関連していない原因に注意を注ぐ必要がないのは根拠がある。そのことは、釈迦の以下の説法がはっきりしたイメージで教えてくれている。「弓矢で胸を射抜かれた男が、この矢は何の木でできているか、羽には何の鳥の羽が使われているか、どの職人がそれを作ったか、その職人は善人か悪党か、などの問いをするだろうか。絶対ない。その男の最大の関心事は胸から矢を抜くことである」。

苦痛の感情に襲われたときの応急手当は、真正面からそれを見つめ、その感情を誘引し、煽った、思考を突き止めることである。その手当が済んだら、感情そのものを熟視する。そうするうちに、太陽の光に当たって溶ける雪のように、感情は次第に溶け始める。感情のエネルギーが弱まる段階に到達すると、最初、非常に悲劇的に見えていた苦しみの原因が、たいして悲惨なものでないことが見え始める。そうなれば、ネガティブな思考の悪循環から抜け出すことができる。

心の本質を熟視する

障害となる思考が反復して生じて、それが持続するのを防ぐことはできるだろうか。思考の犠牲者の状態に甘んじているのは、自分に向けて放られる棒切れを手当たり次第に追いかける犬と同じである。浮かんでくる思考を丹念に調べあげ、限りない感情のもつれるに任せて、それを一層強めるだけである。

そうならないためには、心そのものを注意深く見つめることが必要となる。心の中には、絶え間なく流れ続ける思考の流れがあるという、それまで一度も気づかなかったことが見えてくるだろう。好むと好まざるとに関わらず、感覚、記憶、想像から生まれる無数の思考が人間の心を永久に流れ続けているのである。ところが、人間がどのような種類の考えを抱こうとも、心の中には、一つの特質が存在している。それは、あらゆる思考の基礎をなす根源的な意識である。それは心が安らかな稀な瞬間にしか現れず、ほとんど動かないが、心の知力がそのままそこに残っている状態でもそこに存在している。この単純に解放された自由な存在は、「純粋意識」と呼ばれるものである。心を構成する内容が不在でもそれだけは存在しているものだから、純粋意識と呼ばれるのである。

心が心を観察する作業を一段深めると、この純粋意識とその働きによって生まれる思考を経験するだろう。純粋意識は必ずそこにある、としか説明のしようがない。この思考には生まれつき備わった性質があるのか。特別の場所に限定して存在するのか。答えは、否である。

では、色や形はあるか。同じく否である。そこに見出すのは、知（無知の反対の意味での）の本質だけであるが、それ自身には本質的な特徴はない。純粋意識に突入すると、心に本来備わっている中身が空の状態を経験する。この思考ゼロの考え方は疑いもなく、西欧心理学には馴染みのないものである。「思考をゼロにする目的は何か」「第一、怒りなどの強い感情や考えが生じたら、何が起こるのか」。確かに、強い思考には誰でも簡単に屈しそうになる。なぜなら、人間を不安や無分別にさせ、時には暴力的な発言や行為に走らせ、他者を苦しめ、やがて後悔する結果を生じる、無数の新しい思考を増殖するのがこの強い思考だからである。このような雪崩現象が起こらないように、怒りのような激しい思考そのものをつぶさに点検すれば、それが最初から煙や鏡のような存在でしかなかったことがわかるだろう。

純粋意識から生まれる思考は、純粋意識に再び吸収される。それは海から生まれた波が再び海に消えていくのと同じである。この原理が理解できれば、心の平安に向かって大きく前進することができたといえる。この瞬間以降は、思考が心の障害になる毒素が弱まり始める。この手法に習熟するには、一つの思考が浮かんだときに、その考えがどこから来て、いつ消えるか、どこに行ったか、を自問することである。取り留めのない散漫な思考に妨げられない、この短い瞬間に、心の本質を熟視するのが良いだろう。過去の考えが沈黙し、未来の考えが未だ起こらないこの瞬間こそが、光り輝く聡明、純粋な意識の存在を気づかせてくれる。その意識は、頭で組み立てた概念的な構築にへつらうことがない。この純粋意識を実際に体験することで、仏教がいう心の本質を次第に理解するようになるのである。

ところで、純粋意識の経験は一筋縄ではいかない。だが、不可能ではない。亡き友人で仏教に帰依した認知科学の第一人者、フランシスコ・ヴァレラがガンで亡くなる数週間前にこう呟いた。「ほとんどの時間を純粋認識の経験に捧げているよ」。この友人にとって、肉体の苦痛はまったく無縁のものとなり、痛みが心の平安を乱すことはなくなったのである。そのため、最も効き目の弱い鎮痛剤しか必要ではなかった。エイミー未亡人は後に、「夫は、最後の瞬間まで瞑想の静けさを保っていました」と伝えてきた。

万一に備える

自分を苦しめる痛みが強まると、精神的世界が縮小する。そして、出来事も思考も狭まった心の牢獄の壁を跳ね返り続けるのである。それどころか、スピードを上げ、力を強める。そのとばっちりを受けて、また傷を増やす。そのため、ネガティブな感情が跳ね返れる壁がなくなるまで、心を広げる努力が必要となる。この壁は、他ならぬセルフが一つ一つ丹念に積み上げたものである。その壁が崩れ去ると同時に、苦しみという弾丸が目標を誤り、無限に開かれた自由な心の世界に消え去る。そして、感情という霧の下に、まったく変わらずに存在していた、自分の真実の姿を忘れていたために苦しんできたことを実感する。心の限界を拡大するこの方法を習得して維持することは非常に大切である。そうなってはじめて、外的な出来事や思考が、茫洋とした海の穏やかな表面にキラキラと反射する星のように見え始める。

この状態を達成する最善の方法は、精神的苦痛を超越した感情について考えることである。例えば、命あるすべての存在への愛と思いやりの感情が心に潜入するに任せると、その感情の温かみで、苛立ちの氷が溶けるのは間違いない。また、優しさは、欲望の炎を消すであろう。そうなると、自分の苦痛など、ほとんど知覚できないほど自分が向上する。

なぜ世の中のせいにばかりするのか

何でもかんでも世の中と自分以外のせいにする誘惑にかられるときがある。恐れ、憂鬱、不安定、感情的消耗を感じたら、すぐに外界に責任を転嫁しようとする。職場の同僚との緊張、配偶者との口論、時には空の色までが心を乱す原因となる。こうした条件反射は、心理的逃避として簡単に片づけることはできない。そこには、外的対象に何らかの本来備わった属性を当てはめる、誤った認識が反映されているのである。実際、これらの属性は自分の心に依存して、その影響を受けているに過ぎないのである。自分の苦しみの原因を自動的に他人に責任転嫁するのは、間違いなく不幸な人生への直線コースである。反対に、世界を変えたければ、自分の心を変えるしかない。それが真理である。

自分の行為、言葉、思考のもたらす結果を過小評価すべきでない。毒性のある植物の種を花壇に植えれば、花の収穫のときに間違いなく毒が混入する。無私の行為と他人を傷つける行為を交互に行ってみれば、喜びと苦しみの際立ったコントラストが経験できるだろう。

強い感情を経験している真最中に、それのもたらす不快な結果を調べるほうが、それが無意識の影で休止している状態のときよりも容易に調べることができる。強い感情を経験している瞬間こそが、精神的苦痛のプロセスを調べる貴重な機会となる。

個人的な経験を引き合いに出そう。筆者自身はそれほど怒りっぽいタイプとは思っていない。だが、過去20年の間には腹を立てたことが何度かある。そのとき、破壊的な感情がどのような性質を持つかを、平静なときよりも多く学ばせてくれた。「一匹の吠える犬は、百匹の吠えない犬よりひどい騒音を出す」という諺は真に的を得た表現である。1980年代に初めてノートパソコンを購入し、チベット語の文献の翻訳に使っていた。ある朝、ブータンの外れにある僧院の木の床に座って仕事をしていた。そこを通りかかった仲間が冗談のつもりで、一つかみのツァンパ（チベット人の主食で大麦を炒った粉）をキーボードの上に振り撒いたのだった。私は、かっとなって友人を睨みつけ、「これが冗談とでも思っているのか！」と怒鳴った。激怒する私を見た友人は立ち止まり、「一瞬の怒りは何年も努力して培った忍耐力を破壊します」と簡潔に応じてその場を去っていった。仲間の態度が賢明だったとは言い難いが、確かに一理ある。もう一つはネパールでの出来事。僧院から大金を持ち出した女性が、道徳について説教しようとしたときのことである。またもや、はらわたが煮えくり返る経験だった。怒声を震わせて、「出て行け！」と怒鳴って、扉から一突きして追い出した。そのときは、自分の怒りは絶対に正当化できると思えた。ところが、一時間もしないうちに、怒りの感情がどれほど破壊的なものかを思い知ったのだった。怒りは、明晰さと心の平安を失わせ、不甲斐ない操り人形にさせてしまうのである。

この二つの出来事で、より建設的な対応をしていたならどうだったか。最初の出来事では、仲間に対し、ノートパソコンがどれほど能率的な作業をするか、パソコンがいかに繊細で壊れやすいか等を簡潔に説明するだけで済ませることができたはずである。次のケースでは、きっぱりした態度をとり、純粋に事実だけを相手に思い起こさせ、その女性の心の障害がどうして生じたかを理解するように努め、彼女が混乱状態から抜けるのに優しく手を貸す対応ができただろう。

静寂を習得するには

次は1820年のチベットに話を移そう。残忍さで恐れられていた盗賊が、ジグメ・ギャルワイ・ニュグという隠者の洞穴に押し入り、わずかな食料の蓄えを盗もうとした。洞穴に入ると、静寂そのものの白髪の老人が目を閉じて瞑想しているのが目に入った。顔一杯に溢れている、平和、慈愛、思いやりに満ちた表情の聖者を見た途端、盗賊の心から攻撃の感情が消え失せ、驚嘆の思いでその老人を見つめて、そこに立ちつくした。我に返った盗賊は、聖人に祝福を請うとその場から立ち去った。そのときから、悪事を働こうとするたびに、白髪の静寂そのものの老人の顔が心に浮かんできた。そして泥棒生活からすっかり足を洗うことを決心したのだった。この話は、こうした情景をビジュアル化することで、自己暗示を楽しんでもらうためではない。どのような人間の心の奥にも、本質的な善が存在していて、それが本物の善に出会ったときに共鳴する、ということを伝えようとしたのである。

経験は力なり

強い感情に完全に取りつかれてしまい、無知蒙昧《もうまい》になる瞬間がある。だが、その状態から首尾よく抜け出し、破壊的な感情の重荷から心が解放されるとき、強い感情によってどれほど自分が支配されるものかを知って愕然とするだろう。学習すべき重要事項がここにある。心には、憎悪、欲望、自惚れ、悲嘆などのネガティブな世界を作りだす魔力が潜んでいることを見過ごしてはならない、という点である。だが、難問に直面する際の辛い経験にこそ、変革の可能性と疲れ知らずに生きる活力を引き出すエネルギーの源泉が含まれていることも忘れてはならない。そのとき、人は、無関心、無感動の状態では絶対に不可能な、偉大な事業を成し遂げるのである。どのような難問も柳の小枝である。小枝は人生のあらゆる問題を内包する心のバスケットとして編み上げられるのである。

第9章 感情の川

燃える怒りの炎がめらめらと我を焼き尽くす。
幻想の厚い闇が我が智恵を盲目にする。
我が意識は欲望の激流に溺れる。
自惚れの山が我を地獄に放り込む。
嫉妬の猛吹雪が輪廻のうずに我を引きずり込む。
自我の狂気が我が喉首をつかんで離さない。

ディンゴ・キェンツェ・リンポチェ

感情の影響力

情念が心の最大のドラマであるなら、それを演じる役者は感情ということになる。人生の最初から最後まで、さかまく激流のように心の中を駆け抜け、無限に近い数の幸福と不幸の状況を決定する。この激流をなだめる必要があるだろうか。そして、それは可能だろうか。可能ならどのようにすべきだろうか。ある感情は、生気で一杯に満たしてくれるし、別の感情は、精神的健全性を損なわせたり、萎《しぼ》ませたりする。エウダイモニアというギリシャ語がある。これは「幸福」と訳され、生気に溢れ、満足し、または達成する、などを意味している。他者の幸せに向けられる愛、他者の苦しみに関心を示す思いやり等の思考と行為は、幸福を生みだす滋養のある感情の例である。極端な要求、貪欲、憎悪などは人を消耗させる感情の例である。では、破壊的な感情を払いのけて、建設的な感情を強める方法はあるのだろうか。

仏教には、多種多様な精神的事象を表現する用語が実に豊富に存在する。にもかかわらず、古来より伝わる仏教語には感情そのものを表現する言葉が一つもない。それはおそらく、あらゆる種類の精神的活動（合理的な思考を含む）は、快楽、苦痛、無関心などの感覚と結びついている、という仏教的考え方に起因しているものと考えられる。愛とか憎悪などの最も感情性の強い状態は、破壊的な思考と一緒に生じる。仏教の場合、感情と思考を区別することをせず、精神的活動のどのタイプが自分と他者の精神的健全性と結びつくか、どのタイプが最終的に有害かについて関心が高い。この点、認知科学の脳と感情に関する学説と実によく共通している。脳の中でも感情を司るすべての部位には、認知を司る側面がある。[1] ただし、脳には「感情センター」は存在しない。感情系の神経回路は、認知系の回路と完全に織り合わさっている。この解剖学的配列は、感情は行為と思考に関連して現れ、人間の経験という他の側面と分離されて存在することがない、要するに、これらのプロセスは切り離せないものである、とする仏教の見方と一致している。こうした考え方は、怒りや嫉妬などの強い感情は、特定の認識または概念的な内容がなくても生じるものである、というフロイトの理論に矛盾する点に注目すべきだろう。

感情という言葉は、ラテン語の emovera「動く」を語源としており、有害、どちらでもない、ポジティブな思考等、心を動かすあらゆる感情を含む。感情は、心を条件づけ、特定の見方を採用するように心を促す。しかし、ここでいう感情は、科学者が研究している、心の中で突然ほとばしり出る情緒的噴出、という感情の定義を必ずしも意味していない。

最も簡単に感情タイプを区別する方法は、その動機（精神的態度と目的）と結果を調べることである。心の平安を強化し、他者のためになることを求める感情であれば、ポジティブまたは建設的といえる。逆に、心の静穏を乱し、他者に害を加える意図があればネガティブまたは苦痛の種となる。結果に関しては、自分の行為、言葉、思考が自分または他者に善をもたらすか、苦痛をもたらすかが唯一の尺度となる。ただし、誰かを傷つけたいという願望から駆り立てられた激しい怒りと、不当な仕打ちに対して感じる義憤とは、はっきり区別できる。義憤は、世界を変えるために奴隷制度や独裁者から人々を解放し、デモ行進させ、できるだけ早く不正に終止符を打つか、そのやり方の間違いを認めさせるという怒りである。もう一つのタイプの怒りは、悲嘆だけをもたらす。

チベットの詩人、シャブカーがこれについて上手に表現している。「慈悲深い人は、怒っているときでも親切である。慈悲心のない人は笑顔で人を殺す」。

科学の視点

これは、認知科学者のポール・エクマンとリチャード・デビッドソンによる見解である。

ある情動が有益か有害かの評価は、大半の心理学者による精神状態の分類法とは異なる。伝統的には情動を説明する次の二つの方法がある。一つは、ある情動に備わった他と明確に違う特性に注目する、不連続（基本的）情動のアプローチ（怒り、恐れ、嫌悪、喜びなどの）[2]。二つ目が、情動を感じる次元の違いで区別するアプローチ（例えば、快―不快または接近―回避など）。好奇心や愛は接近型の情動であり、恐怖や強い嫌悪は回避させる情動の典型である[3]。

情動をポジティブとネガティブに単純に二分する理論を提唱する者でさえ、すべてのネガティブ情動が自分または他者にとって有害となる、という議論はしていない。また、情動が特定の状況で害をもたらすことはあるが、特定の情動が本質的に有害であるとは考えられないことを、大半の学者が確認している。我々の目標は、憎悪を含む、あらゆる情動を除去または超越することではなく、情動が感じられるときに、その経験と行動をコントロールする方法を探ることである。[4]

進化の角度から情動の研究をしている心理学者[5]は、生殖、子孫保護、競争者や略奪者との関係等、人生における重大な自己保存の場で、それが有効に機能するかどうかという原理で感情が進化してきた、と信じている。嫉妬を例にとるとわかりやすい。一組の男女の結合力を保存するための、大昔からある本能の表出と考えられる。嫉妬者がライバルを遠ざけることで、子孫存続の確率が高まる限り、嫉妬は有効である。怒りは、速やかに自分の欲求を達成したいとき、目の前の障害や自分を脅すものを取り除くのを助ける。しかも、怒りその他、進化の過程で発生した人間の感情は、現在の生き方にはもはや採用されてはならないと提案している理論家もいない。その上、慢性的または衝動的な暴力は、病理的症状であると全員が同意しており、敵意は人間の健康を破壊することを確認している。[6]ある研究で、２５５名の医学生が敵意レベルの測定を目的とする性格テストを受けた。25年後、最も攻撃的なタイプは、のんびりタイプの5倍の確率で心臓疾患に冒されている事実が報告されている。[7]

日常的な感情に伴う反応が機能障害を起こしているとき、二つの問題が前面に出ていると考える研究者がいる。[8]まず、被験者が感情を表す際に、感情そのものは適切だが、不釣合いの強さでそれを表す場合は、彼の感情反応が機能障害または破壊されている、と考えられる。例えば、子供が愚かな行為をしたとき、親の立腹は教育的な価値がある。しかし、憤激や憎悪の感情を示すのは、まったく不釣り合いである。同様に、アンドリュー・ソロモン〔『真昼の悪魔』の著者〕の記述のとおりである。「悲嘆は、状況に比例した抑うつ状態であるが、うつ病は、状況との釣り合いがとれない悲嘆である」[9]。

二つ目の問題は、一定の状況において不適切な感情を表し、その感情反応は有害となる場合である。例えば、幼い子供が自分に向かって、親指を鼻に当ててみせる仕草をしたとしても、失礼だと怒ったり悲しんだりするよりは、軽く笑い飛ばすほうが適切な反応である。アリストテレスはこう指摘している。「誰でも怒ることがある。しかもたやすく。だが、正しい理由で、正しい相手に、正しい仕方で、正しい瞬間に、正しい長さ怒るのは至難の業である」。

感情問題を専門とする心理学者にとっては、筋書きがどうであれ、人間が感情をすべて消去することでも超越することでもなく、感情を経験するときに、それをどうコントロールするか、そしてどのように行為に置き換えるかを探求することが目標である。敵意を例にすれば、脅し手の不正で残酷な暴力を野放しにせず、効果的に彼を無力化することで、敵意を制圧すべきだろう。仏教では、敵意は憎悪を生みだし、常にネガティブなものである、と敵意を完全に自分からなくすようにとまで説いている。危険人物に対しても、まったく憎悪の感情を抱くことなしに、断固とした態度で相手を屈服させることは絶対に可能だろう。ダライ・ラマが、「侵入者が拳銃をもって押し入り、住人を脅したときの最善の行動は？」と、問われたことがあった。

彼は半分真面目に半分冗談でこう応じていた。「私だったら、侵入者を制するためにまず足を撃ちますね。それから彼に近づいて、頭を撫でて介抱するでしょう」。ダライ・ラマは、現実がそう単純でないのは、百も承知だった。だが、こうした場面に直面した際、力強い行動が最も重要であること、敵意や憎悪を注入することが無意味なだけでなく有害であること等を簡単明瞭に伝えたかったのである。

エクマンとデビッドソンはこう結論づけている。「仏教は、心の状態に関する認識を高めることに焦点を当てている。一方の心理学は、今日まで、状況の再検討、情緒的行動と表現のコントロール（制圧）の問題ばかりを強調してきた[10]」。精神分析は、過去の性癖と出来事、固着、心理的障害などに患者の意識を向け、結果的に神経症の不幸に導いたり、世の中における通常の機能が妨げられたりする努力をしている。

仏教は異なる立場をとる。思考がどのように形成されるかに関する認識を高めることを強調している。具体的に言えばこうである。例えば、怒りの思考が起こったら、即座にその考えを突き止め、次の瞬間にそれを分解する。ちょうど水の上に絵を描いても、描いたと同時に消えるのと同じ原理である。次々に生じる思考を皆同じプロセスで繰り返す、という作業を続ける。思考が生じる度にそれを分析し、放出させていくうちに、生じると同時にそれを解放させることを学習する。こうして、心を思考が侵略する、連鎖反応を断ち切る技術が体得できる。このアプローチは、アーロン・ベックの認知療法やジョン・カバト・ジン〔マサチューセッツ大学医学部教授〕の「マインドフルネスに基づくストレス緩和プログラム」等の西欧の科学者が開発した方法と幾分の類似点がある。両者とも、基本的に現在に中心を置いている。したがって、精神の健康という観点から、思考が形成される過程に注目し、それらの束縛を超える技術を習熟することが大切なのであって、人間の精神がたどってきた来歴を録音テープで延々と分析するなどは、二の次にされるべきだろう。

要するに、過去の出来事を実際に再生することは絶対に不可能なことである。過去は、現在の自分の経験に残される影響を通して存続するに過ぎない。本当に問題にすべきは、生活でどのような実体験をするかである。それが最適な経験であろうが、苦しみの経験であろうが関係ない。苦しい精神状態が形成される度にそこから自分を解放する術が体得できたなら、その状態のきっかけとなった可能性のある過去の出来事の実際の中身などは、まったくどうでもよいことに思えてくるだろう。その上、苦悩をもたらす思考が生じる瞬間に自分を解放することが繰り返してできるようになれば、こうした思考が再び生じる傾向が徐々に弱まり、遂には二度と生じなくなる。人間の感情、気分、性向などが無数の瞬間的思考の蓄積によって形成されるものなら、苦悩の思考も、注意を集中させた対処法を気長に継続することで、必ず変えることができるはずである。チェスターフィールド卿が息子に言った有名な言葉がある。「瞬間をゆるがせにしなければ、時は自ずとうまくいく」。

ポジティブ心理学の到来

１９８０年代までの心理学は、人間の気質に備わったポジティブな側面をどう強化すべきかについてはまったく関心がなかった。マーティン・セリグマン前米国心理学会会長の率いる心理学者グループは、１９９８年にポジティブ心理学センターを設立、各種の専門分野が統合された。長年の伝統だった調査を超えて、情緒的機能不全や精神的病理学の修正にまで裾野を広げる試みに着手したのだった。１８８７年から設立当時までの13万６７２８にのぼる心理学関連記事と著作をまとめ上げ、『心理学的摘要（Psychological Abstracts）』の出版に漕ぎつけた。その大半が怒り、不安、抑うつなどを扱っていた反面、喜び、満足、幸福に関する記事は、わずか９５１０に過ぎない状況だった。[11]人間を苦しめたり生命を麻痺させたりする心理問題を取り扱うのは確かに重要なことだが、幸福とは、単に不幸のない状態ではない、ということに気づくことも必要である。その点、新世代の研究者が率先する、ポジティブ心理学は、より善い人間に向上し、人生を一層楽しむことができるようにすることを研究の主目的としている。病理的な状態からいわゆる「普通」の状態に、続いて、普通の状態から「最適」な状態に一歩前進する可能性が出てきたといえる。

こうしたアプローチが妥当な理由をいくつか上げることができる。１９６９年に心理学者のノーマン・ブラッドバーンは、快―不快の感情が異なったメカニズムから発生すること、したがって、個別に研究する必要があること、などを提案している。悲しみと抑うつを取り去るだけで、喜びと幸福が自動的に保証されるものではない。また、苦痛の抑圧は、必ずしも快楽にはつながらない。ネガティブな感情を除去するだけでは駄目で、ポジティブな感情を促進することが重要なのである。

このアプローチを一段と高めるには、他者に害を加えることを自制する（悪意の除去）だけでは不十分であると認識することが必要となる。自制は、他者を助けようと断固として努力する（利他主義の育成と実践）ことで強化されなければならない。ポジティブ心理学の創設者の一人でミシガン大学のバーバラ・フレデリクソンによれば、ポジティブな感情は、思考と行動の範囲を大きく広げ、心に浮かぶ喜び、興味、満足、愛などの思考と行動の種類をさらに増やすことになる。こうしたポジティブな感情を育成することが、知性と情動の世界を広げ、新しい考え方や経験に対して開放的になるのを助けてくれるので、進化論的観点からも明らかに有利である、とポジティブ心理学の関係者たちは確信している。人間を虚脱状態に落ち込ませる抑うつとは異なり、ポジティブな感情は「逆境に対する抵抗力を育て、影響力を強める」ことで人生を上昇気流に乗せてくれる[12]。

ネガティブな感情とは何か

チベット語の nyon-mong（サンスクリット語はクレシャ）は、心の内側から人間が冒される精神障害、苦悩、混乱などの総称である「煩悩」を意味する。憎悪、嫉妬、妄想などが芽生える瞬間に、ひどく不快にさせられるのは疑問の余地がない。しかも、それらの感情がそのかす行為や言葉には、通常の場合、他者に苦痛を与えようという意思が伴う。逆に、親切心、愛情、忍耐などは、喜びや勇気を与え、心を解放させる上、他者への慈愛と共感の能力を刺激する。

さらに、心の平安を乱す感情は、現実を歪めて理解させようとするため、あるがままの現実の性質を知覚することが妨げられる。愛着は対象を理想化し、憎悪は対象を悪魔にしてしまう。美が「魅力的」、醜が「不快」などと決めるのは自分の心であるにもかかわらず、人間や事象に本来備わった固有の性質であると人間に信じ込ませるのは、感情に他ならない。こうした誤解が、表面に見える姿とあるがままの真の姿の間のギャップを広げるのである。このような感情によって人間の判断力が雲らされるとどうなるか。人や物に本来備わっていない属性を本物とみなす原因が、自分の見方にあるとは考えなくなり、誤って行動してしまう。反対に、感情と精神的要因がポジティブな場合、現実をより正確に理解することができるため、より明確で論理的な考え方ができる。無私の愛とは、人間関係における親密な相互依存性、自分と他者の幸福、現実に適合した考え方などを深く理解していることを反映するものである。他方、利己主義は、自分と他者の深い溝を一層広げる。

したがって、どのタイプの精神活動が幸せにつながるか、どれが苦しみにつながるかを突き止めることが極めて重大となる。ただし、苦しみにつながる精神活動が、一瞬の快楽をもたらす場合があることも忘れてはならない。いずれにせよ、感情の性質は、捕らえ難い神秘的なところがあるので評価が難しい。例えば、悪意の潜んだ言葉を、如才なく言ってのけるのは愉快なことだが、ポジティブとは言えない。逆に、誰かの苦しみを見ながらそれを和らげてあげられないときに感じる苛立ちや悲しみは、無私の心で誰かを助ける力を育て、その考えを行動に移す覚悟を促すことになる。だから幸福探求の妨げにはならない。どのような場合にも、感情分析の最善の方法は、内省と自己観察である。

分析の第一段階は、感情がどのようにして生じたかを突き止めることである。ここでは、精神がどのように活動するかを注意深く見つめること、破壊的な感情と幸福を育む感情とを区別すること等が要点となる。この分析を繰り返し実行することは、精神障害の状態を好転させる、最も重要な準備作業である。仏教徒は、この作業を遂行する方法として、厳格な内観を行うことが要求される。具体的には、精神を集中し、思考の透明性を高めるための修行である。このアプローチは、近代心理学の草分け的存在であるウイリアム・ジェームズが開発した「持続的で自律的な集中力」に似ている[13]。ジェームズは、自律的な集中力を数分以上維持することが可能かについては疑問視していたが、仏教の瞑想者たちによって、この能力が大幅に改善できることが実証されている。修行の結果、散漫な思考は沈静化され、心は透明度を増し、焦点が絞れるようになったら、感情その他の心の状態がどのような性質を示しているか、効率的に調べることができるようになる。

貪欲、敵意、妬みなどのネガティブな精神的プロセスでも、自分が欲したり惹かれたりするものを手に入れるのを助ける場合もあるので、短期的な効果はある。これまでに、怒りや嫉妬が、種族保存の観点からは利点があることを見てきた。だが、長期的に見るなら、自分と他者の成長と発展が妨げられるだろう。攻撃や嫉妬を原因とするどのような出来事も、静寂と幸福探求の道を退行させる。仏教では、感情処理の唯一の目的は、人間に根源的に備わった苦しみの原因から自らを解放することにある、と教えている。特定の精神的な出来事は、いかに強いものであろうが、どのような状況で生成されたか、などとは関係なしに、常に苦痛を伴うという原則に出発点を置いている。特に、欲望(渇望やひどい苦痛を伴う貪欲の意味での)、憎悪(害を加える意思)、妄想（現実を歪めた見方）など、基本的に「心の毒」となる三つの精神的プロセスにこの原則は該当する。仏教では、自惚れ、羨望もこれに加えられる。これら五つの心の毒は、六十余のネガティブな心の状態に結びついている。仏教では、その他に「八万四千のネガティブな感情(煩悩)」があると説いている。八万四千の内容は具体的に解説されていない。だが、膨大な数字は、人間の心の複雑さを象徴するものであり、多種多様な気質に適用した心の改善法を理解する手助けとすることが目的だった、と想像できる。だからこそ、心の改善に通じる「八万四千の扉」という表現がされているのだろう。

第10章 厄介な感情とその治療法

渇望、憎悪などの激しい感情は四肢のない敵——勇敢でもなければ聡明でもなく、我が心に塹壕を掘って入り込み、思いのままに攻撃を仕掛けてくる。途方もない忍耐力をもつ、何と天晴れな敵よ。

シャンティ・ディーバ
〈インドの聖者「入菩薩行論」の著者〉

感情の悪循環

世の中のことに無感覚になることなく、人生の豊かさを見失うこともなく、精神障害の原因となる感情から毒を除去する方法はあるだろうか。これらの感情は、無意識の深みに追いやられても、力を盛り返すチャンスを見計らって、再び浮かび上ってきて、心の葛藤を長引かせることになる。ネガティブな感情が生じたら、反対に、心に何の跡形も残さずに自ら消散するに任せるのが最善の方法である。思考も感情も、絶え間なく浮上してくる。だが、それらが繁殖することはない。それらが人間を奴隷にする威力は自然に消失するだけである。

怒り、嫉妬、貪欲などの心的葛藤を伴う感情が生じるのは人間として当たり前で、取り立てて関与することもない、と議論する人もいる。だが、病気だって自然現象である。病気を甘んじて受け入れ、望ましい人生の一つの要素だ、などと歓迎する人はいない。苦痛を伴う感情に対して何らかの手を打つことは、病気を治療するのと同じに筋道の通ったことである。では、こうしたネガティブな感情は実際に病気なのだろうか。一見しただけでは、両者を対比させるのは極端に過ぎる、と言う人もいるだろう。だが、よくよく観察すれば、その対比には根拠があることがわかるだろう。なぜなら、精神的な混乱も苦悩も、その大半が、「心の免疫機能」を弱めて障害を引き起こす、厄介な感情を原因としているからである。逆に、持続する精神の健全性は、ポジティブな感情と聡明さを育成した結果生じてくるものである。

では、ネガティブな感情が自ら消耗するのを待っているだけでは駄目なのか。障害となる厄介な感情は、治療せずに放置された感染症と同じで、放っておくと勢力を増すことは、経験によって実証されている。怒りが生じる度に、それを爆発させていると、心理的不安定な兆候を示すようになり、癇癪《かんしゃく》の症状が徐々に悪化する。感情の赴くままにさせることで、封じ込まれていた緊張が一時的に緩和されるという考え方は、各種の心理学的な研究結果と食い違っている[1]。

ネガティブな感情が表面に現れるのをそのまま放置していると、感情の負荷が危険限界に達するたびに、ボロボロに傷つくのが習慣化する。しかも、この危険限界は、次第に低下し、怒りが簡単に爆発するようになる。その結果、世に言う、慢性的な苦痛を伴う癇癪持ちの人間を作りだす。生理学的な視点で見ると、かっとなって怒ると動脈の緊張が高まり、怒りが表出するのを抑制すると動脈の緊張は減少する[2]。

行動学の研究でも、感情的バランスを最もうまく取れる人（抑圧せずにコントロールすることで）は同時に、他者が苦しむのを目にして最高の無私の心を示すことを証明している[3]。一方、極端に高いモチベーションの人が他人の苦しみに直面した場合、自分が感じる心痛により高い関心があり、他人の苦しみを和らげるにはどうすべきかの関心は低い。

以上の脈絡から、では、感情は封じ込めた方がいいのでは、という結論になるか、というとそうではない。生じた感情を自由に外に出すのが妨害されるのは、時限爆弾を心の隅に置いておくようなもので、当座しのぎの不健康な解決法でしかない。抑圧された感情は、精神的、肉体的に深刻な損傷を与える上、感情が自分を攻撃することだけは避けなければならない、と心理学者は断言している。一方、感情を抑制せずに野放しにして、激しく表現させるのは、心理学的に重大な症状をもたらす。例えば、激しい怒りの最中に卒中に突然襲われて死亡する事例もあるし、極端な欲望でぼろぼろに体が消耗することもある。これらのケースはすべて、知恵と感情が自分の中で正しく対話できていないために起こっている。

ネガティブな感情を振り払えるか

無知とネガティブな感情は、意識の流れに本来備わっているので、それらを除去しようとするのは、自分の一部と戦うようなものと考える人がいるかもしれない。しかし、認識の最も根源的な側面とは、対象を分別しそれが何かを決め、疑わずに本当に理解する意味での純粋な「知る」機能である。それは「光り輝く」清浄な心の本質と呼ばれるもので、そこには憎しみも欲望も一切存在しない。鏡に喩《たと》えれば理解しやすい。鏡は、怒った顔でも笑顔でも映しだす。鏡そのものは、無数の像を映しだす性質を備えているが、映しだされたどれも鏡の本来の性質ではない。仮に、怒り顔が鏡に本来備わった性質であるなら、常にその顔が現れ、他の像が映されるのが妨害される。

この原理を心に置き換えてみると、認知（知ること）の最も根源的な特質、すなわち、光り輝く清浄な心の性質は、あらゆる思考の根底にあり、それらが生じるままにさせている。だが、生じてくるどの思考も、心の根源的な性質に本来備わったものではない。心を内観すると、ネガティブな感情が一時的な束の間の心の出来事に過ぎないこと、それと背中合わせに存在するポジティブな感情によって抹消できること等を体験するだろう。このときのポジティブな感情は、解毒剤の機能を果たす。

このことを理解するためのステップとして、まず、苦痛の伴う厄介な感情が人間の精神的健全性にとって有害であることを認識する必要がある。それは、善悪を独善的に区別することとは違う。特定の感情が自分と他者にもたらす短期、長期の影響を観察することを基本とする評価法である。しかし、精神的な苦痛が有害な影響を及ぼすという事実を認識できたからといって、その影響を遮断できるという保証はない。この理解に到達した段階とは、例えば、憎しみの解毒剤が愛情豊かな親切心であるということを何となくわかった、というレベルである。憎しみがまったくない状態が、第二の天性として習慣化される時こそ最終段階といえる。チベット語の gom は「瞑想」と訳されているが、正確には「習熟」または「精通」を意味する。サンスクリット語のバーヴァナーも「瞑想」と訳されるが、「修養」とか「繰り返して身につける」を意味する。実際、瞑想は、退屈な日課を小休止して、木陰に静かに座ってリラックスすることとは違う。物事の新しい見方に慣れ親しみ、心に生じる思考を正しく管理し、人々に対する見方と世の中での経験の仕方を体得する新たな道である。

仏教は、以上を「習熟」するために、様々なアプローチを提供している。とりわけ、「解毒剤」と「解放」と「活用」を三原則とする方法が最も主要となっている。「解毒剤」の方法とは、各種のネガティブな感情に対して処方された特別の解毒剤で対応するというものである。「解放（解脱）」法とは、生じてくる感情を即座に直視し、それが自然に溶け去るままにする方法である。「活用」法とは、感情に自然に備わった力を、心の変革の触媒として利用することである。どの手段を選ぶかは、使おうとする瞬間、状況、能力によって決まる。これらの方法には、対立する厄介な感情の犠牲になるのを防止するのに役立たせる、という共通の側面と目的がある。

解毒剤の使用

第一の方法は、苦痛を伴う各種の感情それぞれに最適の処方により、毒を中和させるというやり方である。解毒剤によって、毒の破壊力を無効にするのは、アルカリで酸を中和するのと同じ原理である。仏教は、二つの正反対の精神的プロセスは同時に作動しない、という基本原理を強調している。例えば、愛と憎しみの狭間を行きつ戻りつして、動揺することがある。だが、誰かに危害を加えたいという願望と、その人に対する情け深い気持ちとを同時に意識の中で感じることはあり得ない。両方の衝動は、水と火のように正反対の性質がある。哲学者のアランは著している。「一つの動作は他の動作を妨げる。友好的に手を差し出すとき、その手で拳骨《げんこつ》は作れないものである[4]」。

同様に、利他の愛が心の中で習慣化されると、憎悪の感情は次第に弱まる。なぜなら、愛と憎しみの二つの心の状態は交互には起こるが、決して共存することはない。慈悲の心に習熟すればするほど、心の景色の中で憎しみは居所を失う。そのためにも、それぞれのネガティブな感情に適した解毒剤に関する知識を持ち、それを強化することから始めるのが重要である。抗体が肉体を守ってくれるように、解毒剤は精神に効果がある。

利他の愛は憎しみの解毒剤として即効性があるため、この愛が強まればそれだけ、危害を加えたいという願望は弱まり、最終的には消滅する。それは、憎しみの抑制とは違い、正反対の愛と思いやりに心を向けることである。まず、自分自身の幸福願望を認識することから開始し、その後に、その願望を自分の愛する人々に振り向け、最終的には、友人、赤の他人、敵を含む、全人類に向ける、というステップをたどるのが、仏教古来の訓練の仕方である。利他と慈悲心が徐々に浸透しだすと、遂には、それが習慣化するものである。このようにして利他的な考えを自主訓練するうちに、慢性的な悪意や攻撃性に対する永続的な防護壁が構築される。そうなったら、他者の利益のために進んで行動する純粋な気持ちが自然に加わってくる。貪欲や欲望が精神的な自由と共存することも同じくあり得ない。欲望が心を完全に占領するほどはびこらせてしまうと、手の施しようがなくなる。欲望と同類の快楽は、憎しみほど醜い姿をしていない。それが落とし穴となる。時には非常に魅惑的でさえある。だが、欲望は最初、明るく艶やかな一筋の糸に見えるかもしれないが、糸はすぐに強張《こわば》ってきて、その糸でつむいだ衣は拘束衣と化す。もがけばもがくほどきつく締めつけてくる。最悪の場合、どのような犠牲を払ってでも、満足感を得るように口説く。満足感が得られないと感じれば感じるほど、強迫観念となって取りついてくる。逆に、欲望の厄介な側面を熟視し、心の平安を強化する方向に向かうことで、強迫観念となった欲望は、太陽の光を浴びて溶けだす雪のように消え去る。だが、人生を共にする人への愛を捨てろとか、無関心になれと言っている、と勘違いしないように注意すべきだろう。相手に対する愛着には、飽くなき要求が伴う。これが問題なのである。その要求を相手に投影するのを止めるとき、他者を愛し、その人の純粋な幸せに対する関心が芽生えるのである。

では、怒りはどうだろう。怒りは忍耐力という解毒剤によって中和される。怒りに対して受け身でいる必要はなく、破壊的な感情によって打ちのめされないよう、上手に舵取りすればいいのである。ダライ・ラマが忍耐について明晰な説明をしている。「忍耐があれば、逆境にあっても心の平安が安全に守られる……忍耐とは、危害を加えられたときに生じがちなネガティブな思考と感情に対する思慮深い反応である（不合理な反応の反対）[5]」。

ここで、「完璧な世の中なら、そうするのも結構だ。だが、そもそも人間とは相反する感情を抱く生き物である。人を愛すると同時に妬ましく思うことだってある。感情の複雑さと豊かさが混在するからこそ、矛盾しあう感情を同時に経験する」と、反論する人が出てくるかもしれない。自分の仲間に深い愛情を感じると同時に、彼が行う裏切りに対して軽蔑を感じることもある。だが、それが本当の愛と言えるだろうか。

本書でこれまで述べてきた愛の定義を思い出してほしい。愛する人が幸福になってほしい、その人が幸福の原因を理解してほしい、と願うのが真の愛である。愛とは他者の幸福を望むことであり、憎しみは不幸を望むことに他ならない。したがって、真の愛と憎しみが心の中で共存することはあり得ない。愛着、欲望、独占欲はしばしば、いわゆる愛と手を結ぶことがあるが、それは本当の愛ではない。これらの感情は憎しみとは共存し得る。なぜなら、それらが正反対の性質でないからである。自惚れと謙遜、妬みと喜び、寛大と貪欲、平静と動揺等は、まったく適合しあえない、正反対の心の状態である。これらの相反する感情が同時に組み合わさることはない。内観の訓練によって、生きる喜びを強めてくれる感情と、それを弱める感情を区別することができるようになる。

感情を解き放つ術

二番目の方法は解放、解脱である。この方法は、苦痛をもたらす感情に適した個々の解毒剤を処方することで、感情を抑えようとするのではなく、根本的レベルに下がって、すべての心の苦しみを一つの解毒剤で退治するという方法である。心の自然の活動を抑え込むことは、不可能であると同時に望ましいことではない。また、思考を遮断するのは無駄であると同時に不健康である。感情をつぶさに調べれば、それがダイナミックに流れていて、それ自体には本来備わった固有の実体がない、ということに気がつくだろう。こうした現象の非実在性を仏教では「空性」という言葉で表現している。厄介な感情を正反対の感情（例えば、怒りに対する忍耐）で相殺しないで、単純に感情そのものの性質を熟考するだけにとどまった場合、何が起こるだろう。

怒りが突然潮のように押し寄せるとき、誰でもそれに圧倒されてしまう。そして、流されるに任せるしか道がないと感じる。だが、怒りをじっくり観察すると、思考以上の何ものでもないことがわかるだろう。嵐の空に巨大な黒雲が垂れ込めているのを見ると、雲が硬い固体のように見える。だが、どんなに近づいても雲をつかむことはできない。雲は蒸気と風でできているだけである。怒りは、高熱に侵された状態と似ている。単なる一時的な症状で、特に深く調べる必要などない。このようにして怒りを観察するのがいいだろう。霜が太陽光線を浴びて蒸発するように、凝視に堪えられなくなった怒りはひとりでに消えていくだろう。

では、怒りはどこから来て、どのように放出し、その消滅していく先はどこだろう。確実にわかっているのは、怒りは心の中で生じること、ほんの瞬間そこに留まってから、その中に消滅する等である。ちょうど、海に生じた波が海に溶けて戻るのと同じである。怒りをよくよく調べてもたいした発見はできない。独裁者のような恐ろしい影響を及ぼす怒りの実態を証明する手がかりはない。だからといって、こうした調査を続行しなければ、怒りの対象に執着するか、破壊的な感情に不意をつかれてうろたえる、といった情けない状態に成り果てるだけである。反対に、怒りそのものには実体がないことを、はっきりと理解するようになれば、怒りは急速に威力を弱めるだろう。このことをキェンツェ・リンポチェは次のように表現している。

思考とは、無数の要素と状況がほんの束の間結びついたものに過ぎない、ということを忘れてはならない。思考は独立した存在ではない。ある考えが心に浮かんだら、その空性を認識せよ。そうすれば、次々と思考が誘いだされ、遂には力を失い、妄想の連鎖が解かれる。こうして、思考の空性を認識し、思考にゆったりした心で一瞬の休息を与えれば、心は自然に透明度を増し、それが永続する。[6]

以上は仏教の「怒りが生じた瞬間に解放する法」で、空性と実体性のないことを理解しなければ、実現は無理である。ここでの解放とは、水面に描いた絵が一瞬の間に消えるような自然の消滅を意味している。怒りを抑え込むことなく、苦しみの原因となる怒りの力を中和してしまうのである。

危機が通り過ぎた後に、ようやくそれが何だったかを理解する、というのが世間一般の解決法だろう。だが、怒りが生じた瞬間に、その空性を思い起こすことで、処理すべきなのである。そのことがよく理解できるようになれば、執着や圧迫感の流れを作りだす思考の力を除去することができるだろう。鳥が跡を残さずに空を飛ぶように、思考も何の痕跡も残さずに心を横切っていくだけなのである。

この方法はどのような心の苦痛にも応用できるし、瞑想の修行と日常的関心の間に橋を築くことができる。思考が生まれた瞬間にそれを見つめ、心が思考に支配される前に消えていくのを見つめる習慣を身につけてしまえば、心を上手に管理し、いかに矛盾した厄介な感情でも、実生活の中で容易に管理できるようになる。用心を強めて、修行を積むことが大切だが、それには、過去に破壊的な感情が自分にもたらした深刻な苦悩を思い起こすことである。

感情をカタリストとして活用する法

苦痛を伴う感情を無効化する三番目の方法は、最も繊細で神秘的、その上、罠に嵌《は》まりやすい。感情を熱心に調べると、楽譜のように、無数の要素とハーモニーで成り立っているのがわかるだろう。例えば怒りは、時に人を奮起させ、行動に導くし、障害を克服させる力ともなる。その上、それ自体が有害とならずに、明快で焦点が合って、効率がよい側面もある。欲望は愛着とは異なり、至福をもたらす要素がある。自惚が傲慢に陥らない場合には、確固とした自信となる側面がある。妬みも、不健康な不満と混同しない限り、行動を推進させる力となる。

このように多様な感情の側面を区別するのは難しいが、一般的にネガティブと考えられている思考にもポジティブな面がある。その面を見分けて利用することは十分に可能である。実際、感情の有毒な性質は、人間が勝手にそれに有害性を付けて、そのことに固執しているだけである。これが連鎖反応を誘発し、最初の明快さや焦点の合った素晴らしい面が、怒りと敵意に変化してしまうのである。瞑想を持続的に経験するうちに、連鎖反応が始まる前に割り込む、という技術を体得するようになる。

感情が本質的に厄介な性質を備えているわけではない。人間が厄介なもの、と決めつけて、その考えに固執し始めた瞬間にそう見え始めるだけである。精神的な出来事の根源である純粋意識については前述のとおりだが、それ自体でひとりでに善になったり悪になったりはしない。思考が厄介ものになるのは、人間が、何かの感情の対象とそれを感じる自己に何らかの性質をあてがって、それに固執するときに、「病的な執着（固着）」のプロセスが作動し始めるのである。

こうした執着の避け方を習得してしまえば、外部から解毒剤を取り込む必要はなくなる。なぜなら、感情自体が有害な影響から自分を解放する触媒として機能し始めるからである。要するに、自分の見方を変えるだけで、それが可能になるのである。海に落ちたとしても、水の浮力が人間を浮かせ、岸までたどり着かせてくれる。だが、泳ぎ方を知らなければ、それは不可能である。感情がネガティブな側面の中で溺れずに、良い影響力の面を利用する技術を十分に身につけることである。

この種の訓練では、感情の表現力を自由に駆使することが要求される。強い感情の餌食にならずに、それが表出するに任せるということは、火遊びや蛇の頭上にある宝石を取ろうとするほどの難しさがある。成功すれば心の性質に対する理解が深まるが、失敗すれば怒りのネガティブな性質に打ち負かされ、それの支配力を強めてしまうだろう。

方法は三つ、目的は一つ

第一の方法は、個々のネガティブな感情に対応する解毒剤を個別に処方して、ネガティブな感情を相殺する方法で、二番目は思考の空性が苦痛を伴う感情を中和する方法、三番目はネガティブな感情のポジティブな側面を活用する方法であった。一見して互いに矛盾していそうな、これらの方法は、苦痛を伴う厄介な感情と、それが誘発する苦悩の犠牲にならないようにするという共通の問題に取り組み、同一の結果を得るために異なった角度から対応しているだけである。有毒な植物を他の植物と一緒に植えたら、周辺も毒で汚染される。それを避けたいなら、一緒に植えなければいい。ある毒を無効化するためには、それ専門に開発された解毒剤を使うというのは一法である。あるいは、毒の攻撃に弱い原因を突き止め、毒に対する免疫機能について調べあげ、あらゆる毒に対して普遍的かつ共通に効く毒抵抗性を強化することも可能だろう。最終的には、毒を緻密に分析し、毒の成分を分離し、適切な服用量を投与すれば治療効果がある解毒剤を発見することができる。

どの方法を使ったとしても、ネガティブな感情から抜け出し、苦しみから解放される方向に向かうという共通の目的に到達することが重要なのである。これらの方法は、鍵に喩えることができるだろう。鉄、銀、金のどれで作られていようと、自由への扉を開けることができれば鍵としての機能を果たすことになる。

厄介な感情の原因が自己への執着、すなわち我執にあることを忘れてはならない。心の苦しみから解放された状態に一気に到達したいと思うなら、感情そのものを消去するだけでは不十分である。我執を心から抹殺しなければならない。だが、それは可能だろうか。前にも触れたとおり、エゴとは、心がそれに価値をなすりつけたに過ぎない存在である。したがって、可能である。ただし、エゴとは人間に本来備わった固有の実体を持たないものだ、と理解する智慧を体得することによってのみ、その概念を追い払うことが可能となる。

感情に対する先制攻撃

感情があまりに激しくなると、考える余裕がなくなり、それが表出する瞬間は抑制が効かなくなる。ポール・エクマンは、人間には、怒りなどの強い感情を正当化することしか判断できなくなる、「手におえない」時間があることに言及している。[7] それは、怒りの対象が、自分が考えるほど疎ましいものでないことに気づくにはあまりにも鈍感になりすぎて、道理が通じない瞬間である。

その状態をアランはこう表現している。「激情は我々を困難に陥れる。人が本当に怒るとき、自分の頭の中で、最悪の悲劇を自作自演するのである。敵のあらゆる欠点、計略、準備、嘲笑、将来計画などを並べ立てる。あらゆるものを怒りのレンズを通して解釈する。こうして怒りの激しさは増す」[8]。このような場面では、激しい感情が静まった「後に」それと向き合う以外、選択肢がない。激情の潮が退いてから、自分の見方がどれほど歪められていたか、痛感する。そのときに自分の感情がどのように操られて、誤りに陥ったかを知って愕然とする。自分の怒りはまったく正当だと考えていたのだろう。だが、正当化されるには、悪ではなく善の行為でなければならない。残念ながら、その状況では善行は滅多にない。「ポジティブな怒り」あるいは悪や不正に対する「義憤」の場合は、受け入れられない状況、危害を加える行為等を、誰かに理解させるために、現状を破壊することがある。しかし、この種の怒りは、無私無欲の精神によってのみ生じるものであって、ごく稀にしか起こらない。ほとんどの場合、怒りは他者を傷つけ、不満の底に自分を突き落とす。憎悪、貪欲、嫉妬、陶酔、絶望の渦を生み出し、それを具体化する心の力を見くびることは絶対に避けなければならない。

経験を積み重ねるうち、ネガティブな感情が表面に現れる「前に」それを処理するという手法が体得できる。ネガティブな感情が表れるのを予測」できるようになれば、苦しみをもたらす感情と幸福の一助となる感情を区別することができる。ここで説明する技法は、感情を巧みにコントロールし、感情に圧倒されるのを阻止するのに役立てることができる。森林管理者は、干ばつの時期に森林火災を防止するため、防火線を切り、貯水池の水位を上げるなどの警戒を怠らない。管理者は、山火事が猛威を振るう前に、火花の段階で消火するほうがたやすいということに精通している。

こうして、心の知識と熟達のレベルが高まるにつれて、感情が生じて表面にそれが現れる瞬間に対応することがうまくできるようになる。これまでにも触れたが、人間を苛《さいな》む感情が生じると同時に「離散」させる方法とはこのことである。感情をこのように扱うことで、それが心に混乱の種を撒くのを不能にしてしまえば、それが苦しみを生じる言動に転換されることもなくなる。だが、この方法には辛抱強さが求められる。なぜなら、こうしたやり方で自分の思考に対応するのは、まったく馴染みがないからである。

喜怒哀楽の感情をすっかりなくすことで心を解放するのは、無関心や無感動につながるのでは、と心配する人がいるだろう。だが、それは逆で、人生の生彩を失うことにはならない。苦痛を伴う思考、気分あるいは性癖の手下になるのではなく、主人になるのである。容赦のない、偏執狂のような独裁者ではなく、自分の運命を自由に操れる人として生きることになる。

この段階までくると、心の葛藤の状態は、現実の評価に基づいて他の人々と互いに交流できる、健全で色彩豊かな感情のパレットに道を譲る。叡智と思いやりが、思考、言葉、行為に大きな影響を及ぼすようになる。

長期的な努力

感情制御に関する現代の心理学的研究の大半は、感情が心に充満した「後」にどのように制御、調整するかに的を絞ってきた。そして、今この瞬間の自分の行為に注意を深め、明確な心をもって目覚めている状態を意味し、心の明晰性と透明性を高めることになる、仏教の「マインドフルネス」という教えに相当するものが欠落している感じがする。具体的には、感情が形成される瞬間にそれをはっきりと「認識」し、それが単なる思考に過ぎず、実体性がないことを「理解」し、自然に「消散するに任せる」という気づきのプロセスである。そしてこのプロセスにより、普通の状態に起こる連鎖反応が回避できるのである。これこそが仏教の瞑想法の中核を成すものである。

音楽、医学、数学など、どの分野でも言えることだが、熟達するには、集中的な訓練が必要となる。西洋では、精神分析を例外とし、感情を変化させるために、長期的で忍耐強い努力を進んで実行する、という気風はほとんど見られない。しかも、精神分析の成果も不明瞭なレベルに終始してきた。精神分析の目的そのものがポジティブ心理学と仏教の目的とは異なっていて、単に世の中で神経症的に機能している人を「正常化」する、というレベルに留まっている。一般的に「正常」と考えられている状態は、ほんの出発点であって、目的地ではないはずである。人生は、「正常」な状態に甘んじるよりはるかに価値がある。マーティン・セリグマンが私にこう吐露したことがある。「精神分析がどれほど頑張っても、せいぜいマイナス10からゼロまで引き上げるのが関の山」。

感情状態を持続させようとする、西欧心理学の手法は、概して、病的症状に関心を置いている。ここに西欧および仏教心理学者のグループによる最近の記事を付記しておこう。

> 「ポジティブ心理学」を含むいくつかの例外はさておき、精神障害に苦しんでいない人がポジティブな心を強化するための努力は一切注がれてこなかった。事実上あらゆる分野で、専門技術と知識を体得するには、相当に厳しい鍛錬が必要である、という事実が強調されることが重要である。感情の状態や性質を持続的に向上、変革させる西欧的なアプローチでは、こうした長期的で忍耐強い努力の必要性を考慮に入れてない。精神分析の分野でさえ、スカに至るのに必要である、仏教が長年にわたって説いてきた方法には関心がない。[9]

こうしたたゆまぬ努力が強く望まれる。努力を惜しまないなら、心の毒を消去すると同時に、感情のバランスを整えるのに力を発揮する、強い心的状態を作りだし、本当に健全な精神に満ち溢れる日が必ず来るだろう。実際、矛盾した厄介な感情の多くが精神障害である、と言って差し支えないだろう。激しい憎悪や強迫性の妬みに取りつかれた人は、精神病の治療を受けるべきとまでは言わないが、健全な精神状態ではないと考えるのが妥当である。こうした感情が日常生活に浸透しているため、感情に取り組むことの重大さや切迫性が不明瞭になっている。その結果、心の鍛錬という考え方が、仕事、文化活動、健康保持の訓練、レジャーなどといった、現代人にとっての課題の中では優先順位が低くなっているのである。

人間とは、変化に対して極端なほど抵抗する生き物である。現代社会は、一見して斬新な傾向を喜んで受け入れる。そうした機敏さは大変結構なことである。ただ、生き方を本質的に変えることに対する根強い無気力が今日の問題である。大方は、変化は可能だという話に耳を傾けようとすらしない上、こうした西洋医学でない代替的な解決法に目を向ける人を嘲笑したがる。怒ったり、嫉妬したり、自惚れるのを本当に望む人はいない。だが、こうした感情に負けるとき、人は常にそれらの感情は正常だし、人生の浮き沈みの一環に過ぎない、と言い訳をする。そして、変化に何の意味があるのか、と問うのである。その問いの答えは、「自分が本当の自分でいる」ためである。楽しみたい、新車を買いたい、新しい恋人を手に入れたい、何もかも手に入れたい、気分よくなりたい。だが、何をしても、ものごとの本質には到達しないだろう。なぜなら、本質に到達するには、極めて厳しい作業が必要だからである。自分の運に心から満足している場合には、「ああしたい、こうしたい」という態度でもまったく構わない。だが、それで事足りるのだろうか。哲学者アランに再登場してもらう。「狂人は、人を変えようとし、自分が治療されるのを嫌がる人間のことである」。

内観の訓練を開始したら、変革することが想像したほど苦痛でないことを発見するだろう。一度、こうした心の変容を求めようと決心したら、多少の難関に直面することがあったとしても、一歩一歩前進するごとに、新たな満足と喜びを発見する。開放感とエネルギーが自分の中で強まり、不安と恐れが押し出されるのを感じるだろう。不安定な感情は生きる喜びに満ち溢れた自信に、慢性的利己心は友好的な利他の心に道を譲るのである。

今は亡き恩師のセングドラク・リンポチェは、ネパールとチベットを挟む山間に、30年以上暮らした賢者である。十代で早くも隠遁《いんとん》生活に入ったが、その厳しい数年について話してくれたことがあった。「その当時、感情があまりにも激しくなって、気が狂うかと思った。でも、徐々に感情処理の方法を身につけるうちに、心の自由を手に入れた。それ以来、どの瞬間も自分にとって純粋な喜びとなった」。まさにその喜びは満面に表れていた。同師は、私が出会った最も簡素で暢気で元気づけてくれた師の一人だった。世俗的な問題は、バラの花びらから滴り落ちる水滴のように、同師から滑り落ちるように感じられた。話すときは、目は喜びで輝き、生気でみなぎって、まるで鳥のように空に舞い上がるのでは、と感じたほどである。

教育や基本技術の熟達に費やした年月を後悔する人はいない。では、均衡のとれた、真に思いやり溢れた人間になるのに必要な忍耐を身につけるのに、文句を言う必要があるだろうか。

第11章 欲望

欲望が声を上げて呼び求めたからといって、幸福が舞い降りることなど滅多にない。

マルセル・プルースト
〔1871〜1922　フランスの知識人で作家、エッセイスト、批評家〕

欲望の現れ方は無限

欲望を持つのは自然のことである。欲望が人生の中で目標貫徹の動機づけとしての役割を果たすことがある、という事実に反論する人はいないだろう。だが、同じ欲望でも、生まれて死ぬまでの間にいくつも抱く意気軒昂な大望と、異常な渇望とか執着として凝縮される欲望との間には、決定的な違いがある。コップ一杯の冷たい水が欲しい、愛する人が欲しい、平和な時間が欲しい、他者が幸福になって欲しい、あるいは自分の死を欲する等、欲望の現れ方は無限である。欲望は、人間の存在に栄養を与えることも毒で汚染することもある。

欲望は、成熟して、自らを解放し、優れた人間への改善、他者への貢献、真理の悟りなどを達成しよう、という大望に深化することもある。本質的に盲目的な力でしかない欲望と、モチベーション（意欲）と心構えによって鼓舞される大望とを区別することが大切である。茫洋《ぼうよう》として無私無欲なモチベーションは、偉大な人間性の持ち主となったり、偉業を成し遂げる原動力となる場合がある。モチベーションが狭量で自己中心的だと、絶え間なく押し寄せる波のような日常的な事象に忙殺されるため、生まれて死ぬまでの間、深い満足感を得ることはまったく保証されない。特に、それがネガティブな欲望の場合、破滅的な害を引き起こす。

欲望が異常な渇望、強迫観念、強い愛着に変わると同時に、心の毒となるのは自然の成り行きである。この種の欲望は、現実とかみ合わないため、欲求不満と疎外感の原因となる。物や人への愛着が芽生えると、それらが百％望ましいことという誤解が生じ、それらを所有したり楽しんだりするのが絶対必要事項となる。貪欲が心痛の種になるばかりでなく、欲するものの「所有」は決して永続することはなく、人を不安定にするし常に脅かす。しかも、自分が所有している、と考えている物に対するコントロールは、究極的にはほとんど不可能である。だから、所有は実質の伴わない幻想でしかないのである。

欲望は、異なった期間と強さを伴ってやってくる。一杯のお茶や温かいシャワーを欲するといったささやかな欲求は、極端な逆境にでも遭遇していない限り、簡単に満たされるし、邪魔されることもほとんどない。また、試験の合格、家の購入など、特別の難題を、忍耐と創意工夫で乗り越えなければ達成できない、という種類の欲望もある。最後に、子供が欲しい、自分の選んだ相手と幸せに暮らしたい、楽しんで仕事に精をだしたい、といった根源的な欲望もある。こうした欲望が満たされるまでは長い時間がかかるし、人生の質はその人の抱く大望の中身と方向性に左右される。生きる喜びを助長するような行動をしたいのか、単に金持ちになりたいだけなのか、社会的地位が欲しいのか。自分の夫婦関係を所有の例として描きたいのか、それとも利他的で相互互恵的な関係の例として描きたいのか。これらのどれを選ぼうが、人間は常に欲望のメカニズムに関係することになる。

これは香港で聞いた話である。当地の証券取引所の若き獅子と呼ばれる証券マンは、事務所の床に敷いた寝袋で寝泊りしている。真夜中に起きてコンピュータを叩き、ニューヨーク取引所が最終取引を終える前に「獲物を捕らえる」ためである。彼らなりの幸福を手に入れようとしているのはわからなくないが、実際に幸福を手にするのかは、まったくおぼつかない話である。その一人が洩らしていた。「年に一、二度、海の美しさを見に出かける。そのときは、自分はどうしてこのように異常な生活を続けているのかと考え込む。でも、月曜日になれば、また同じことを繰り返すだけだ」。彼には、優先順位がないか、それとも勇気がないのだろうか。そうではなく、心の奥深くから生じる疑問に、十分な余裕をもって対応せず、鏡に映る幻想の世界に止まっているだけなのである。「本当は人生で何を望んでいるのだろう」という問いに、幻想でない本当の答えを見つけたとき、それを達成する方法を考える余裕ができるだろう。心の中の疑問そのものをもみ消して生きるほど悲しいことはない。

欲望のメカニズム

快感への渇望は心に埋め込まれやすい。なぜなら快楽は、親身に応じてくれる上、常に変わらずもてなし上手だからである。快楽は、魅力的だし、自信を注入してくれるし、その確信犯に似たイメージが、ためらいを一掃してくれる。心をそそる快楽の申し出を恐れる必要などどこにあるだろう。快楽の道に踏み込むほどたやすいことはない。だが、最初の数歩感じさせてくれる、心地よいそよ風は長くは続かない。間もなく、子供じみた期待は、失望と感覚的な満足に付き物の孤独が取って代わる。こうした快楽が、やがては永続的な幸福をもたらしてくれるなどと期待するのはまったく非現実的である。

偉大なる悲観論者、ショーペンハウエルは、的を得た表現をしている。「そもそも努力とは、欠落とか自己の状況に対する不満を原動力とするものである。したがって、努力に十分に答えない限り、苦悩が訪れる。だが、いかなる満足にも永続性がない。それどころか、常に新たな努力の出発点に帰結するだけである。いたるところで、さまざまな形で努力が妨げられ、もがき苦しみ、戦い、苦悩に帰すのを目にする」[1]。この確言は、真実を述べているが完全ではない。この哲学者は、人間は欲望とそれが永続させる苦しみから絶対に逃れられないと想定している。だが、そこから逃れたいと思ったらできないことではない。苦しみが形成された経路を知ればいいだけだろう。

激しい欲望は、餓えや渇きなどの原初的な感覚の対極にある。それは、感情および心の中に描きだされる心的表示（＝心象またはイメージ）によって事前に暗示される、という事実に注目する必要がある。この心の中に描かれるイメージは、外的な対象（形、音、触感、匂い、味）または内的な対象（記憶や白昼夢など）によって作動する。仮に、人間は潜在的な性向に影響されている欲望が（主に性的な）体質的な烙印を押されたもの等と仮定したとしても、この心的表示なしには欲望が表面に現れることはない。心的表示は、自然発生することもあれば、人間の想像上に押しかけてくることもあるし、ゆっくりと形成されることもあれば、電光石火のごとくに形成されることもある。こっそり隠れて現れることも開き直って現れることもある。いずれにせよ、この心的表示なるものは、常に現在進行中の欲望に先行して現れるものである。それは、欲望の対象がまず思考の中に映しだされることを条件とするからである。欲望は、対象者に本来備わった特徴と性質があると誇張し、対象者の欠点を極小化するのが望ましいと考えるのである。アナトール・フランス〔20世紀前半のフランスの小説家で批評家〕は、「翼のある欲望は、炎と化した己の翼を置く対象を飾り立てる」。

以上の欲望形成プロセスを理解することができれば、苦痛の伴う欲望を退治するための心の対話を加速することができるだろう。

欲望に結びつく心的なイメージが形成されると、人間は欲望を満足させようとするか、抑え込もうとするかのどちらかを行う。だが、満足させようとすれば自制が効かなくなるし、抑え込もうとすれば衝突が始まる。欲望の抑制によって生じる心的衝突は、間違いなく苦悩の原因となる。一方、欲望にどっぷり浸ることを選択すれば、「この世はなぜこうも複雑なのか。まずは欲望を満たすこと。後は二の次」と言ってすべてを済まそうとするだけである。だが、物事が簡単に片づけられないところに問題が生じる。満足感は単なる小休止でしかない。欲望が絶え間なく作りだしている心的イメージは、消しても消しても瞬く間に再登場する。欲望を満足させる頻度が増せば、心的イメージは繁殖の度合いを強め、心の中で出しゃばり始め、服従を強いてくる。塩水を飲むと喉の渇きが増すのと同じ原理である。心的イメージが反復によって強化されると、精神的、肉体的な依存と中毒の症状を引き起こす。この状態に落ち込むと、欲望の経験は快楽というよりは隷属に感じるようになり、完全に自由が失われる。

欲望から執着へ

熱烈な愛を伴う欲望に取りつかれると、愛情、優しさ、他者と人生を共にすることで感謝する喜び等の質が下がる。それは、利他の愛の対極に位置する。それは自己中心主義を発生源とするもので、単に、対象者の中にあるエゴを重要視することであり、もっとひどい場合は、他者を犠牲にして自分の幸福を求めることである。この種の欲望は、自分が魅力を感じる人、対象および状況を私物化し、それを支配することだけを望むのである。

ある辞書に、「激情とは、強力で独占的で強迫観念的な愛。判断を狂わせる暴力的で過激な情動」と定義されていたが、まったくそのとおりである。誇張と幻想によって欲望が焚きつけられると、物事の実際のあり方とは違うと言い張るようになる。

では、性的心酔はどうだろう。「性的魅力を感じるのは病理的ではないが、感情でもない。餓えや渇きと同じ種類の欲求が、自然に表現されるだけである」[2]。これは著述家で経営者でもあるクリスチャン・ボイロンの言葉だが、異論はないだろう。とはいえ、性的魅力が最強の感情を生じさせるのは、視覚、触覚、聴覚、味覚、嗅覚の五感を総動員して力を引き寄せるからである。そこに心の自由がない場合の強烈な感覚的体験は、愛着の度合いを強め、対象への傾倒を抑制できなくなり、残酷なほどに人間を意のままに操ろうとする。川の中にできた渦巻きを想像するとわかりやすい。渦の怖さにほとんど注意を払わずに、安全と思って無防備に飛び込む人は、突然に勢いを増した渦の深い底に吸い込まれ、救けだされる願いもむなしく、飲み込まれてしまうだろう。反対に、完全な心の自由を維持できる人は、あらゆる感覚を今この瞬間の中で淡々と感じるに留め、執着も期待もない自由な境地の喜びを味わうのである。

強迫性の欲望が生じると、それを誘引する心的イメージの強さと頻度をますます強める。傷ついたレコードが同じところを繰り返すように、特定の人物や場面を飽きることなく表示してくる。これは、心の宇宙を自分の好きな方向だけに偏らせて、心の自由を麻痺させる流れの停止した状態といえる。アランは詠んでいる。「ふられた恋人の悲しみを癒す唯一残された方法は、過去と未来を考えるのを止められるならと寝床で寝返りを繰り返し、よこしまな復讐計画を空想することである」[3]。こうした強迫観念が満たされないで、勢力を増すことができない場合、極度の苦悩がやってくる。強迫観念の世界に入り込むと、不適切な衝動をどうすることもできないと感じ、最終的に無力感だけが残る。

強迫観念のもう一つの特徴は、それによって根本的な不満感がもたらされることである。そこには、喜びはおろか達成感を感じることもない。強迫観念の犠牲者は、自分を苦しめている状況に居座ったままそこで救われようとするばかりなので、救われる見込みはない。麻薬中毒者は依存の度合いを増し、アルコール依存症は卒倒するまで飲み、ふられた恋人は一日中、愛する人の写真を見つめ続ける。強迫観念は、欲望、嫌悪、不安定、消耗が同量含まれた慢性的で不安性の苦痛をもたらす。実際、それは苦痛の原因を望み、それがないと落ちつかなくなる中毒なのである。

各種の研究から、人間が何かを「欲する」時と「好む」時では、脳と神経回路の機能部位が異なることが判明している。その結果、特定の欲求を感じるのに慣れてくると、それに依存し始める。そしてそれを感じる時の喜びがなくなった後でも、欲求を満足させる必要性を継続的に感じる、つまり、もはや好ましくないのに欲するというレベルに到達する、ということが容易に理解できる。[4] だが、すでに快楽を通り過ぎているのに、無理やりに欲求させられて傷つけられる、という強迫観念の世界から抜け出したいと願う場合もあるし、物や人を必ずしも欲望の対象とせずに愛する場合もある。

　これは科学者によるラットの脳を使った実験である。ラットの脳の特定部位に、刺激を受けると快感を生みだす電極を植えつけた。ラットがレバーを押すと自分で刺激できるような仕掛けとなっている。すると、快感が極度に強まり、ラットは食事や性行動を含む他のすべての活動を止めてしまった。快感の追求が、飽くことのない切望、抑制の効かない要求と化し、ラットは疲労困憊して死ぬまでレバーを押し続ける、という結果が出た。

欲望、愛、愛着

　本物の愛と独占欲の伴う愛着とを区別する方法を考えてみたい。利他の愛は、純度の高い、クリスタルグラスの美しい音色に喩えられる。一方の愛着は、グラスの縁に指をかけると音がもみ消されるが、その指に喩えることができるだろう。執着しない愛という考え方は、西欧的な感覚にはあまり馴染みがないと言えるかもしれない。執着しないということは、愛し方が足りないということではなく、自分が本当に他者に感じていると主張する愛に、自己愛が含まれないということである。利他の愛は、友人、恋人、同伴者、妻、夫などの自分の周りの人たちと人生を共有し、彼らの幸福に何らかの貢献をすることの喜びである。それは、自己中心のレンズで歪められることなく、あるがままの相手を愛することである。相手を所有するのではなく、その人の幸福に関心を寄せて、その幸せに責任を感じることである。相手から感謝の意思表示があるか、と首を長くして待ち望むのではなく、相手から返されたら、その愛を喜んで受け取るのである。

そして、その愛を次第に遠くまで広げていくようにする。すべての人間を無条件で愛するのが、終着地点である。「敵を愛せよ」というのは無理な注文だろうか。そのような無理難題を突きつけられても、と渋るのが普通だろう。とはいえ、すべての人間は例外なく苦しみを避けて幸福を味わいたいと願う、という極めて単純な経験知に根ざした言葉である。純粋に利他的な愛は、相手の要求に応えたいという欲求に他ならない。自分がどのように処遇されたか、によって提供する愛の中身が異なるようでは、敵を愛することはできないだろう。だが、敵の苦しみに終止符を打ち、その幸福を希望する程度のことはできるだろう。

生きている間には、特定の人との優先的関係が必ず生じるものだ、という事実を踏まえるなら、無条件で公平無私の愛に応じることなどどうしたらできるか、という疑問が生じるかもしれない。それには単純に答えられる。すべてを分け隔てなく照らしてくれる太陽を見るといい。もっとも、喩えというものはあくまでも一般論であって、当てはまる範囲には限度がある。したがって、太陽に近い熱帯地域は熱さも明るさも強い。限度の話はさておき、太陽から、すべての生物を喜んで受け入れようという人間の善良さを自分の中に育むことは学びとれるだろう。ネパールでは、自分より年上の女性は皆「姉さん」、年下は「妹」と呼ばれている。こうした率直で利他的で慈悲に溢れた親切な気遣いは、自分の最も身近で最愛の人への愛を弱めるどころか、ますます強めて光を添えてくれる。

現実的な見方は当然必要である。誰に対しても同じやり方で愛をはっきりと表現することなどできるものではないのは確かである。人によって愛への巻き込まれ方が違うのも自然なことである。とはいえ、友人や恋人との特別の関係が、他の人々への愛と思いやりを制限するという根拠はどこにもない。それが起こったときのその限界を執着と呼ぶのである。それは、無私の愛が多くの人を愛する場を制限するほどに有害なものである。そのとき、太陽は四方八方を照らす輝きを失い、一筋の光線に狭められる。こうした執着が苦痛の根源となるのは、利己的な愛は、自分で築いた障壁にぶつかり続けるからである。独占的な所有欲、強迫観念、嫉妬などは、閉鎖された執着の空間でのみ存在意義を持つ。他方、無私の愛は、エゴの巧みなごまかしによって歪められたり、明瞭さを失ったりすることのない、人間性の最高の表現である。無私の愛は、過度の自尊心を放棄する心の扉を開く。その結果、恐怖が機能しなくなる。喜んで与え、感謝して受けとることができる人になるのである。

第12章 憎しみ

憎しみは心の冬である。

ビクトル・ユーゴー
〈フランスの詩人、小説家〉

憎しみの醜い顔

憎しみは心の毒、というよりは猛毒である。不幸の主因の一つであり、あらゆる暴力、あらゆる大量殺戮、あらゆる人間の尊厳に対する攻撃の駆動力となる。誰かに打たれたら、本能的に打ち返す。それ故に人間社会は、正義の御旗の元に、文化度に応じたさまざまなレベルで、報復権を構成員に与えているのである。通常の場合、寛容、赦し、攻撃者の状況に対する理解などは、任意の選択と解釈される。犯罪者とは自分の憎しみの犠牲者である、と考えることは滅多にない。

復讐願望とは、基本的に、攻撃者が攻撃するときと同じ感情に由来している、ということを理解するのは一層稀だろう。一人の憎しみが他者の憎しみを生じさせる限り、敵意、恨み、報復そして苦しみの悪循環は永遠に断ち切れない。「憎しみに対して憎しみをもって報いる限り、憎しみは消えることはない」は、釈迦の教えである。したがって、流れ続ける思考から憎しみの感情を排除することが、幸福の旅への決定的な第一歩となる。

ネガティブな怒りは憎しみの芽生える前兆である。この怒りは、衝動に従い、他者の幸せを一切省みず、セルフの要求を遮る者を誰かれなく乱暴に追い払おうとする。この怒りは、セルフが脅かされるときに感じる敵意、あるいは、セルフが傷つき、軽蔑され、無視されたときに感じる恨み、等の形で表れる。悪意は、憎しみより暴力的ではないものの、相当に油断がならないものだし、同じくらい破滅的である。悪意は、直接または遠まわしなやり方で、誰かに害を加えようとする願望と行為であり、煽られると憎しみに変わることもある。

憎しみは、対象の欠点を誇張し、美徳を無視する。アーロン・ベックはこう表現している。「認識と思考が偏る、万力のように心をぎゅうぎゅうと締めつけ、実際上または想像上の脅威に反応する。この堅固な枠が心を牢獄にし、我々を煩わせる憎しみと暴力の主な原因となる」[1]。心が恨みと憎悪にどっぷり漬かると、幻想の中に閉じこもり、自分が何にも満足できない原因がすべて心の外側にあると確信する。人間は、不当に扱われている、脅かされている、といった認識を持つと、個人または集団のネガティブな側面にのみ焦点を当てるようになる。

出来事と人間のあらゆる原因と状況が、巨大な蜘蛛の巣状をした相互関係で組み立てられている、という見方をしたがらない。その結果、自分のいわゆる「敵」に対して、見下げた奴というイメージを作りあげ、それに関係する人と集団を十把一からげにして、そのイメージを通して見ようとする。敵に自分が勝手に当てはめた「悪」「胸くそが悪い」などの属性は、永久的で本来備わった固有の性質であるとして固定化してしまい、状況を再評価する作業から顔を背ける。こうして、敵意を表現し、報復することが正当なことだ、と感じる。独善も、自分の周囲、社会そして世界全体からこうした「悪」を「一掃」する必要性を感じさせる。その結果が差別、迫害、大量殺戮、見境のない報復そして究極の法的報復である死刑などの形となって発生するのである。この段階に至ると、苦しみを避けて幸福を手に入れたいという、すべての人の望みを尊重する基本的な慈悲の心はまったく影を潜めてしまう。

憎しみは、怒りを通してのみ表現されるものではないが、怒りは事情が許せば途端に爆発するし、攻撃、恨み、反感、不寛容（偏狭）、名誉毀損、とりわけ、無知などの他のネガティブな感情や態度と結びつく。また、自分または近親者が脅威に晒されるときの恐怖心から派生することもある。

自分を取り囲む環境内で「日常的」な憎しみを探求する作業も必要だろう。兄弟、同僚、別れた夫などを憎む場合、彼らが取りついて離れなくなる。彼らの顔、習慣、気まぐれなどについて考え込み、ついには気分が悪くなる。単なる反感が執拗な強迫観念に変わると、迫害願望に転化する。知り合いの中に、20年も前に自分の元を去った妻のことが一言でも話題になると、怒りで顔を真っ赤にする男性がいた。憎しみが望ましくない影響力を持つことは明らかである。心の中をほんの少しだけ覗くだけで、そのことを知るだろう。憎しみの影響を受けた心は、現実から外れたものの見方をする。それはいつでも苛立っている状態をつくる原因となる。ダライ・ラマが次の解決策を示している。

怒りに屈することは、敵に必ずしも損害を与えるとは限らない。それは自分自身を傷つけるだけである。心の平安が損なわれ、やることなすことが裏目に出て、熟睡できなくなり、客を遠ざけ、自分の行く手を遮る厚かましい奴とみなす人間に恐ろしい一瞥を投げる。ペットを飼っていれば餌を忘れる。生活を共にする人の人生を台無しにする。親友さえも遠ざける。同情者は次第に数が減り、孤独感だけが増す……何のために。激怒をそのまま野放しにしておいたところで、自分の敵を皆殺しにすることなど不可能である。それができた人がいるだろうか。怒りや憎しみなどの敵を自分の心に匿《かくま》っている限り、外の敵を今日やっつけたとしても、明日は別の敵が現れるだけである。[2]

背後にある状況がどうであれ、どれほどの強さを持っていようが、憎しみは、必ず精神を蝕む。憎しみに圧倒されるやいなや、自分が自分自身の支配者でなくなり、愛と思いやりの観点で物事を考えることはできなくなる。それでいて憎しみとは、常に単純な考えをきっかけとして生じるものである。第10章で触れた、ネガティブな感情を一掃する技術の一つを武器にしてジャンプするのは、憎しみが生じるその瞬間である。

復讐願望

不正、残虐、圧制、狂信などに対して強く反対し、憎しみに屈せずにこれらに全力で対抗することの偉大さは、どれだけ強調してもし過ぎることはない。

憎しみ、怒りそして攻撃などのネガティブな感情にとらわれた人を見るときは、敵としてよりは病人として哀れむべきだろう。罰するより治療を施すことが必要である。精神障害の患者が医師を攻撃したとしても、その医師は憎しみで応酬しないで、患者を自分の管理下において、治療に最善を尽くすだろう。医師が患者を叩きのめすことなどあり得ない話である。個人または集団が犯す悪事に対して、限りなく強い嫌悪を感じる一方、彼らが引き起こした苦痛に対し、復讐願望を持たずに深い悲しみだけを感じることがある。

こうした悲しみと嫌悪感に、悪事を犯した人の不幸に対する寛大な思いやりの心が加えられるときこそ、極めて望ましい状態である。精神的な患者は、病気から切り離して考えるべきである。それは、殺人者に対する安っぽい同情とは異なり、感覚を持つあらゆる生き物に対する限りない慈悲心であり、患者が憎しみと無知から解放されることを望むことを意味する。端的に言えば、他者が犯した犯罪の悲惨な状況を深く観察することは、少数の犯罪者を憎む心ではなしに、すべての人に対する無限の愛と慈悲心を強める結果をもたらすのである。

ここで注意を要するのは、卑しむべき行動に対する自然な嫌悪感と、後悔の伴う激しい咎めだてとを混同しないことである。行為そのものには意思がなく、行為者の意思がそれをさせるのは当然である。とはいえ、今現在、最も有害な行動に出ようと考えている、残酷極まりない拷問者でさえ、生まれつき残酷な性質が備わっていたわけではないし、20年後にその人がどう変わっているかは誰にもわからない。彼が変わらない、と断言できるだろうか。

ある友人が、米国の再犯者専用の刑務所に収容されていた囚人のことを話してくれたことがある。刑務所の中でも殺しあうという。ある囚人が、刑務所内の瞑想クラスに参加しようと決めた。以下はその囚人の証言である。「ある日、自分の中で壁が崩れ去るのを感じた。その瞬間まで、自分は、憎しみと暴力のレンズを通して世の中を見たり行動していた。まるで狂人のような人生だった。そのような自分が、突然、それまでの行動がどれだけ非人間的だったかを理解し、完全に違う見方で世の中と人々を見るようになった」。

この囚人は一年かけて利他的な高みから他者の役に立とうと努力し、仲間にも暴力を自発的に断念するように助言することに取り組んだという。こうした人間変革の事例が滅多に起こらないのは、こうした囚人支援システムが整備されていないという理由だけであり、非常に残念なことである。他者に害をもたらす意思と力を完全になくした人間は、まったく新しい人間として捉えられるべきである。

個人が憎しみの犠牲になるように、社会全体が憎しみの餌食になることもある。また逆に、憎しみが人々の心から消え去ることもある。清らかな流れが汚染されることも、純化されて飲料水に再生することもあるのと同じである。内的な変革など無理だという仮定は、あらゆる希望を奪い、自滅的な絶望に陥らせるだけである。悪について仏教の考えはこうである。「悪にも善いことが一つある。悪が浄化できることである」。人間は変革可能な生き物である。心底から赦せる寛容の人に変革したら、過去の行動にいつまでも浸ることはなくなり、新しい自分を容認するようになる。人間改革への道は、寛容を体得するかどうかが鍵を握っている。

悪に対して暴力で対抗することは、苦しみと「正義」の必要が命じる「人間的」な反応である、と広く信じられている。だが、憎しみをもって反応することを避けようとするのが純粋な人間性ではないだろうか。数百人の犠牲者を出した1995年のオクラホマシティ爆破事件の後、三歳の幼女を失った父親が、首謀者のティモシー・マックヴェイに対面したいかと問われた。父親は、「もう一つの死が、私の悲しみを和らげることはない」と単純明快に答えていた。

この父親の態度は、弱さ、臆病、迎合とは異なる。耐え難い状況に直面して、感覚が鋭くなっている際にも、憎しみに駆り立てられることなしに、状況回復の必要を感じることができるのである。

ダライ・ラマはある日、25年間中国の強制収容所に収監された後、釈放された一人のチベット僧の訪問を受けたことがある。その僧は拷問者によって何度も死の淵に立たされた。ダライ・ラマは長い時間かけて彼と対話し、それほどの苦しみを経験したのに、完璧な心の平安を示していることに深い感動を覚えた。「恐れたことはありましたか」との問いに、僧侶は答えたそうである。「自分が拷問者を憎むことが常に怖かったです。憎しみは自分を破滅するものですから」。アウシュビッツ収容所で亡くなる数カ月前に、エティ・ヒレスムが言ったこの言葉にも驚かされる。「逆の方向に目を向けても仕方がないこと。私たち一人一人が、自分の内側に目を向けて、他の人の中に存在する、切り取って破壊すべき卑しい考えを自分の中に発見したなら、その考えのすべてを切り取って破壊しなければならない。私たちがこの世界にほんの微量の憎しみでも持ち込めば、この世界が今よりも住み心地悪くなるのは間違いないのだから[3]」。

犯罪者が自分の家に侵入し、妻を強姦し、幼い息子を殺し、16歳の娘を誘拐したとしても、彼女のような態度を支持できるだろうか。恐ろしく疎ましいし、耐え難い状況に違いないし、「では、自分はどうすればいいのだ」という疑問が湧いてくるのは避けて通れないだろう。復讐は最も適切な解決策ではない。なぜか。復讐は決して幸せをもたらさないからである。復讐は慰めにはならず、暴力の火種に油を注ぐだけである。

ガンディーは言っている。「目には目を、歯には歯を、の慣習を続ければ、全世界が盲目で歯抜けになる」。報復の法律を適用するよりは、心を腐敗させる敵意を取り除くほうが得策ではないだろうか。ニュールンベルグの被告人だった、アルバート・スピアは、自分の行為を後悔した唯一の被告である。彼のように180度転向するケースは稀だが、極悪な人間に対する希望を捨てなければならない、という理由はない。

危害を加えられたら、怒りと暴力で自動的に反応するのが英雄的、と考える向きもある。しかし実際は、憎しみのない人こそが、いざというときに強烈な勇気を示すものである。ある米国人夫妻が1998年に、南アフリカに5名の十代の若者の裁判に出席するため旅をした。夫妻は共に弁護士だった。夫妻の娘は、これらの若者に、非常に野蛮なやり方で理由もなく路上で殺されたのだった。夫妻は殺人者に面と向かって告げたのである。「君たちが娘にしたと同じことを君たちにもしようとは望まない」。この両親の感受性は鈍いわけではなく、単純に憎しみの継起がいかに無意味かということを理解していただけである。その意味からも、寛容とは、犯された悪行を容赦することではなく、報復という考えを完全に放棄することである。

ミゲル・ベナサジャグは著述家、数学者そして精神病学者の三拍子揃った優れた人物である。アルゼンチンの軍事刑務所に7年間囚われ、その間には数カ月の独房監禁も経験した。痛みで生を実感する、という拷問の日々が続いた。「人間の尊厳を失わせることが、拷問者の仕事である」と述べている。夫人と兄弟は飛行機から海に投げ込まれた。だが、義理の息子は、高官に提供されていた。当時、反対勢力の子弟はそうして提供される慣習があった。20年後、ミゲルはその息子を私物化した可能性が高い将軍に再会する機会があった。ところが、将軍を憎むことはできなかったのである。こうした状況下で、憎むことはまったく無意味なばかりか、何も回復しないし、貢献もできないことを実感した、という。

一般論でいえば、思いやりと愛は、自分と自分の愛する者に対して示される善意ある態度、または攻撃的な態度によって、大きく左右される。それ故に、危害を加えられた相手に対して、温かい思いやりを感じるのが極度に難しいのである。一方、仏教的な慈悲心とは、すべての生き物が例外なく苦しみ、および憎しみに代表される苦しみの原因から解放されることを本気で望むことに根ざしている。犯罪者を含む、生きとし生けるものがすべて幸福の原因を発見することを望むことによって、一段と精神を高めることができる。犯罪の犠牲者とその近親者が、犯罪者に対して生じた反感を増幅させ、絶対に許さずに報復ばかり考え続けた場合、彼らの心の平安は絶対に回復されない。反対に、犯罪者への憎しみを放棄する、すなわち、赦すという意味の寛容さが、心の平安を取り戻すのに一段と効果が高いという事実が、寛容に関する研究によって証明されている。

死刑について考えてみたい。死刑が犯罪を抑止する力にならないことは周知の事実である。死刑制度の撤廃を実施する欧州の犯罪率は上昇していない。反対に米国では、死刑制度を復活させている州がある、犯罪率が下がってはいない。殺人者が犯罪を繰り返すのを防止するには終身刑で十分である。したがって、死刑は法的な報復以外の何ものでもない。殺人であれ法の執行であれ、殺人に変わりはない。人を殺すのは断じて許されない。

他者への悪事に対する無関心、哀れみ、もっと悪い場合はその是認などの類の寛容は、社会にとってまったく無用である。そのような寛容は、同じ恐怖が繰り返される無法状態を野放しにするようなものである。社会が真に必要とするのは、恨み、悪意、憎しみが長引かないためにどうすべきか、と考える寛容と癒しの精神である。憎しみは心を荒廃し、他者の人生を破壊する原因となる。寛容とは、憎しみの悪循環を断ち切ることを意味する。

憎しみを憎む

敵意が標的とするのは憎しみそのものである。敵意は、人生を混乱させ、破壊し、人を騙し、情け容赦がなく、頑固で不屈な敵である。自分の敵とみなす人には断固とした辛抱強さで対応するのはそれなりに理に適ったことである。だが、状況の如何を問わず、憎しみそのものに対して辛抱強くなるのは、まったく妥当ではない。キェンツェ・リンポチェは言っている。「自分の憎しみの対象に常々してきた、いわゆる敵に置かれた的の向きを、憎しみそのものに向け変えるべきである。実際、憎しみこそが自分の真の敵であり、憎しみこそが破壊されるべきものである」。単純に憎しみを抑圧し、方向転換するのは不毛である。憎しみの根を探し、根こそぎにすることが必要なのである。再びヒレスムの憎しみに関する次の言葉を思い起こそう。「彼らは一掃のことを話している。だが、人間の心の中の悪を根絶するほうが人間の一掃より効果的である」[4]。

己を知ること、心の変革、忍耐力強化の他に憎しみの治療法はない。悪は病的症状である。他の人間集団に対する理性を失うほど激しい怒りの餌食になった社会は、無知と憎しみによって疎外された個人集団になり下がる。逆に、無私の愛を強化して人間変革をしようとする人が多く存在する社会には、人間性溢れた集団意識が形成され、憎しみと復讐に反対する法律が制定され発布されるだろう。こうした社会では、死刑制度は廃止され、人権が尊重される。だが、ここで絶対に忘れてはならないことがある。それは、心の内側の武装を解除せずに、世界の武装解除は起こらない、ということである。生きとし生けるものすべてが変わらなければならない。そして変革のプロセスは自分が始めなければならないのである。

第13章 羨望

他者の幸せに度を失い、他者の幸運に打ちのめされるとは、
何たる臆病者よ。

モンテスキュー
(フランスの哲学者)

羨望と嫉妬

羨望とは実に変な心情である。自分以外の人たちの幸福を妬むのに、彼らの不幸は妬まないのだから。まったくおかしな話である。人間は本来、他者の幸福を望むものだろう。なぜ、他者の幸せに動揺するのだろう。なぜ、他者の美徳に対して意地の悪い感情を抱くのだろう。羨望の反対は、他者の経験する大小どのような喜びに対しても、もろ手を揚げて歓喜することであり、他者の幸福は自分の幸福となる。

羨望は、欲望の魅力的な側面ではない。平静ぶった怒りの偽装と異なり、羨望は、不正をさも公正であるかのように偽ることはせず、きらびやかに着飾る自惚れとも異なる。無知のように怠け者でもない。羨望の中に少しでもきらめきを見出そうとしても、常に忌ましさの印象しか得られない。

羨望と嫉妬には、単なる妬みから盲目的で破壊的な激怒に至るまで、各種の段階があるのは当然である。日常的な害のない妬みは、意識を伴わない思考の中で濃縮されて、辛辣《しんらつ》な非難の言葉となって抽出される。羨望は、自分より抜きん出た友人に対する、口当たりの良い意地悪、常に幸運に恵まれる友人に対しては、痛烈な非難といった形で現れる。羨望と嫉妬は、自分以外の人の幸福や成功を喜ぶことが基本的にできないことに原因がある。嫉妬深い男性は、心の中で「傷ついた、傷ついた」と繰り返し暗誦し、かえって傷に塩を擦り込み続ける。そうしている間、幸福になるチャンスなど絶対に来ない。

ほぼ例外なく、自尊心が傷つく結果が羨望であると同時に、幻想の産物である。羨望と嫉妬は、暴力的手段に訴えない限り自分自身がその犠牲者である。したがって、それを感じること自体、不合理で馬鹿げている。地団太を踏んだところで、嫉妬の対象が成功し、富と名誉を享楽するのを防ぐことはできない。

他者の幸福が自分から何を奪うというのか。何も奪わない。これが真理である。傷つき痛みを感じるのは、自分のエゴだけである。自分が落ち込んでいるときに聞こえてくる他者の歓びの声、自分が病気のときに他者が健康であることに我慢できないのがエゴなのである。他者の喜びを苛立ちや挫折の原因にする代わりに、それを自分を鼓舞する刺激とするほうが得策だろう。

不正や裏切られたことが原因で生じる警戒心に似た妬みというのがある。例えば、自分が深い愛着を抱く相手に対するもので、夢中にさせておいてつれなくする相手への恨みである。だが、それに伴う苦しみの責任は自己愛にある。ラ・ロシュフコー〔フランスのモラリスト文学者〕は、その格言集の中で「嫉妬の中には、愛よりは自己愛のほうが多く存在している」と鋭い観察をしている。

最近、友人がこう洩らしていた。「夫の浮気によってものすごく深く傷ついた。夫が他の女性と一緒にいるほうが幸せだ、という考えにはとても耐えられない。同じことを繰り返し自問している状態よ。『私ではどうして駄目なの。私にない何が彼女の中にあるの』って」。

このような状況の中で冷静さを保つのは至難の業だろう。見捨てられることの恐怖と不安定感は、間違いなく心の自由を喪失する。自己陶酔は、恐怖と希望、魅力と拒絶などと腐れ縁の関係にあり、心の平安の最大の敵である。他の人の幸福を「心底」望むなら、彼らに幸福について説教めいた意見などできないものである。ところが、エゴだけは厚顔無恥《こうがんむち》に「あなたの幸福は私の幸福にかかっている」と言えるのである。哲学者スワミ・プラジナンパドは書いている。「誰かを愛するとき、相手に自分が喜ぶように愛してくれることを期待しないものである。そのような愛は自己愛に相当する」[1]。

ほんの少しでも明晰に考えることができれば、自分を苦しめる心的イメージを取り除き、嫉妬の対象、すなわち「権利なしに自分から奪う人」に対する残酷な報復の夢に取りつかれた妄想を退け、それが強まるのを抑制することに努力するだろう。誰の心の一番奥深くにも、慈愛と平安の心を目覚めさせる可能性があるのに、そのことを忘れた結果、羨望や嫉妬の状況が生じるのである。自分のライバルを含む、すべての人に対して、共感と利他の心を起こすことは大変に有益である。この解毒剤は傷を癒し、やがては、羨望と嫉妬が取るに足らない悪夢に過ぎなかった、と思える日が来るだろう。

第14章 自由への大いなる飛躍

苦しみの世界を、重く無益な荷を背負って長い間さまよい続けた人が、その荷を降ろすときの解放感ほど素晴らしいものはない。

ロンチェン・ラブジャム
（1308〜1363年　チベットの最高の奥義を達成した隠者）

心の自由

自由になる、ということは、自分の運命の支配者になることである。ただ、自由と聞くと、行為、動作、意見等の自由、自分が決めた目標達成の機会を獲得する自由、等というふうにとかく解釈されがちである。そのように自由を納得することは、自分の外側に自由を置いて、思考の横暴な振る舞いを看過することになる。実際、西欧では、自分のしたいことをして、衝動の赴《おもむ》くままに行動するのが自由、という解釈が一般的である。しかし、そうした考え方はおかしい。したい放題とは、心を混乱させる思考の慰み者として、自分自身を貶《おとし》めるのも同然である。それは、山頂で吹きまくる風によって、あらゆる方向にへし曲げられる草と同じ状態である。

「私にとって幸福は、自分のしたいことを誰にも一切口を挟まれないですること」とBBCのインタビューに答えていた英国の若い女性がいた。無秩序な自由の唯一の目標は、欲望を即座に達成することである。だが、果たしてそれが幸福をもたらすだろうか、という疑問が生じる。そしてその疑問には十分な根拠がある。自然で自発的な行動は、精神的な混乱がない限り、長所となる。しかし、心の中で渇望、嫉妬、傲慢、恨みなどの狂犬を荒れ狂うままにさせておくなら、間もなく、心はそれらの狂犬に占拠される。一方、自由な心は、膨大で、明確で、静寂な空間であり、そこに痛みはなく平安だけが強化される。

心の自由は、とりわけ、「私に」と「私の」という独裁者エゴからの解放である。エゴは自分が嫌うあらゆるものと衝突し、自分が欲するあらゆるものを自分のものにしようと必死になる。それ故、自由になることは、心を支配し、曇らせる苦痛の絆を断ち切る作業と言える。それは、自分の人生を、習慣と心の混乱によって作りだされる性癖や性質に明け渡す代わりに、自分の手中に収めることである。水夫が船の舵柄を緩めて帆が風にはためくままにして、潮の流れに漂わせている場面を想像すれば、それが自由な航行とは呼ばれずに漂流した状態だとわかるだろう。自由な航行とは、舵をしっかり握って自分の選んだ目的地に向けて航行することである。

日常生活でこうした自由が体得できたなら、他者に対して心が開かれる上、忍耐力が備わることになり、自分の選んだ人生の方向からまったく外れずに、断固として突き進む覚悟ができるだろう。実際、方向感覚を持つことは生きる上で不可欠である。ヒマラヤをトレッキングする際には、何日でも何週間でも歩く覚悟をしなければならない。寒さ、高度、吹雪にも苦しめられるだろう。しかし、一歩一歩と前進すれば必ず目的地に到達する。目標到達の努力には常に喜びが伴う。ところが、道に迷って見知らぬ谷や森の中に踏み込んだ場合、勇気は即座に消え失せる。猛烈な疲労と孤独感に突然見舞われ、不安がつのり、一歩一歩が厳しい試練となり、歩く意欲が失われる。絶望感でへたり込む。これに似た不安感に打ちのめされる経験をすることはよくある。それは、生きる方向性を見失い、人間変革の可能性がしっかりと理解できていない結果である。

人間は完全でないし、完全に幸福でもない、というふうに理解するのは、弱さの表れではない。それは、自己憐憫《れんびん》、悲観論、自信欠如とは異なる、極めて健全な事実の容認である。こう理解することで、人生で何を優先すべきかという順位がはっきり定まるだろうし、エネルギーも高揚する。この境地に至ることを、仏教では「出離」と呼ぶ。この言葉はしばしば誤解されることがあるが、自由解放への強い願望を表現している。

出離のパラドックス

出離と非執着の考え方は、じめじめと湿っぽい地下牢に閉じ込められるような、禁欲主義とか厳格な戒律というイメージに結びつける人が多い。「人生の楽しみを剥奪されるなど、憂鬱で考えたくもない」「人生を楽しむ自由を差し止める命令と禁制など不要だ」等と考えられる傾向が強い。チベットに「出離のことを誰かに話すのは、豚の鼻を鞭で打つようなもの。相手はそれを欲してない」という諺があるが、その通りだろう。

本当の出離は、鳥籠が開いて、閉じ込められていた鳥が、空高く舞い上がる状態に喩えられる。この境地になると、心を抑え込んでいた際限のない心配事が突然消え去り、心の中の潜在力がのびのびと自由に発露する。人間とは、日々の糧と石ころを混ぜこぜに押し込んだ重い鞄を背負った、疲れきった旅人である。ほんのちょっと荷物を降ろし、中身を点検し、不用品を整理して荷を軽くするのは、賢明な人のすることではないだろうか。

出離とは、喜びと幸福をもたらす事物を自分から取り上げることではない。それほど愚かなことはない。出離とは、これでもか、これでもかと押し寄せる過酷な苦痛の原因を除去することであり、苦しみの根本的な原因に知らずに隷属してきた態度を勇気を持って改めることである。それにはまず、何が原因かを突き止めて、認識し、日常生活でこれらに気づいて注意を払うことである。この作業に時間を割くことを怠ると、苦しみの原因を見過ごし、思い違いを犯しやすくなる。

出離は、快楽をすべて否定せよということではない。長い時間、丘をハイキングした後に、美味しいイチゴアイスや温かいシャワーを望むことを断念せよ、ということではない。人生の特定の側面で、「これは自分を幸せにしてくれるものか」と自問することである。本物の幸福には、人工的で不自然な高揚感の対極に位置していて、人生の浮き沈みを貫いて耐え忍ぶ力がある。出離の行為は、自分が普通に快楽と考えているものが、精神の健全性を本当に強化してくれるか、ということを見極めることを目的として、快楽の中身を精細に調べる勇気と知性を持つことを第一とする。出離者とは、快適はすべて悪なりと考えるマゾヒストとは異なる。そのようなことに耐えられる人は稀だろう。出離者は、時間をかけて自分の内面を見つめ、人生の特定の側面には執着すべきでない、ということを見極めた人のことである。

過去と未来からの解放

インドのダージリンに近いグーム僧院に老賢者を訪問していたときのことである。そこに一人のチベット人が訪ねてきた。訪問者は、過去の不運と将来の不安をありったけ並べ立てた。その間、老賢者は沈黙したまま、床に置かれた小さな火鉢の上でジャガイモを焼きながら聞いていた。しばらくすると、この哀れな訪問者に「もはや存在しないものや、未だ存在しないものを気に病むことに、意味があるだろうか」と質《ただ》した。訪問者はひどく困惑して話すのを止め、老賢者の傍でしばらくの間じっとしていた。賢者は焼きたての熱々のジャガイモを時おり訪問者に手渡しただけだった。

精神の自由を手にすると、過去からも未来からも解放されて、今この瞬間だけが存在するという単純さを心から楽しむようになる。過去の記憶が心に進入する悪習から解放されることは、有益なレッスンを経験から学ぶことをやめる、という意味ではない。未来の不安から解放されるというのは、未来に対して明確なビジョンを持てない、という意味でもない。そうではなくて、無意味な取り越し苦労にはまり込まずに済む、ということである。このような自由は頭脳を明晰にし、消極的な無抵抗とか弱さに陥らずに、物事を円満に受けとれる喜びを与えてくれるのである。この自由はまた、逆風だろうが順風だろうが、人生のあらゆる状況で、人間改革のカタリスト（触媒）としての機能を果たす。順風のときには傲慢にならないように、逆風のときには失意に陥らないように、力を発揮してくれる。

出離の叡智

出離とは、人生を自分の手中に収めることである。すなわち、利己主義、権力や所有の争奪戦、快楽への飽くなき欲求などの操り人形でいる自分に我慢するな、と宣言することである。純粋な出離への道を踏みだす人は、自分の周辺のあらゆるものに精通してくるはずである。出離は、世の中の事がコントロールできない、といって逃げだすこととは違う。この世の偏見にまみれた心配事に苛《さいな》まれることの無益さ、それらへの供応の空しさを悟って、その関心を捨てることである。出離者の行為は、極めて実践に即したものである。出離者に弱さはない。勇気だけがある。

出離の道は、単純さの素晴らしい味わいと精神の健全性を教えてくれる。一度その味わいを経験すれば、その道が楽になる一方であることがわかるだろう。出離は強制されるのは間違いで、失敗に帰すだけである。まず、その利点を浮かび上がらせ、自分が手放してもいいと思うものから解放されることを願うのである。その作業が終わったら、出離が解放または解脱の行為として経験されるようになる。

生活を共にする人たちを蔑《ないがし》ろにするのは絶対に避けなければならないのは、言うまでもない。だが、幸福と苦しみの間を振り子のように往復する状態から脱するのは、決して夢ではない。このプロセスを踏むうちに、どのようなものでも楽々と手放せるようになる。

単純という名の鎮静剤

ヘンリー・デビッド・ソロー〔1817~1862年　米国の道徳家〕の言葉である。「人生は些細なことで浪費される。単純にせよ、単純に」。出離には、行動、発言、思考の単純化が伴うが、それは余計なものを整理するためである。日常生活での行動の単純化は、怠慢の底に沈み込むことではない。逆に開放感が強化されるのを経験する上、惰性の中にある微妙な面と対抗することを意味する。そもそも惰性とは、人生で真に大切なものが何かを知っていながら、無数の取るに足らぬ活動にだらだらと従事し続けさせる衝動で、水面に広がる波紋に喩《たと》えることができる。

発言の単純化は、川の流れのように口から絶え間なくほとばしり出る無意味なおしゃべりを減らすことである。相手を傷つける言葉はとりわけ控えるべきである。「普段の会話はこだまのこだま」と隠者パトゥル・リンポチェは嘆いている。テレビをつけても、社交的な集まりに出向いても、聞こえてくる発言の大半が無駄話であるばかりか、貪欲、敵意、虚栄心を一層悪化させる言葉の連発に巻き込まれるのが落ちだろう。そのような場では、打ち解けない超然とした態度で沈黙するよりは適切な発言をして、時間がどれだけ貴重なものかに気づいていたい。適切な発言とは、自分に都合のいい嘘、無慈悲な言葉、場の空気を乱して、仲たがいの種を撒く種類のゴシップなどを避けることである。適切な言葉とは、常に状況に適応していて、必要に応じて優しくもなるし、厳しくもなる。それは利他と自制の効いた心の産物である。

単純平易な心と、無邪気でお人よしの性格とは区別する必要がある。心が単純であるということは、思考の明晰さの反映である。澄みきった湖の水は、湖底まで見通すことができるように、単純さは、動きを止めようとしない思考のベールの後ろにある心の性質を、くっきりと露出する。

単純さについて、アンドレ・コント・スポンヴィルは、次のインスピレーションに溢れた表現をしている。


単純な人は、息をするように生きる。呼吸以上の努力もしないし、得意になることもない。気取りもなく羞恥心もない……単純とは、自由であり、快活であり、透明である。空気ほどに単純で、空気ほどに自由である……単純な人は物事に極端に深刻になることも、悲劇的に受け止めることもない。自分流の快活さで、心も軽く、魂は平和に満ちていて、目標にとらわれず、郷愁に悩まされず、焦ることもない。世界はその人のものである。それで十分である。その人にとって今が永遠であり、それがその人を喜ばせる。真実かどうかを証明する必要などない。なぜなら、その人には無理して保つべき体面もないのだから。何も求めない。なぜなら、彼の前にすべてがあるから。単純以上に単純なものがあろうか。それ以上に軽いものがあろうか。単純は賢者の徳であり、聖者の叡智である。[1]

異例のさすらい人

19世紀チベットの隠者、パトゥル・リンポチェの生涯にまつわる逸話は、紹介せずにはいられないほど痛快である。彼がどれほど偉大な覚者であるかを識別するのには、関連の書物を一度読んだだけでは理解できないだろう。生涯を通じて、所持品は歩行用の杖と布製の袋だけだった。袋には、お茶を温める陶器のポット、人を我がことのように愛し慈しむことを教える『菩薩道』、それに衣類少々が入っていた。洞穴、森、小屋など好きなところに泊まり、好きなだけそこに滞在した。僧院に逗留するときは、礼を尽くしてもてなそうとする僧侶たちの手間を省くために、予告なしに現れた。逗留中は、一般の僧侶用の小部屋か屋外で寝泊りした。

ある日、パトゥル師は、チベット東部のダムサン僧院で数千人に教えていた。偉大な指導者に相応しい玉座や神殿ではなく、雑草に覆われた土手の上に座っての説教となった。同師が贈り物を一切受け取らないことは誰もが承知していたが、説教が終わったとき、一人の老人が近づいて銀の塊を差し出し、「何としても受け取ってもらわにゃ」と、師の前の草の上に置いて立ち去ったのだった。

師は、袋をさっと肩にかけ、杖をつかむと、さっさとその場を後にした。その光景を一部始終見ていた盗賊がいた。銀を盗んでやれと企んで、師の後を追った。師は、特に行き先を決めていたわけではなかったし、風の吹くまま気の向くままに美しい星空を楽しみながら歩いていたが、そのうちに道端に横になって眠りに落ちたのだった。かの盗賊が夜陰に乗じて忍び寄ってきた。眠りこけている隠者の布袋とポットの中を探したが見つからず、ついに、ゆったりした羊革のマントの中に手を入れて探し始めた。

ごそごそいう手探りに、何事かと目を覚ました隠者は、「私の衣の中に無闇に手をいれて何を探しているのか」と、声を上げた。盗賊は、「銀塊をもらっただろう。それをいただこう、というわけさ！」ともごもごと呟いた。

「まったく、お前は実に辛い人生を送っているのう。狂ったように、ちょこまかと動き回って。銀の塊を求めてここまでやってきたというわけか。哀れな奴よ。よく聞きなさい。来た道を引き返せば、夜明けまでには、私が座っていた土手に行き着くだろう。銀はそこにあるはずだ」

盗賊は疑い深い性格だった。「仙人の所持品を十分に調べ上げたのに銀塊は見つからない。とはいえ、戻ったところで、お目当ての金目のものが見つかるとは限らないし……」と思案したものの、とにかく引き返してみることにした。土手の辺りまで戻り、探したところ、銀塊は草の上でキラキラと光を放っていた。

盗賊は考えた。「あの仙人は他の生き仏とは違う。あらゆる執着から解放されている。そんな人から物を盗もうとしたのだから、悪いカルマを稼いじまったに違いない」。自責の念に駆られた盗賊は、仙人を捜して後を追った。ついに追いついた盗賊を見て、「またお前か。いつでもせかせかと急いでいる奴よな。銀など持っていないと言ったではないか。今度は何を欲しいのだ」と叱った。師の前にひれ伏した盗賊は、目に涙を一杯ためて告白した。「追いかけたのは何かを盗もうとしたからではありません。銀は見つかりました。あなたを叩きのめして持ち物を巻き上げようとしたことを告白しに来ました。あなたは本物の賢者です。お許しください。そして私を弟子にしてください」。

師は盗賊を優しく慰めた。「告白もいらないし、私の許しを乞う必要もない。ただ、寛大な人間になるよう努めなさい。お釈迦様に救いを求めなさい。教えを実行しなさい。それで十分だ」。しばらくして、何が起こったかを知った人々が盗賊を懲らしめようとした。それを聞いたパトゥル師は、こう言って人々を厳しくたしなめた。「この男を虐待するのは、私を傷つけ苦しめるだけだ。そっとしておきなさい」。

他者の自由

他者を助けることをせずに、自分だけが自由の恩恵を享受することに何の意味があるだろう。そして、他者を自由にしてあげたいなら、まず、自分の改革から始めなければならない。自由とは、内的な変容への道を進むという意味でもある。これを達成するには、外的な逆境を乗り越えるだけでなく、心の最も深いところに巣食う敵に打ち勝つことが必要となる。ここで敵とは、怠慢、焦点の欠如、精神的修行を先送りする悪習などを意味する。

前にも触れたように、快楽は、最初は魅力的に見えるが、そのほとんどが苦痛に変貌する。

精神的修行および苦しみからの自己解放プロセスには努力がどうしても必要である。しかし、努力の質と量は、進行レベルに反比例する。つまり、第一歩を踏みだすときは、骨が折れて厳しいだろうが、次第に楽に感じられ、純粋な感動がどんどん強まる。少しずつではあるが、何ものにも変えられない達成感を味わうようになる。最初の困難は、何かに従属した（解放の反対）状態にあるときには決して味わうことのない、深い満足感に変わる。スカは鎧に似ている。しなやかに体に馴染む反面、打ち破れないほど頑強なものである。チベットの聖人の言葉に、「背中を怪我した馬は、鳥にさえ容易に傷つけられる。恐怖に駆られた人は状況に簡単に傷つくが、状況には安定した人を傷つける力はない」。この境地は、自由の名においてのみ達成可能である。

第15章 幸福の社会学

人々は、自分自身に関する多くの質問に対して、出来合いの回答を用意している。例えば、自分の名前、自分の住所、自分の支持政党は知っている。だが、自分がどれだけ幸福かについては答えられないのが普通である。いつこの問題が質問されてもすぐに回答できるように準備しておくべきだろう。

ダニエル・カーネマン
（米国の心理学者。2002年ノーベル経済学賞受賞者）

幸・不幸になりやすいタイプ

幸福を引き寄せるのはどのような心の状態か。幸福を妨害するのはどのような心の状態か。それを見分けるのが本書の主旨である。では、人生の質に影響を及ぼす要因に関する社会心理学的な研究から、何か学ぶことがあるだろうか。20世紀初期の心理学と精神病医学の関心のほとんどが、心理学的障害と精神病の解説と治療にあった。ごく最近まで、科学は、人間が、「正常」な状態から、精神的に最も健全で生気に満ち溢れた状態に変革する可能性についての研究には、ほとんど関心がなかった。ところが、このところ認知科学と「ポジティブ心理学」が非常な関心を集めるようになり、状況は変わりつつある。

人間には、幸福になりやすいタイプ、不幸になりやすいタイプ等の遺伝的素因が生まれつき備わっているのだろうか。家庭のしつけや人生経験は、主観的な幸福感に対して、どの程度、有利に働いたり不利に働いたりするのだろうか。人格的な特性をどの程度まで修正することができ、どの程度まで永続的な満足感を起こさせることができるだろうか。精神的要因のどれがこうした変革に貢献するのだろうか。過去30年の間に、以上の問題は十分な時間をかけて研究されてきた。70数カ国で、何十万というテーマの研究が実施されており、膨大な量の研究結果も出版されている。[1]

これらの研究結果の中から、大まかに三つの結論が導きだされる。その第一は、富、教育、社会的地位、趣味、性別、年齢、民族等々、外的条件その他の一般的要因が、満足度指数にもたらす影響は付随的でたいした重要性がなく、変動幅は10～15％以下にとどまっている。[2] 第二の結論は、幸福になるか不幸になるかは、どうやら遺伝的素因が関係しているらしい。幸福になる潜在能力の25％が遺伝子によって決まる、ということである。だが、遺伝子は状況に応じて、適応したり無視したりできる、いわば青写真のような機能を持つ。第三の結論は、人間の生き方、人生観、人生における出来事の認識と反応の仕方は、幸福や不幸の体験に多大な影響を及ぼす、というものである。この結論は朗報である。なぜなら、幸福になる能力が不変のものなら、幸福の現象を研究したり、持続的に幸福になるために努力したりする意味はなくなる。

これらの結論によって、幸福に関するこれまでの膨大な量の理論が誤りだったことになる。幸福は健康にいい、楽観主義者は人生を長く楽しむ、幸福になる技術は磨くことができるといった考え方は、作家や哲学者によって、しばしば笑い種にされてきた。ところが、これらが立証済みの事実として認められようとしているのである。

幸福の一般条件

幸福は、人生の質、正確には自分の人生の質に対する主観的評価と定義とされる。その幸福に関する調査は広範に展開されているものの、過度に割り切ったと言えないまでも、相当に単純化されたアンケート調査が使われることが多かった。例えば、調査の対象者に「あなたの幸福度は次のどれですか。非常に、普通、少し、不幸、非常に不幸」といった質問をしている。続いて、社会的地位、既婚・未婚、収入、健康、人生の転機となった出来事などの情報提供を求められ、これらに関する統計的な相関関係が分析された。それが最近では、日常生活で経験する感情をリアルタイムでモニターする企画調査などが行われるようになった。ノーベル賞受賞心理学者のダニエル・カーネマンは、こうした研究調査で入手するデータが、主観的幸福感を以前より正確に評価できるようにしてくれたと述べているが、それは偏った記憶や人工的な物が入り込まないので、それほど歪められることがなくなったからである。

一般的な調査から、居住者の基本的資源、安定性、自治権、自由、十分な教育の機会、情報アクセス権などが保護されている国では、幸福感が高い事実が発見された。個人の自由が保障され、民主主義が定着している国では、明らかに幸福度が高い。結果は予想どおりである。平和な環境に住む市民の幸福度が高いのは明らかである。また、経済情勢とは関係なしに、軍事政権の下では人間の幸福度は低いのも理屈にあう。

積極的な社会参加、慈善団体への協力、スポーツ訓練や音楽の練習、レジャークラブへの加入などは、幸福度を高める。それは、対人関係の維持および質と幸福には、密接な関係があることを示している。

既婚者または共同生活者は、独身者、寡婦・寡夫、離婚者、別居者より総じて幸福度が高い。両親が離別している子供については、社会的、心理学的、学問的な問題をそうでない子供の二倍体験するという。[3]

給与所得者の幸福度は高くなる傾向がある。死亡率、罹患率、抑うつ症、自殺、アルコール中毒等は失業者の間で著しく高まる。主婦の不満足度は、専門的職業人のレベルと同じ程度であるし、退職者の満足度が低下していないのは興味深い。高齢者にとっての人生の快適度は、若者より若干低めという結果がでているし、若者より安定的な満足感を楽しみ、よりポジティブな感情を持っている。おそらく、加齢によって相対的に知恵が備わるのだろう。健康状態が良好でエネルギー溢れた人々の幸福度がより高まる傾向がある。幸福と気候風土は関係がないようである。太陽に恵まれた地域の人々の幸福度は、降雨量の多い地域より高くない。ただし、北極圏に近い国ほど、冬の夜長によるうつ病の病理学的症例は増えている。

娯楽は満足度を高める。特に、非就労者（退職者、自営業、失業者など）のレベルが高まるのは、自発的活動ができる自由を理由として挙げられるだろう。休暇は、精神の健全性、落ち着き、健康にプラスの効果がある。休暇中に頭痛を訴える人は全体のわずか3％であるのに、勤務中は21％と高まっている。疲労や苛立ち等の悩みも、両者の間に同程度の差がある。[4] どれほど人気が高いものかは自明だが、テレビは最小限度しか幸福度を高めないことに注意を向けるべきだろう。長時間テレビを見る人は、幸福度が平均的に低下している。欧米では、1日平均3・5時間テレビの前で過ごしているが、なんと、人生の7年ごとに1年間テレビを見ている計算になる。

金で買えない幸福

必要最低限の生活を維持する基本的手段を持たず、わずかの金が死活問題となる人にとって、少しでも収入が増えることは満足度につながるのは当然である。だが、低基準点を超えた層の場合、たとえ所得が上昇を続けても満足度は変わらない、という事実にはもっと驚かされるかもしれない。例えば米国では、1949年から現在までに実質所得は2倍以上に上昇しているにもかかわらず、「非常に幸福」と答えている人は増加していないどころか、むしろ若干下落しているのである。

英国ロンドン大LSE校のリチャード・レイヤード教授は次のように述べている。「人々は、以前より豊富な食料、衣類、自動車、住宅、セントラルヒーティング、海外休暇、週勤務時間の短縮、高給職、健康などを享受するようになった。それなのに、以前より幸福度は高くなっていない。人々がもっと幸福に感じるには、どのような状況が幸福を生みだし、それを強化するかを詳しく調べる必要がある」[5]。

不満の原因の一つは、自分の家族、職場、知り合いなどの誰かと比較することである。レイヤードはさらに続けている。「客観的には、人々の状態は向上しているが、主観的には、以前より下落していると感じている。それを裏づける事例は多くある。その一つは、東独である。1990年以降、就労者の生活水準は飛躍的に向上したが、幸福度は逆に下がっている。東西ドイツの統一と共に、東独の人は、他のソ連圏の国々とではなく、同じドイツの西側の人と比較し始めている」[6]。

自分の状況と他者の状況との比較を繰り返すのは、心の病気の一種で、不必要な不満と欲求不満をもたらすだけである。新しい快楽の材料とか新車を手に入れた場合、興奮し、得意満面になる。だが間もなくそれに慣れ、興奮は鎮まり、新型車が発売されようものなら、現在の車に飽き足らなくなり、新車を手に入れなければ満足できなくなる。特に、自分の周囲の誰かが最新車を乗り回している場合は余計そうなる。「享楽のトレッドミル（P・ブリンクマンとDD・T・キャンベルによる新造語）」[7]にはまり込んだ状態である。回転式ランニングマシン上を走り続けたところで、同じ場所をただ走り回っているだけである。つまり、より多くの物質、より新しい興奮材料を手に入れようとして、単純に走り続けているだけなのである。「今の満足度を維持する」という目的を満たそうとしているに過ぎない。

これが最適、最高の心の状態でないのは明らかである。満足を感じていたいがために、より多く追い求めて、絶えず渇きを感じている状態である。周りの誰かが自分より暮らしぶりがよいのを見て落ち着きを失うのは、生活の状況とは関係がなく、羨望、貪欲、嫉妬などの精神的苦痛と強い関係がある。チベットに諺がある。「満足を知るということは、掌に宝を一つ握ることである」。そうでない場合、一つ手に入れれば、二つ欲しくなり、慢性的な不満症の悪循環に陥るだけである。

心理学者グループが興味深い問題を扱っている。「ハッピー・プア（幸福な貧困者）」と呼ばれる層に関するテーマだが、ストレスに苛まれている富裕層が羨《うらや》むような、陽気で苦労知らずの人たちをこう呼んでいる。ロバート・ビスバス・ディエナーによって実施された研究もその一つである。カルカッタの路上生活者とスラム居住者を対象にした調査から、彼らの家庭生活、友情、道徳、食事、喜びを含む各種の分野における満足度が、大学生レベルとほとんど変わらないことが判明した。[8] 一方、社会的、感情的な愛着をほとんど断ち切っている、サンフランシスコの路上や保護施設生活者の場合は「非常に不幸」と答えている。社会学者たちは、このハッピー・プア現象の説明に、以下の事実を根拠にしている。カルカッタの貧困層の多くは、社会的、経済的な立場が向上する希望をまったく放棄している結果、この点で不安を感じない。しかも彼らは、食品などの極めてささやかな物質を手に入れることで容易に満足感を得ている。

　ハッピー・プアが単純極まりない楽観論者だ、とは言い切れない。チベット語の教材を印刷するために、デリーの貧困地区に暮らしていたことがある。ボロボロの三輪車の後ろに客を乗せて人力車のペダルを一日中踏み続ける、リキシャ仲間がたくさんできた。冬の夜は、道端の空箱やダンボールをくべて焚き火をして集まるのが常だった。大声で会話しては、大笑いをし、あたりを騒がせていた。中には流行歌を歌う者もいた。焚き火が消える頃には、それぞれの三輪車の中に蹲《うずくま》って眠る、という日常だった。彼らの生活は楽とは程遠い、非常に辛いものだろう。だが、その善良性と無頓着こそが彼らを幸福にしているのである。ストレスを溜めこんでいるパリの広告代理店や証券市場の連中よりはるかに幸福だ、と考えざるを得ない。年老いたブータンの小作人のことも忘れることができない。私のいた僧院の若い僧院長が、新品のシャツと1000ルピーを差し出すと、小作人は、「300ルピー（約7ドル）以上を手にしたことは一度もありません」と、おどおどしながら話した。僧院長が「心配事はないか」と聞くと、しばらく考え込んでこう答えたのである。

「はい、雨の季節に森を歩くとき吸いつく蛭《ひる》です」

「他には？」

「それ以外ありません」

かの有名な樽に暮らすディオゲネスがアレキサンダー大王に向かって告げた。「王よ、私はあなたより偉大です。なぜなら、王が所有したよりはるかに多くを捨て去ったのだから」。ブータンの小作農の単純さには、偉大な哲学者の言葉と同じ重さがあるとは言えないだろうが、幸福と満足度が富に正比例しないことをはっきり示しているだろう。

驚いたことに、米国人の80％が幸福である、と答えている。ただ、表面に現れている数字と現状には大きな落差があるだろう。物質的な状況は改善されているのに、若い世代のうつ病は、1960年代の10倍に膨れ上がり、それが低年齢層に蔓延しつつある。40年前、うつ病に初めて罹患する年齢は平均29歳だった。それが今日では14歳に低下している。[9] 世界の年間死亡者の2％が自殺で死亡し、戦争や殺人を上回る。[10] 米国では、双極性障害（古称は躁うつ病）の患者の自殺が十代女子の死因の2位に、十代男子の2位に上昇している。[11] スウェーデンでは、学生の自殺が1950年以降260％という驚異的上昇を記録している。

1950年から1980年の30年間に、米国で記録された犯罪率は300％、英国では

500%と記録的に上昇している。犯罪率は80年代以降は大幅な下降を示しているとはいえ、50年前よりは、医療、購買力、進学率、レジャータイムなどの、精神的健全性を向上させる外的条件が右上がりで改善されている事実にもかかわらず、犯罪率は高水準で推移している。この状況はどう説明したらいいのだろう。

リチャード・レイヤードが多くの研究結果を検討しているが、それによると、こうした犯罪率の上昇の背景には、信頼感の低下、家族の離別、テレビ画面が視聴者に押しつける暴力、一人暮らしの増加、文化、スポーツ、政治団体への参加数低下、貧困や高齢者向け慈善事業への非協力等々、多様な要因が相互に関係している[12]。

例えば、信頼感の低下は驚くほどである。1960年のアンケート調査で「ほとんどの人を信頼できますか?」という質問に対して、米国人の58%、英国人のほぼ同率が「はい」と答えている。それが1998年には、30%に低下している。現在、大半の米国人が「最近は、誰を信頼していいのかまったくわからない」という考えを持っている[13]。

マーティン・セリグマンは、「正当でない自己評価の確立、犯罪被害者研究に対する過度の信奉、個人主義の野放し等の機運が犯罪蔓延の原因となっている」[14]と理論づけている。堕落した個人主義が、西欧社会におけるうつ病の大幅な増加の説明を助けてくれる。「自分自身を超えた偉大なものへの愛着がない」ときに起こる「無意味、無目標」がその一因だろう。

これに対し仏教は、今この瞬間、愛する人との憩い、自然環境の静けさ、とりわけ、生きているどの瞬間にも価値があるという新鮮で異なった見方をさせてくれる心の平安の開花、等を楽しむことを習得させてくれる。現代の外的活動と目標への飽くなき専心こそが問題なのである。

感覚的な刺激、騒音と熱狂の伴う官能的な娯楽の増大と強まりから生じる興奮と快楽は、精神的健全性に取って代わることはない。度外れたエネルギーは、無感動から人間を揺さぶりだす力になることはあるが、ほとんどの場合、神経疲労と慢性的不満症に陥るのがせいぜいだろう。

幸福と遺伝

幸福を感じやすいとか、不幸になりやすいなどは、生まれつき備わった性向だろうか。遺伝的特質は、幼児期の出来事、環境、教育などと関連する心理的要因よりも強くてこれらを打ち負かすのだろうか。環境や感情等の要因は、遺伝子の発現を修正することができるだろうか。学習によって脳のシナプスが増え神経回路が形成される脳の可塑性は、どの程度まで、またどのくらいの期間変化することが可能だろうか。これらの疑問は、これまで科学の世界で熱く議論されてきた。出産時に引き離された一卵性双生児の研究によって、これらの疑問に対する回答が引き出される可能性はある。一卵性双生児のゲノム〔細胞中の遺伝子〕は完全に同一だが、極端に異なった条件で育成されるケースも想定できる。心理学的観点からみて、どの程度の共通点があるかが注目される。

実際、生き別れとなった一卵性双生児、産みの親、そして養父母の心理学的な分析結果を比較検討するという研究が行われた。その結果、怒り、抑うつ、知性、総合的満足度、アルコール中毒、神経症、その他の要因については、出生時に引き離された一卵性双生児は、一緒に育てられた二卵性双生児よりも心理学的特性が共通していることが発見された。

同じく、養子に出された子供と、その産みの親との間には、育てた養父母よりも、心理学的類似点が多い。アウケ・テレヘンのグループは、数百の事例を研究しているが、その結果、幸福性向の45%が遺伝性であること、調査された人格特性の約50%が遺伝子によって決まること、などが力説されている。[15]

だが中には、それは極端かつ独善的な解釈、と批判する研究者もいる。出生時に引き離された双生児で、同研究の対象となった子供の大半が、長年にわたり養子を探し続けてきた富裕な家庭に引き取られて、手厚く育てられている。仮に、これらの双生児の片方が養父母に溺愛され、もう一方が路上やスラム街で生活するような育ち方をしたら、結果は大きく違ってくるだろう。遺伝子により生成される性格変数は25%以下で、遺伝子発現の潜在性を持っているに過ぎないということであり、しかも他の多くの素因に左右されると異論を唱える研究者もいる。

カナダにあるダグラス病院研究センターのマイケル・ミーニイ博士のグループは、興味深い一連の実験を行っている。[16] それは、ラットを極度の不安に晒されるように遺伝子操作しておき、生まれたラットを生後10日間、過保護傾向の母親の下に置く。この母親はグルーミング（身繕い）となめまわしによるスキンシップを常に繰り返す。この環境におかれたラットのストレス反応に関与する遺伝子は機能を停止する（DNAメチル化による制御機構によって）。また、そのラットが死ぬまで、この遺伝子は発現しない（ただし、深刻なトラウマに冒されている場合を除く）。反対に、放任的な母親の子は、高ストレス量を示している。しかし最近の実験により、その結果も逆転されることが判明している。ほとんどなめることをしない母親の子が、盛んになめまわす母親に「里子」に出される実験では、その子が標準的に発育することが観察されている。母親の世話の仕方が違うと、子が成長した後のストレス抵抗力のみならず、脳と認知力の発達まで大きく修正されるのである。よくなめる母親に育てられた子犬は、ストレスの中で平静さを保つだけでなく、優れた学習能力を示している。

ミーニイの研究グループは、現在、この動物実験が人間にどのように適用できるかについて研究中である。同グループは、人間に観察される行動パターンが似たようなものであれば、放任的母親の子供は、攻撃的な行動や注意不全症（ADD）の問題を生じやすいだろう、と予測している。

これは、幼児は本来規則正しい愛情を必要とするもの、という仏教の考え方と一致している。幼児期に受ける愛情と優しさの量は、人生観を大きく左右することは否定できない。幼少期に性的虐待の犠牲となった人が、十代または成人に達してうつ病になる危険は通常の二倍であること、犯罪者の多くが小児期に愛情を奪われ虐待されていることなどは周知の事実である。

人間改革という脈絡でとらえるなら、強い遺伝的背景を持つ特性の中には、ほとんど修正不能なもの（例えば、体重決定因子）も存在するが、生活環境や精神的訓練などによって、大幅に修正できる特性があることに注目することが非常に重要である。[17]特に、恐怖、悲観主義、そして幸福に関するものは重要だろう。

個人の特性

幸福と知性は直接の関係はないらしい。幸福度は、ＩＱテストでも、性別や民族でも、ましてや肉体的美しさでも測定することはできない。一方、「心の知能指数（ＥＱ）」は、幸福な人と不幸な人では大きな差がある。ピーター・サロベイによって造語、解説され、ダニエル・ゴールマンによって一般に紹介された、心の知能指数とは、他者の感情を正確に認識、配慮し、自分自身の感情を明確かつ即座に自覚する能力、と定義される。

Ｋ・マグナスのグループによれば、幸福は、自己主張する資質と外向性および共感する力が揃ったときに実現する、ということらしい。たしかに、幸福な人は、一般的に開放的である。幸福な人は、自分と自分の人生をコントロールできると信じている。[18]一方、不幸な人は、自分が運命に弄ばれていると信じる傾向がある。自分の住む環境を自在にコントロールできれば、それだけ幸福感が強まるということらしい。日常生活で見る場合、外交的人間は、内向的人間よりポジティブイベント経験が多く、神経症の人は、安定型よりネガティブイベント経験が多い、という点は興味深い。人は、不運を「連続」して感じたり、自分の中に問題を惹きつける磁石がある、と感じたりする時がある。だが、大切なのは、外向型だろうが神経症タイプだろうが、楽観的だろうが悲観的だろうが、自己中心的だろうが利他的だろうが、繰り返し同じ状況に駆り立てるのは、究極的には自分の性格である、という点に留意することである。心が開かれた人は、困難な状況を戦い抜くのに長けている。一方、リラックスできない人が困難に直面すると、不安を募らせ、それが感情的および家族的な問題として反映される上、社会的落伍者という形をとることさえある。

宗教的であるなしに関わりなく、精神的な次元は、人生の目標設定、人間的な価値の向上、慈善、寛容、開放性の促進と強化等の行為に役立つだろう。これらのどれもが、人間を惨めにせずに幸福にする要因である。「人生の方向性を見失った」とか「他人の事など構っていられない」等をモットーにした自己中心的な闘争心が蔓延している今の世の中で、これらの要因は、世をすねたこうした風潮に逆らい、それを跳ね返す力となる。アプリオリに（経験的根拠でなしに）、健康は幸福を大きく左右するとか、重い病にかかって入院していれば幸福を感じ難い等と想像するのは容易である。だが、いくつかの研究は、それが事実でないことを証明している。人間は、病気にかかっても、病気になる前の幸福度に戻れるという。ガン患者の研究により、彼らの幸福指数は、患者以外の人々の指数とほとんど変わらないことが判明した。

幸福と長寿

D・ダナーのグループは、20世紀初頭に生まれた178人のカトリック修道女を対象に、長寿の研究を行った。[19] 修道女は全員、ミルウオーキー州にある修道院で人生を過ごし、同じ学校で学んでいる。この事例が特に興味深いのは、人生における外的状況が著しく類似している点である。日常の規律、食事、禁煙と禁酒、社会的および経済的状態、医療へのアクセスがすべて同一で、これらの要因は、環境的な条件によって誘引される変数の除去に繋がっている。

同研究グループは、それぞれの修道女が誓願を立てる前に書いた、ごく簡単な自叙伝を分析した。次に、どの修道女の背景もまったく知らない心理学者が、書かれた文のポジティブな感情とネガティブな感情に関して評価を行った。修道生活に入って他者に仕えるという考えに「非常に幸福」または「大いなる喜び」を感じた、という言葉を繰り返し使っている修道女がある一方、ほとんど、あるいは、まったくポジティブな感情を示さない修道女もいる。自伝の中で表現されている、喜びと満足の強さに応じて修道女をグループ分けし、グループごとに彼女たちの寿命の長さを相関する解析が行われた。

「最高に幸福」グループの90%が85歳で生存中だった。一方、「まったく幸福でない」グループの生存者は34%に留まっている。寿命の長さの違いを解明するために、修道女の自伝の解析を一段深めた。そこでは無関係の要因を消去するアプローチが採用された。その結果、修道女の寿命は、信仰の強さ、文章の知的洗練度、将来の希望その他、検討の対象とされたパラメータ（相関係数）との間には、関係が一切見つからなかった。結論的に言えば、幸福な修道女は、不幸な修道女より長生きする、ということになる。

同じく、米国で65歳以上のメキシコ人2000人を対象に、研究が2年間にわたって行われた。その結果、概してネガティブな感情しか表現しないグループの死亡率は、ポジティブな感情を示す幸福な気質のグループの2倍だった。[20] フィンランドでも9万6000人の寡婦・寡夫を対象にした調査が展開され、配偶者の死亡後1週以内に死亡の危険が2倍に高まることが判明した。[21] 精神的に脆《もろ》く傷つきやすくなるのは、喪失の深い悲しみと抑うつによって免疫システム内の防衛機能が低下するからである。

どう判断すべきか

幸福が、富や健康や美との間に究極的な相関関係が極めて低いという事実（10～15％）をどう解釈すればいいだろう。エド・ディーナー教授〔イリノイ大学心理学部〕は、「客観的状況よりも本人の世界観のほうが、幸福になるための重要な要素らしい」と述べている。[22] 自分の設定する人生目標も同様に重要である。[23]

個人的な富を人生の主目的にする人にとっては、金銭的成功が幸福になる際の主役を演じるのは当然のことである。だが、富の重要性は二の次になる人にとっては、金銭を持つ持たないは影響力が小さい。

社会心理学が注目する相関が、原因として機能するのか、結果として機能するのかについては未知の段階である。今のところはっきりしていることは、友情は幸福と仲が良いという程度である。友人が多いから幸福なのか、幸福だから友人が多いのか。外交的、楽観的な性格や自信が幸福を誘引するのか、それとも幸福の結果、現れる性質なのか。幸福は長寿を促進するのか。活力に溢れた人々はたまたま幸福な性分なのか。社会心理学の研究は、こうした疑問に未だ明快な回答を出していない。以上の問題をどう解釈すべきだろう。

幸福、利他主義、楽観主義などの人間の特質は、必然的に一つの塊として集結する、というふうには議論できるだろう。あらゆる人や物に対して極端に利己的で悲観的な人は、純粋で永続的な幸福を経験することはあり得ない。なぜなら、利他主義と建設的な見方が本物の幸福の主成分だからである。

「自分は幸福である」と断言した人が、その理由を詳細に答えるよう要求されたとき、「家族、友人、仕事の満足、安楽な人生、健康、旅行の自由、社会生活への参加、文化や情報や娯楽へのアクセス」等々を主な要因として挙げている一方、幸福にとって最適な心の状態については、一言も触れていない。こうした心の状態は、一種の技術として自分自身が訓練しなければ体得できないものである。幸福になるために「必要なすべて」を物質的な環境が満たしてくれるかもしれないが、必ずしも幸福ではない。それどころか、幸福とは程遠い状態であるのは明らかである。第一、「必要なすべて」は、自分に本来備わっていて安定している、というものではない。それらは、遅かれ早かれ崩れ去り、幸福を持ち去るものなのである。一つか二つ条件が欠けるだけで即座にそうなるだろう。こうした条件に依存するのは、不安感を起こさせるだけである。なぜなら、人間は、意識的だろうが無意識的だろうが、常にこう自問しているのである。「この状態を維持できるだろうか？　どのくらい長く？」。人間はまず、理想的な状況を築き上げることができるかと、希望と不安を胸に抱きながら思案する。手に入れたら、その次に、それらの条件を失うことを恐れる。最後に、それらが消滅したときに苦しむのである。これには不安定感が常につきまとう。

社会学的な研究は、幸福の心の状態に関してはほとんど解明してくれてないし、個人がそうした心の状態をどのように強化育成すればいいのかについてはまったく手がつけられていない。社会学の研究は、「最大多数の最大の善」を創造することを目的に、総合的な状態の改善にのみスポットを当てている。

そうした目標は確かに望ましいものではある。だが、人間の幸福願望が、物質的条件を数字の上で解析することでお茶を濁していいわけはない。多くの研究者がこうした限界を十分理解している。

R・ヴェンホヴェンもその一人で、次のように言明している。「幸福感を決定づける因子は二段階、すなわち外的条件と内的プロセスによって抽出される。人間が幸福になりやすい環境を突き止め、それと同じ環境を創造してあげればいいのだ。幸福傾向の人の心のプロセスを正確に把握することができれば、多くの人に、生きる喜びを感じさせることが可能となる」[24]。

国民総幸福量（GNH）

近代国家は、市民を幸福にすることが使命である、とは考えない。国家の関心事はむしろ国民の安全と財産の保護である。[25]

ルーカおよびフランチェスコ・カヴァリ・スフォルツァ
〔1922年　イタリア・ジェノア生まれの集団遺伝学者〕

2002年2月にネパールのカトマンズで世界銀行国際会議が開催された。スイスと面積が同じ仏教国ブータンの代表は「我が国の国民総生産（GNP）は高くないが、国民総幸福量（GNH）は極めて満足すべきレベルにある」と宣言した。これに対する「超先進国」の代表たちの反応は「おや、おや」といった大らかな笑いと嘲笑が混ざり合ったものだった。ブータンのGNH政策はジグメ・シンゲ・ワンチェク国王が80年代に考案し、議会が批准したものである。先進工業国の多くは、経済的繁栄こそ幸福なり、として両者を同一視している。だが、過去30年間に購買力が16％上昇している米国においては、「非常に幸福である」と宣言している人間が、全体の36％から29％に下落している。[26]人間の幸福をダウ・ジョーンズ株式指数に連動させるなどは、もっての他である。物質的な条件を整備することで、幸福を追求するのは、石油を掘り出そうとしてグラインダーで砂を掘るような愚考である。

経済のキャッシュフローを測定する尺度が国民総生産（ＧＮＰ）である一方、ＧＮＨは、開発と進展の尺度として国民の幸福度を測定する。ブータンでは、人生の質を改善するために、文化・環境の保護と工業・観光の開発を均衡させている。狩猟と漁業が全国的に禁止されている世界で唯一の国で、２００万人の狩猟家がいるフランスとは対照的である。加えて、国土の60％を森林として残すことが法律で規定されている。

ブータンを後進国と見る人は、いったい何を根拠に低開発と言えるのか、説明して欲しいものである。たしかに、貧困層はある程度存在する。だが、極貧や路上生活者はいない。３００マイル（約４８０キロ）の広がりを見せる荘厳で雄大な風景の中に、ほんの１００万未満の住民がゆったり生活している。田園地方の全農家が土地、家畜、機織り機を所有し、日常生活の基本的な需要は満たされている。教育と保健医療は無料である。ブータンの国連加盟を支援したモーリス・ストロングはこう述べている。「ブータンが他国と同じようになることは可能だが、他国がブータンのようになることは絶対不可能である」。

ブータン人が本当に幸福かどうか半信半疑なら、この国の丘に腰かけて、谷間から聞こえてくる音に耳を傾けるといいだろう。種蒔きしながら、穀物を刈り取りながら、道を歩きながら、愉しげに歌う歌声があちこちから聞こえてくるだろう。「過酷な人生に負けず健気に生きたポリアンナ物語のような、少女趣味はよしてくれ！」という批判の言葉が聞こえてきそうだが、何も少女趣味でブータンの話を取り上げたわけではない。ＧＮＨ指数のことを深く考えれば、どうしてもブータンに行き着くのである。

第16章 幸福の実験

たとえどれほど大きく困難な仕事でも、小さく分割すれば
簡単な仕事になる。

仏教の格言

多くのページを割いて、幸福に影響を及ぼす物質的な条件と内的な条件の関係について考察してきた。意識それ自体の本質についていろいろと議論したところで、道を大きく踏み外すだけだし、いい加減な推論をする以外にない。[1] 幸福と脳機能の関係については、長い間、謎に包まれていた。はっきりわかっているのは、多くの深刻な精神的問題は、患者が意識して管理することは無理で、長期的な介護を必要とする脳の病的状態に原因があるということである。また、脳のある部位を刺激すると、刺激効果が持続する間、脳に潜んでいる抑うつやある対象への強烈な快楽が誘い出されるという事実も判明している。では、心の鍛錬は脳をどの程度変化させることができるだろうか。変化が起こるまでにどのくらいの時間がかかり、変化の範囲はどの程度か。脳の可塑性に関して最近多くの発見があったことに加え、認知科学の世界的権威と長年心の鍛錬を続けてきた熟達した瞑想者が共同で以上の疑問に光を当てる、胸の踊るようなプロジェクトが始まっているのである。

脳の可塑性

20年前までは、神経科学者のほぼ大半が、成人の脳は変化の許容範囲が極めて狭く、ニューロン（神経細胞）の新生はあり得ないと信じていた。脳は、シナプス（神経細胞間の伝達部）結合がごく限定的に補強したり非活性化されるが、老化によって、ゆっくりと衰えるだけであると考えられていた。また、脳に重大な変化が起これば、誕生と同時に築かれてきた、信じ難いほど複雑な脳の機能が台無しにされる、とも考えられていた。そうした考え方が今日大きく変わってきたのである。神経科学者は、神経系の可塑性について喧々諤々《けんけんがくがく》の議論を展開している。脳の可塑性とは、脳は、ニューロンの新結合、既存の結合の強化、新生などを通じて、その人の経験に対応しながらたえず進化している、という考え方のことである。

カリフォルニア州のソーク研究所では、フレッド・ゲージ教授率いるグループが、極めて影響力の大きな研究プロジェクトを展開している。「刺激に富んだ好ましい環境」でのラットの反応が研究のテーマである。刺激のない箱に入れられていたラットが広い檻に移される。そこには玩具、体操用回し車、探検用のトンネル、多数の遊び仲間等が用意されている。これで得た結果は衝撃的なものだった。わずか45日間で、大脳側頭葉の海馬（珍しい経験を処理し、それを他の保存領域に伝達する脳の構造）のニューロン新生率が15％に増進されていたのだ。年長ラットの脳までが新生していることが観察されたのである。[2]

この結果を人間に適用できるだろうか。スウェーデンのピーター・エリクソン博士が関連する研究を行っている。ガン患者の腫瘍の増殖状況をモニターすることを課題として、患者に対して、ラットのニューロン新生をモニターする薬剤が使われた。死亡した高齢の患者の脳が解剖に付されたが、ラットの場合同様、患者の海馬にはニューロン新生が起こっていることが発見された。[3]このことからも、脳の神経細胞は死ぬまで新生することが明確となった。ダニエル・ゴールマンが、著書『破壊的感情』でこう記述している。「音楽家は、何年もの間、毎日繰り返して楽器の練習に励む。楽器の練習は、神経可塑性の考え方にぴたりと当てはまるモデルである。バイオリニストの場合、弦上で指を動かす側の手の指から伝わる感覚的刺激を受け取る脳領域の寸法が大きくなることがＭＲＩ（磁気共鳴画像）検査によって発見されている。音楽の練習を早く始めればそれだけ脳の変化も大きい」[4]。チェス競技やオリンピックの選手の研究からも、それぞれの探求する分野の認知能力が大幅に変化することが発見されている。隠遁のように、自然環境の中で長年続けられる瞑想修行は、自発的に心を豊かにする鍛錬だが、この種の行為は脳の機能に重大かつ持続的な変化をもたらすだろうか。

リチャード・デビッドソンのチームが、ウイスコンシン・マディソン大学のＷ・Ｗ・ケック脳機能・行動画像研究所で展開したのはまさにこの研究である。

驚きの遭遇

すべてはヒマラヤを見晴らすインドの丘陵地で始まった。中国によるチベット侵略を逃れたダライ・ラマは、この小村に亡命政府を設置していた。

２０００年の秋、フランシスコ・ヴァレラ、ポール・エクマン、リチャード・デビッドソン等、現代を代表する神経科学者と心理学者数人で編成されたグループが、ダライ・ラマとの対話を目的としてこの小村に集結し、5日間にわたり討議がもたれたのである。１９８５年以降、継続されてきた、ダライ・ラマと著名な科学者グループとの注目すべき対話シリーズの10回目だった。同シリーズは、認知科学界の草分け、故フランシスコ・ヴァレラと米国の事業家アダム・エングルが発起人となって、「マインド・アンド・ライフ研究所」によって開催されていた。10回目のテーマは「破壊的感情」であった。ダライ・ラマの面前で仏教の考え方を紹介するという身に余る仕事を、よりによってこの筆者が仰せつかったのだった。学校で受けた試験の場面が思い出されたものである。こうした顕著な出会いについて、ダニエル・ゴールマンが「破壊的感情」の中で、微笑ましい口調で述べている。この対話をきっかけに、慈悲心、利他、心の平安を育むため、20年以上も規律正しく修行した人たちを対象とするいくつかの研究プログラムが開始されたのである。

その4年後の2004年11月に著名な米科学誌、『米国科学アカデミー紀要（Proceedings of the National Academy of Sciences）』は、シリーズの第一回に関し、「長期的瞑想の実践が脳に及ぼす影響の研究」[5]としては、かつてない真剣な内容、という記事を書いている。これまで瞑想は、本人の実体験という表現がされてきた。だが、これが科学的な言葉に翻訳されて解釈されることになったということであり、実に画期的な実験である。

それまで長年チベット仏教の瞑想法を実践してきた12名の瞑想者グループ（アジア系8名、欧州系4名の僧侶と素人で構成された）が、リチャード・デビッドソンとアントワーヌ・リュッツ（マディソン研究所在籍のフランシスコ・ヴァレラの研究員）の実験台になった。15年から40年の間、1万～4万時間を瞑想に費やしてきた、経験豊富で熟練した修行者ばかりである。それに対応するコントロール・グループとして、それぞれの修行者と年齢をマッチさせた12名のボランティアが選ばれた。彼らに瞑想法が紹介され、1週間の特訓期間が与えられた。

研究室内の瞑想者

実験法が考案され、筆者が最初の実験台となった。まず、瞑想を停止した中立の状態と、瞑想の状態が交互に繰り返される。何種類かの瞑想法の中から、「利他の愛と思いやり」「精神集中」「心の全開」「心的イメージのビジュアル化」の四つが実験の対象として選ばれた。

仏教には、慈悲心の育成と強化に専念する修行法がある。瞑想者は、慈悲の感覚が心にみなぎるように努めるのである。慈悲の状態とは、慈愛と思いやりが心に充満している心の状況を指す。瞑想中には、純粋な愛と思いやりを思考の唯一の対象とする。そこには一切の制限もなく一切の排除もなく、ひたすら強く深く思うだけである。特定の人物に焦点を当てることはせず、利他の愛と思いやりには、他者の利益に自分を完全に無条件かつ心から差し出す用意がある、という意味が含まれる。

精神集中または一点集中とは、選んだ対象にのみ注意を集中し、脱線したらすぐに心を元に戻す作業のことである。理想的な一点集中は、心が明確で静寂で安定している状態を意味する。退屈、単調、あるいは動揺で心が乱れることを避けなければならない。

心の全開法は、心が澄み渡って、開放されて、広々として、十分に気づいていて、心には一切の雑念やイメージがない状態にすることであり、積極的に何かに焦点を当てることは必要とされない。ただし、散漫になるのはいけない。ただただ、ゆったりとリラックスさせて、完全な純粋意識の状態に心を留めるのである。入り込んでくる雑念と衝突することなく、自然に消滅するに任せるのである。

ビジュアル化は、心の目に、例えば、仏像などの複雑な心的イメージを復元する方法である。まず、仏像の顔、衣、姿勢などを一つ一つ細かく点検しながら、できるだけ克明に思い浮かべる。続いて、その仏像の全体像を思い描き、最後に、視覚化した像を固定させるのである。

これらの瞑想法は、仏教徒によって長年にわたり精神の鍛錬として使われてきたものであり、仏教徒はこのようにして心の安定と透明度を高めているのである。

研究室での瞑想者実験は次の二通りで行われた。まず、脳波（ＥＥＧ）のテストで、脳の電気活動の変化が極めて正確に時間周波数分解して記録される。一方、機能的磁気共鳴画像診断装置（ｆＭＲＩ）によって、脳の各領域の血流動態を画像化し、脳の活動が極めて正確に局部的に測定される。

瞑想者は、30秒の瞑想停止状態と、90秒の瞑想を交互に行う。このプロセスは四種類の瞑想法を使って何回も繰り返される。瞑想者を測定する装置には２５６のセンサーが取り付けられている。その結果、素人と熟練瞑想者との間には、驚くほどの差があることが電極によって検知された。「思いやり」の瞑想中、熟練瞑想者は、脳の活動の高周波（ガンマ波）が劇的に増加することが探知された。リチャード・デビッドソンいわく、「神経科学の文献では、かつて一度も報告されたことのないレベルの増加が検知された[6]」。脳の波動がコントロール・グループの動きをはるかに上回って調和し、あるいは同調していることも検知されている。コントロール・グループの瞑想中のガンマ波活動は、わずかに増加したに過ぎなかった。こうした結果は、「脳の訓練は可能であり、誰も想像できないほどの物理的な修正が実現できる」こと、瞑想者は意図的に脳の活動を制御できること、などを示唆している。[7] 一方、「対象や出来事に焦点を当てなさい」とか、「イメージを思い浮かべなさい」などの急ごしらえの心の作業を命じられただけの未経験グループは、おおむねどの瞑想法でも心の動きをコントロールすることはできなかった。

興味深い発見の一つは、生活の大半を瞑想に費やしてきた僧侶は、最高レベルのガンマ波を出すという事実である。その結果、リチャード・デビッドソンに、「瞑想は、脳機能を短期的に変えるばかりでなく、永続的にも変える可能性が高い」と推測させることになった。[8]

「僧侶と素人の脳機能はもともと違う、という可能性を完全に排除することはできない。だが、最も長い時間を瞑想に費やした僧の脳が最も大きく変化しているという事実は、精神的訓練が事実上脳を変化させる、と確信しても差し支えないだろう」[9]とデビッドソンは言っている。この事実を裏づける発見もされている。それは、瞑想修行者は、瞑想停止の中和状態や瞑想開始前にも、ガンマ活動がかなり高いという事実である。科学記者のシャロン・ベグリーは、「脳は、他の体の部分と同様、意図的に変えることができるという、とてつもなく深遠な可能性がありそうだ。エアロビックスが筋肉の形を整えるように、心の訓練は、これまでどっちつかずで、科学者が推測するしかなかった灰色の課題に形を与えるだろう」という表現を使っている。[10]

喜びと悲しみの図解

前にも触れた通り、正確に言えば脳には感情センターがない。感情は、脳のいくつかの部位の機能が相互作用して複雑な現象として現れたものである。したがって、幸福または不幸の「センター」を見つけようとするのは意味がない。しかし、リチャード・デビッドソンのグループによる過去20年にわたる調査研究の結果、喜び、利他の心、興味、熱意、エネルギーの充満や精神が活発……などのポジティブな感情を持つと報告される人の大脳皮質の左前頭葉の活動が、活発化していることが発見されている。反面、抑うつ状態、悲観論、不安、引きこもりなどの「ネガティブな感情」を主に経験する人は、大脳皮質の右前頭葉の活動が大きい。休息しているとき（心が中立の状態）の大脳皮質の左右前頭葉の活動比較では個人差が大きい。

このことは、個人の性分、気質が忠実に反映されていることの表れである。右側より左側の活動が習慣的に活発な人は、おおむね愉快で好ましい感情を抱く。逆に、右前頭葉の活動がより活発な人は、ネガティブな感情を持つ頻度が多い。左前頭葉に損傷を受けた場合（事故または病気で）、特にうつ病にかかる傾向があるのは、左前頭葉による右前頭葉の活動均衡が不能になるからである。

これらの性格的な特徴は、比較的変化が少なく、幼児期から顕在している。２歳半児４００人を対象にした研究プロジェクトがあった。幼児は、遊び相手、玩具、大人などと一緒に部屋に入るように指示された。入った途端に、不安げに母親にまとわりつき、見知らぬ人にはしぶしぶしか話さない幼児は、おおむね右側の活動が活発であることが示された[11]。一方、安心してすぐに遊び始め、恐れずにのびのびと話す幼児は、左側の活動が活発であった。脳には、外交型と内向型固有の特徴、すなわち、幸福と不幸の性格が刷り込まれていることは明らかである。ゴールマンはこうコメントした。

感情の均衡に関するこれらの発見は極めて重大な意義がある。前頭前野活性化の左右比は個人差が大きく、その人が日常どのような気分でいるかのバロメータとなる。この左右比は、感情の調節点がどこにあるかを示している。この調節点とは、日常的な気分の揺らぎを中庸、正常に維持しようとするメカニズムである。人間には気分を変える、すなわち、左右比を変える能力がある。左に傾けば心の状態は良くなる。少なくとも一時的にでも、気分が高揚する経験は、左方向への傾斜である。例えば、過去の愉しかった出来事を思い出させるとか、愉しい映画や心温まる映画の場面を見せると、ほとんどの人の比率が多少なりともプラスに変化する[12]。

他者に対する共感や思いやりなどのポジティブな心の状態を、長年にわたって入念に強化してきた瞑想者の左右比はどうなっているのだろうか。デビッドソン教授は、1日数時間、慈悲心の瞑想を生涯続けてきた、老チベット僧の前頭前野の左右非対称を数年前に研究したことがある。教授は、同僚の左側の活動が、実験に加わった「標準的」な175人の左側の活動より圧倒的に活発であることに気がついた。この実験でも、瞑想者の数値は、数百の実験対象者の結果を表す分布曲線の外側にはみ出していた。

最も驚くべき発見は、上前頭溝と下前頭溝の間にある中前頭回の左側の、いわゆるガンマ活動が急上昇していることだった。同教授のこれまでの研究から、脳のこの部位がポジティブな感情の中心点であること、これの均衡は一般に穏やかな変動にとどまること、などが既にわかっていた。それにしても、この瞑想者の実験データは驚くべきものである。「思いやり」の瞑想を開始するやいなや、左前頭前野の活動が異常に活発化することが記録されている。「思いやり」は、他者の幸せに対する関心を示す感情活動である。喜びや熱意と同じポジティブな感情の一つであり、最も利他的な人は、人生で最も高い満足感を享受する、という心理学者の研究を裏づける結果が得られたことになる。

デビッドソン教授とリュッツのグループは、ｆＭＲＩによる修行者の左前頭前野の活動を検査しているが、「思いやり」の瞑想で特にこの部分が活発化することが発見されている。左前頭前野の活動が、右側の活動（ネガティブな感情と不安の部位）を沈めているのである。純粋に心の活動という視点からみる限り、こうした活動はこれまで一度も観察されていない。[13]

ジョナサン・コーヘンとブレント・フィールドがプリンストン大学で入手した暫定的結果も、経験豊富な瞑想者は、未修行者に比べて、各種の作業における注意集中力が高く、持続力も大幅に長いことを示している。

瞑想者にとっては、まったく不慣れな環境に連れて来られたわけだが、そうした状況を考え合わせれば、一層顕著な結果といえるだろう。瞑想者は、スキャナーに囲まれた狭い部屋で、データを無駄にしないために、頭を数分の1インチも動かさずに長時間仰向けに横たわるよう要求されている。理想的な瞑想の状態でないのは明らかである。だが、デビッドソンは、どの瞑想者も、MRIの中で過酷な作業を強いられた後に、リラックスしたようすで出てくることを驚くと同時に楽しんでいた。

表情を読む

もう一つ注目に値する成果について、ゴールマンが「破壊的感情」の中で記述している。カリフォルニア大サンフランシスコ校の「人間相互作用研究所」の当時の所長だった、感情科学の世界的権威、ポール・エクマン博士は、ダライ・ラマとの対談の会場となった、ダラムサラに集結した科学者グループの一人だった。そして、この対談の数カ月前に、最初の瞑想者を研究所に招いて実験している。瞑想者との協力で、四種類の瞑想の実験後、「これまで目にしたこともない現象を観察した」。中には非常に珍しい発見もあり、彼自身、完全に理解することができないほどだった、とコメントしている。

教授が最初に行った実験は、さまざまな感情を伝える顔の表情をシステム測定する、という画期的なものだった。このシステム開発は、エクマンの偉大なる業績の一つとされている。具体的には、ビデオ上に多様な顔の表情シリーズが非常に高速で映しだされる。最初は、中立の顔、次に表情のある顔というふうに、1秒の30分の1単位しか表示されないで次に変わる。感情のある表情が即座に中立の表情に入れ替わり、これが連続して表示される。これは1秒の30分の1単位で自分の見た、怒り、恐怖、嫌悪、驚き、悲しみ、喜びなどの表情をどれだけ識別できるかの実験である。

ごく束の間の表情を識別する能力は、並外れた共感力と洞察力に関係するといわれてきた。この実験には、普遍的、生物学的に決定され、世界共通の喜び、驚き、悲しみ、恐れ、嫌悪、怒りの基本六表情が選ばれ、それが一瞬だけ顔に表れては消える微表情を識別する能力テストを目的としている。

ゴールマン教授が「嫌悪のように、感情表現を意識的に抑制することが文化的背景で大きく異なる感情もあるが、あまりにも超高速で表情が入れ替わるため、文化的なタブーは除外される。これらの微表情は、相手が実際どのような感情を持つか、を見通す窓口となる」[14]とコメントしている。

エクマン教授は1000人を対象にした実験を展開し、その結果、微表情の察知で最も高い能力を示した人は、未知の経験に対しても心が開かれ、たわいのない普通のことにも高い興味を示し、信頼性と効率が最も高い人、ということが発見されている。「予想したとおりだった。瞑想には、心の解放と細心の注意の両方が要求される。その瞑想の長年にわたる経験によって、表情察知能力が高まるに違いない」とエクマンは説明している。

実験台となった西洋人の瞑想者2名についても、5000人の実験対象者よりは、はるかに好成績を出している。同教授は驚嘆を隠せなかった。「この二人は、警察官、弁護士、精神科医、税関役人、裁判官よりも優れた結果を出している。驚いたのは、これまで最も正確に表情を読める人たちとして自他共に認められてきた、諜報官よりも結果が良かった」。こうして教授は、表情察知技術を数時間で特訓する、インタラクティブCDを作成した。この特別の訓練法が存在しなければ、瞑想者だけがこの能力を示し続けたことだろう。

驚きの反応

驚きの反応は最も原始的な人間の反射行動である。突然の音や不意または妨害となる光景に対して示す反応で、一連の非常に早い筋肉発作である。驚くと、特に目の周辺部分を中心とする、顔の五つの筋肉が即座に収縮する。それが続くのはわずか3分の1秒間だけである。

あらゆる反射行動がそうであるように、驚愕反射は脳幹の活動に対して反応する。脳幹は、最も原始的な脳の部位で、通常は自律的な制御が効かない。今のところ、故意の行動によって脳幹を操るメカニズムの変更はできない、というところまでしか科学によって判明されていない。

強烈な驚愕反射は、恐れ、怒り、悲しみ、嫌悪などのネガティブな感情が心を支配していることの反映である、というのが実証されている。ひどくたじろいだり、ひるんだりする人ほど、ネガティブな感情経験の傾向が強い。

エクマン教授は、瞑想者の驚愕反射を実験するため、長年の同僚、ロバート・レヴェンソンのバークレー精神生理学研究所に一人の瞑想者を連れていった。瞑想者の体の動き、脈拍、皮膚温度などが測定された。突然の音に対する生理的反応を把握するため、顔の表情が撮影された。次に、耳元で爆弾が破裂するほどの強烈な爆発音を聞かせることで、衝撃耐性の最大基準値を測定する、というプロセスで進められた。

被験者には、5分以内に大爆裂音が聞こえる、とだけ警告した。そして、どうしても避けられない強い反応を、感知できない程度まで中和または相殺するようにしてほしい、と要求した。こうした反応には個人差がある。最大の努力をして、せいぜい筋肉の痙攣を抑制することはできるかもしれないが、完全に抑制できる人などいないだろう、と考えられていた。同教授とレヴェンソンの実験対象者100名の中に抑制できた人は皆無だった。以前にも同じ実験が行われたが、警察の選り抜きの狙撃の名手ですらたじろいでいる。ところが驚いたことに、瞑想者はできたのである。

エクマン教授はこう説明している。「瞑想者が驚愕反応を抑えようとしたら、ほとんど消滅した。我々の知る限り、過去にそれができた人は皆無だったし、我々以外の研究者の中にそれを観察した者はいない。まさに驚くべき偉業というべきだろう。驚愕反射を抑え込める人体がこの世に存在するなど考えたこともなかった」。

この実験中、当の瞑想者は、一点意識集中法と心の全開法の二種類の瞑想を実行し、両方がマディソン研究所のｆＭＲＩで検査された。最高の結果は、心の全開から得られている。「心が全開放状態に入ると、驚愕を積極的に制御しようと努力する必要はない。集中型の瞑想よりも、爆発音がもっと遠くから聞こえるほど弱かった」。これは瞑想者の談である。教授いわく、瞑想者からは生理的変化が若干観察されたものの、顔の筋肉はピクリとも動かなかった。当の瞑想者はこう続けている。「心が散漫なときは、爆発音によって突然、現在に引き戻されるため、驚いて飛び上がるだろう。しかし、心の全開状態に入ってしまうと、心は今この瞬間の中に完全に〝リラックス〟しているので、どのような轟音も、鳥が空を横切る程度のほんのわずかの妨げにしかならない」。

心の全開状態に入っている瞑想者の顔は、どの筋肉も震えなかったが、生理的なパラメーター（脈拍、発汗、血圧などの変数）は、標準的な驚愕反射に伴うレベルで上昇している。このことは、爆発音の衝撃に対して、人体は反応したことが記録されている一方、轟音が感情には一切衝撃を与えていないことを物語っている。瞑想者の出した結果は、驚くべき感情の平静さを示すものである。この平静レベルこそ、２０００年以上昔から、瞑想修行の成果の一つとして、教本に記述されているものに他ならない。

実験結果をどう判断すべきか

ゴールマン教授は次のように記している。

建設的、生産的に機能するように脳を訓練することは可能だ、ということを図解しようという試み：具体的には、渇望よりは満足を、動揺よりは平静を、憎しみのあるところに慈悲の心をもたらすように脳を訓練するのである。障害となる厄介な感情への対応策としては、西洋医学は今でも極めて重要であり、精神安定剤は、良くも悪くも、何百万の人を慰めてきたことは疑問の余地はない。しかし、「瞑想者」の実験結果から生じた一つの疑問が心から離れようとしない。それは、人は努力すれば、脳機能にポジティブで永続的な変化をもたらし、それが医療の限界をはるかに超えて、感情に影響を及ぼすことになるのか、という疑問である。[15]

認知科学に関する限り、この実験は、世間から隠遁した数人の瞑想者の際立った能力を明らかにすることに留まらない。それは、建設的な感情を育成、強化する心の修練には大いなる可能性がある、という仮説を真剣に考え直させることになった。「我々が発見した事実は、訓練された心、または脳は、訓練されてない心や脳とは、物理的に異なる、ということである。心の訓練の潜在力およびそれに真剣に対応することの重要性を理解する日がやがて来るだろう」と、リチャード・デビッドソンは述べている。[16] 心を訓練する作業が、覚悟を持つ誰にとっても役に立つものか否かを、見極めることが重要だろう。

特に、瞑想のように神秘的で捉えがたい手法を介した場合、脳がこうした変化を達成するまでに、どれだけ多くの修行が必要となるのか、と思い惑う人もいるだろう。バイオリニストが国立音楽学校の難関を突破するまでには、1万時間の練習が必要だろう。デビッドソン教授とアントワーヌ・リュッツが実験した瞑想者の大半は、1万時間を優に超えて修行してきた。しかも彼らは、長年の日常的な修行に加え、閑居生活を徹底している。

「1万時間と聞いただけで気が遠くなりそうで絶対に無理だ。そう聞いただけで気力が挫かれる」と多くの人は考えるかもしれない。だが、耳寄りな情報がある。デビッドソン教授とジョン・カバト・ジンその他の研究者は、マディソン市のバイオテクノロジー会社を巻き込んで共同研究を展開している。同社の非常に活発な社員を対象に、3カ月間の瞑想訓練を行ったところ、前頭前野の左右の活動が基準値から大幅に左方向に移動した、という結果が出た。瞑想実習生の免疫システムも引き上げられ、秋に受けたインフルエンザ予防注射の効力までが、訓練後にはコントロール・グループより20％も高まっていた。[17]

今後の課題として、瞑想の効果についてのより広範かつ総合的な研究、特に、愛情豊かな優しさと思いやりの心を育成、強化するための研究が望まれる。

実は、このテーマの研究はすでに着手されている。新設されたサンタ・バーバラ意識研究所では、B・アラン・ウオレス博士のグループによって、8カ月間の初心者向け瞑想合宿が開始された。参加者は1日8時間の瞑想を続け、カリフォルニア・デビス大学の科学者チームがこれをモニターする。もう一つの研究は、「感情的均衡の強化」と題する研究プログラムで、ダライ・ラマの要請に応じたマインド・アンド・ライフ研究所が中心となって実現された。当初はエクマン教授が指導にあたっていたが、現在は、UCサンフランシスコ校のマーガレット・ケメニーに引き継がれている。同プログラムは、150名の女子教員を3カ月間の瞑想コースに参加させて、その効果を研究するものであるが、著しい効果をあげているという中間報告もある。

瞑想を介した心の訓練で、破壊的な感情を消滅させることが証明されれば、瞑想の実践に含まれる特定の要因を、児童教育のカリキュラムに組み込むこともできるだろうし、成人が人生の質を高めるのに役立てることも夢ではない。瞑想の技術が正当に評価され、心の最も深いメカニズムに焦点を合わせることへの関心が高まれば、その価値は普遍的に広がるだろう。

今から二千数百年前に始まった仏教の心の探求法が、ここに成果を上げていることは間違いない事実ではあるが、仏教というレッテルが貼られないで瞑想訓練したいと考える人にとっては、瞑想の普遍化は朗報となろう。結論としては、現代科学の粋を集め、これに熟練の修道者が協力して実現した研究は、心の鍛錬の裏に潜む途方もない価値に対する人々の関心を高めることに役立っている、ということである。幸福および感情の均衡は技術であるということが真に理解されたなら、心の改革がどれほどの威力を発揮するかについては過小評価できなくなるだろう。一段と素晴らしい人間に成長するための深遠な手法は、重要視されていいはずである。

第17章　幸福と利他心

幸福が人を優しくするのか、優しいから幸福なのか、最も幸福な人の魂の中には、悪意の痕跡がまったく見られない。

プラトン
〔古代ギリシャの哲学者〕

普遍的な責任

英国マンチェスター大学の中庭の芝生の上に一人の若者が横たわっている。近くに人通りの多い道がある。男性は何だか具合が悪そうである。通行人がひっきりなしにその道を通り過ぎていく。臥せっている男性を助ける必要があるだろうかと立ち止まってようすを見るのは、通行人のわずか15％に過ぎない。同じ若者が同じ場所に横たわる。今度は、リバプール・フットボールクラブのジャージーを着ている。同大学には、マンチェスター・クラブをライバル視する熱狂的な学生ファンが多数いる。通行人中のリバプール・ファンの85％が、仲間を助けるべきかと考えて立ち止まる。通りの一番奥に大学の研究員が待ち構えていて、立ち止まったかどうかには関係なしに、通行人に質問する。[1] この調査から、帰属意識と利他的行為の実行との間にはかなり強い相関関係があるという事実が確認された。この結果は、他のいくつかの調査とも符合している。人間には、自分との関わりを特に感じない見知らぬ他人よりは友人、または民族、国籍、宗教、意見などの共通点を持つ人を助けようとする傾向がある。

こうした帰属意識を徐々に拡大し、最終的にはすべての生き物を巻き込んで帰属させる、というのが仏教のアプローチである。そのためには、すべての生き物が、苦しみを避けて幸せを等しく望んでいる、という最も根本的な事実を理解することが絶対必要となる。こうした理解が、単に頭で考えた概念で終わってはまったく意味がない。それが第二の天性として習慣化され、自分のものとして内在化させる必要がある。帰属意識がすべての生き物にまで最終的に拡大されたとき、それらの生き物の喜びと苦しみが心の琴線に触れるようになる。これこそが、ダライ・ラマがしばしば口にされる「普遍的な責任」という、最も重要な考え方なのである。

利他の喜び

では、利他的行為と幸福とはどのような関係があるのだろうか。数百名の学生を対象とした一連の研究により、利他主義と幸福の間には否定できない相関があることが明らかになった。つまり、自分は「最高に幸福」と信じる学生が最も利他的である、という結果が出ている[2]。人が幸福なときは自尊心が低下し、他者に向けて心が開かれる。例えば、過去1時間内に何か嬉しい出来事を経験した場合、その人は見知らぬ他人を助ける傾向が強まるということがわかっている。

急性の抑うつ症に陥ると、他者に対して愛情を感じたり表現することができなくなる。『真昼の悪魔：うつの解剖学』の著者、アンドリュー・ソロモンは、「うつ病とは愛の欠陥である」という表現をしている。うつ病経験者の「愛情を提供し、受け取ることができるようになることで、うつ病が全治したことを自覚する」という表現は、この病の特徴を実に明快に示している。こうした証言は、利己主義が苦しみの主因であり、利他的な愛が本物の幸福の主成分である、という仏教の視点と一致している。あらゆる現象、あらゆる人間は互いに依存し合っている、という相互依存の関係がある結果、自分の幸福は他者の幸福と密接に繋がってくるのである。感情に関する章でも強調したとおり、相互依存の関係が正しく把握できれば、自分の幸福が他者の幸福を条件としている、ということも容易に理解できる。そしてそれこそがスカ体得の基本である。

ポジティブ心理学の草分け、マーティン・セリグマン教授の研究から、私欲のない親切な行為によって生じる喜びは、深い満足感を与えることが証明されている。同教授は、自分の仮説を立証するため学生に、外出して楽しむこと、社会奉仕の活動に参加すること、という二種類の行動を指示し、その結果を次の授業までにまとめるという宿題を課した。

その結果は実に印象的なものだった。友人との外出、映画鑑賞、バナナ・スプリット〔バナナの上にアイスクリームをかけたデザート〕を楽しむ、などの快楽行為によって誘引される満足感は、親切な行為の実践で生じる満足感によって影が薄くされている。親切な行為が自発的で、純粋な人間性によって誘引された場合は、その日一日中調子が上がる。学生は、一日中、聞き上手となり、友好的で、人々から多く感謝されることに気づいた、と報告している。「快楽行為とは対照的に、親切な行為は喜びに他ならない」と、同教授は結論づけている。[3] 彼の言う満足とは、永続的な満足感、心の本質と調和している感覚などの意味が含まれる。

他者に損害を与えることを意図して、その目的が達成されたときに、特別の快楽を感じることがある。しかし、そうした満足感は短命、表面的で、抑制不能の不安や動揺の感覚をその下に隠している。快楽の興奮が鎮まれば、ある種の不快感がついて回る。どうやら、慈悲心は、悪意よりも人間の「本来あるべき姿」に近い、と見ることができるだろう。あるべき姿と調和して生きられれば、人生の喜びは持続する。逆に不調和な生き方を選べば、慢性的不満症が待ち受けている。

利己的な性格は生まれつきか

「人間の本質とは何か」と問われて、戸惑うのは生物学者で、はっきりと意見を述べるのを躊躇しないのが哲学者である。17世紀の英国哲学者、トーマス・ホッブスなどは、「人間は、基本的に利己的な生き物である。人間の行為の中に純粋の無私などは存在しないし、利他主義は、気分爽快の仮の姿に過ぎない」と確信している。この哲学者が老いた頃の逸話がある。ある日、乞食に施しをしている姿を見られた哲学者が、「あなたは利他の行為を行っていたのではありませんか?」と質問された。すると、「乞食の苦痛は、私を苦しめ、乞食の苦痛を和らげれば、自分の苦痛も和らぐ」と答えたという。たしかに、キリスト教文明に特有の原罪とそれに伴う罪悪感の考え方は、こうした哲学の思考に見事に一致する。原罪の考え方は、実際、西欧知識人の思考に極めて大きな影響を及ぼしてきたし、現在も宗教的観点から発言しない人の間にさえ、重要な役割を演じている。

利己的行為に駆りたてる遺伝子があって、それが次世代に伝達される可能性が非常に高いという考え方が進化論者の間で長年定着していた。彼らは、利己的傾向のある遺伝子の保因者は、自分の利益を他者の利益より優先する結果、利他主義者よりも生存率が高く、子孫繁殖のチャンスが大きい、といった議論をする。ところが最近は、このように不毛な考え方が、精妙なニュアンスでカモフラージュされるようになった。そして、明らかに利他的行為を意味する協調的な態度は、種の保存と繁殖にとっては有効である、といった譲歩に変化している。科学哲学者のエリオット・ソーバーは、あるモデルを使ってそのことを実証しているが、実に説得力がある。無私無欲な人間集団が、利己的で暴力的な人間集団とだけ接触する場合、利用される一方ですぐに消え去る。[4] 逆に、利他的な人間集団が相互協力する場合、利己的な人々より進化論的に優位に立つ。なぜなら、利己的な人は、仲間同士が互いに闘争し、ゆっくりと人間集団から消えていく運命にあるからである。

本当の利他主義

現代の行動心理学における研究によって、かなり楽観的な絵が描かれ始めている。次は、社会心理学者、ダニエル・バットソンの言葉である。「他者への共感によって導きだされる他者支援のモチベーションの本質を調べる目的で、過去15年間で何人かの社会心理学者と共同で、25回を上回る実験を行ってきた。その結果、共感性利他主義の仮説が立証できた。提案された利己的な説明は、ごく散発的な支持しか得られなかった」[5]。利他的な行為とは、他者に良いことをしてあげる、という理由がその動機である。結局のところ、純粋に利他的な心は可能なのである。

純粋な利他主義に焦点を絞って考える場合、「どのような無私の態度も、所詮は利己主義の仮の姿に過ぎない」といった類の議論は、とりあえず排除すべきである。バットソンのチームによる実験により、利他主義者にはいくつかのタイプがあることが探索されている。他者の苦しみを見て、自分が感じる苦痛に耐えられない、または、自分自身の感情的な緊張を和らげたい等の理由で他者を助けるタイプは「偽の利他主義者」である。このタイプは、自分の評判が悪くなるのを恐れる、賞賛を切望する、罪悪感を避ける等の理由で他者を助けることもあるし、苦境にある人と関わる以外の選択肢がない場合は助けるが（支払う代償があまり高くないことを条件に）、苦しむ人の姿を見なくてもすむとか、自分が非難される危険がないので、こっそり立ち去れそうだなどの状況では、利己主義者と変わらぬ頻度で、関わり合いを避けたがる。一方の「本物の利他主義者」とは、平気でそっぽを向く人、または、関わられたくないと秘か思っている人にまで手を差し伸べる人のことである。研究により、西欧では、本物の利他主義者は全体の約15％であること、その利他主義は、人格的特長の延長である等が明らかになった。

では、本物の利他主義者と、単に自尊心を満足させるために親切を装う人とを、どのようにしたら見分けられるだろうか。それには、自分が行おうとした親切な行為を、誰か他の人が行ったのを見ても、まったく同じように喜びを感じたかどうかを見極めればいいのである。本物の利他主義者にとって価値があるのは結果であって、他者を助ける行為による個人的満足は重要でない。これが、バットソンとそのチームの高い見識に基づく研究によって示された事実である。[6]

現実の世界においても、純粋な利他的行為の事例は枚挙に暇がない。多くの母親は、子供のために真心で命を投げだす用意がある。仏教には、こうした母親の利他心を一段と延長させた教えがある。つまり、生きとし生けるものすべてに対して、親が感じると同じ親密さで心を配ること、それこそが真の利他主義である、と教えている。

19世紀のチベットに、ドラ・ジグメ・カルサングという聖者がいた。中国への長旅の途上、小さな町の中央広場に群集が集まっているところに出くわした。近づいて見ると、一人の盗賊が、真っ赤に火焙りされた鉄の馬の上に跨って座らされる、という残酷な方法で死刑にされようとしていた。聖者ジグマは、群集を押しのけて前に進み、「盗賊はこの私だ！」と叫んだのだった。あたりはシーンと鎮まり、刑執行を取り仕切っていた役人が、突然、舞い込んできた見知らぬ男に冷ややかな顔を向け、「お前の口から今出た言葉が、どのような結果をもたらすのか、わかっているのだな？」と問責した。聖者は黙って頷いた。聖者は馬上で命を落とし、盗賊は無罪放免されたのだった。悲惨極まりない極端な例であるが、聖者ジグマのモチベーションに、死刑囚への無限の慈悲心の他に何があっただろう。見知らぬ土地の、見知らぬ人間になど関わらずに、誰からも知られずにそこを立ち去ることができたのである。この聖者の行為は、見ず知らずの者に対する無条件の慈愛に基づいている。この人は隠遁者で、生活上の世話や保護をしてあげる必要のある身内も関係者もいない。したがって、特別の例であることは確かである。だが、人間の心には利他の心が存在する、ということを美しく語っている。

もっと身近な例を挙げよう。カトリックのフランシスコ修道会のマクシミリアン・コルベ神父のケースである。同神父が送られたアウシュビッツ強制収容所で、あるとき脱走者が出た。その見せしめに10名が選ばれて、餓死刑に処せられることになった。妻子ある男性が選ばれたとき、神父はその男性の身代わりを申し出たのであった。利他主義という言葉は、1830年にオーギュスト・コントによって、エゴイズムの反対語として新造されたものである。利他的であるとは、自分の運命よりも他者の運命のことを心の中で気にかけることであり、実行可能だろう。こうした心の在り方は、人間の生まれつきの気質として機能しているのかもしれないし、そうでないかもしれない。だが、こうした心の在り方が強化される可能性はある。第16章「幸福の実験」でも示したとおり、長い期間かけて修行している瞑想者の研究から、利他的な愛と慈悲心は、年月をかけて磨かれる技術であることが実証されている。

　いくつかの研究により、感情抑制に最も長けている人は、非常に感情的な人よりも利己的行動をとる、という興味深い結果が出ている点に注目すべきであろう。[7] 他者の苦しみを目前にして、感情抑制型は、他者の苦しみより自分の恐れ、不安、苦痛などの感情処理により高い関心を示す。ここでも解放された自由な心に軍配が上がる。というのは、衝突しあう厄介な感情の足かせから心が解放されれば、強迫性の自己陶酔は極小化されるからである。悲惨な状況に直面して、絶え間ない心の葛藤でぼろぼろの状態になるよりは、自由で広々としていて静寂な心の状態のほうが、利他的な観点に立って、より効果的に対処できるものである。利他主義を別の面から見るのも面白いだろう。不正や攻撃の目撃者の中には、犠牲者を助けるよりは、不正や攻撃の行為者を追跡し、虐待し、暴力的に対応することに関心が高い人々がいる。それは利他主義とは言えない。単なる激情である。

愛に心を開く

心の内側に目を転じ、時間をかけて中を点検してみよう。心の本質的部分には、認知能力が備わっていて、それが「光輝く」のが見えるだろう。ここで言う「光り輝く」とは、外的な現象と内的な心の出来事に気づきの光を投じる、という意味である。この認知能力は、あらゆる思考の根底を成すものであるが、それ自体の本質が思考によって変わることはない。鏡の表面はさまざまなイメージを映しだすが、鏡に固有の本質は、イメージによって変質しないのと同じ原理である。心の点検を一段高めると、怒りなどのネガティブな感情は、愛や親愛の情等のポジティブな感情に比べて重要性がなく、片隅に追いやられていることがわかるだろう。ネガティブな感情は、挑発される等の特別な出来事への反応として生じるものであって、永続的な心の状態ではない。たとえ性格的に気難しいとか、怒りっぽい人でも、怒りは常に特定の出来事によって誘発されるに過ぎない。特定の対象を憎悪するという状態は、病理的なものは例外として、長々と続くことはほとんどない。反対に、利他主義と思いやりの心は、特定の対象や特定の刺激とは無関係に、あるがままの自然の姿として、また持続的な状態として心の中に基本的に内在している。

障害を乗り越えるのに怒りが役立つことは無きにしもあらずだが、それには伝染病のような厄介が伴う。敵意を抱く人は、いかに些細なことでも、自分に邪魔する人に対してはすぐに怒りをぶつける。怒りの手段に訴えるのは、社会的に機能しないし、常に問題と悲しみが待ち受けている。反対に、愛と親愛の情は、永続的な生存の必須的条件である。新生児は、母親の愛情なしには数時間ともたない。障害を抱える高齢者は、周りの人々による介護なしには生きられない。愛をどのように差し出したらいいかを知るためには、最初に愛を受けとる経験が必要である。一方、怒りを爆発させた後、人はしばしば、「いつもの自分ではなかった」とか「まともではなかった」などと言い訳をする。人間と動物の区別なく、彼らが健康を回復し、自由になり、死から逃れるのを支援する、といった公平無私で親切な行為が自発的になされる場合、その行為者は、本来の自分の本質と一致、調和していると感じるものである。こうした心の状態をより頻繁に経験したらどうなるだろう。セルフによって築かれた幻想の壁が崩れ、人間はあらゆる生き物と相互に依存しあって存在しているという相互依存性が、他者と何かを共有している、という一体感を感じることで反映されるようになるだろう。

心の偏向や歪みは、精神を破壊する要因である。心が歪むと、次第に人間本来の性質から遠ざかり、本質の存在そのものを忘れさせてしまう。とはいえ、世の一切の事象には非永続性があるので、どの歪みも回復不能ではない。破壊的な感情は単なるベール、貼り付けられた仮面に過ぎない。たとえ泥の中に埋まっていても、黄金の本質は永遠不変である。イエズス会の著名なピエール・セラック神父は、60年にわたりインドで3万人の子供を世話し続けた人物である。神父がこう話してくれたことがある。「さまざまな問題を抱えて、心も目も閉ざしてしまったと思える人ですら、心の奥に善意を抱いているといった場面に出合って感動する。人間の人生を織物に喩えれば、他の人々、あらゆる人々がそこに編み込まれ、その人の生き様として編みあがるものである。タゴールの詩にもあるように、一人一人が、存在の〝偉大なる協奏曲〟の音符を成している。愛の呼びかけを拒む人はいない。人は、常に愛に心を開くものである。人間は、根源的に善であることを私は心底確信している。誰の心の中にもある善なるもの、美なるものを見つけだし、それが壊されないようにしなければならない。宗教、カースト、信念などの違いで人を分け隔てせずに、人間の寛大さ、偉大さを見るべきである」。

善良な心と幸福との間には関係がある、ということが一段と明確になってきただろう。両者は、相互に作用しあい、強化しあう関係にあり、心の本質と一体化する。喜びと満足感は、愛と親愛の情と密接に結びつく一方、利己主義と敵意は、悲惨と手をつなぐ。

親切心を生じさせてそれを表現すると、苦しみが即座に追い払われ、持続的な満足感がそれに取って代わる。続いて、本物の幸福がゆっくりと実現し、内的喜びの自然な反映であるかのように、親切心はすくすくと成長する。

第18章　幸福と謙遜

常に謙虚な心でいれば、傲慢は朝霧のように消え去るだろう。

ディンゴ・キェンツェ・リンポチェ

1日何回、人はプライドが傷ついた痛みを感じることだろう。高慢とは、自尊心の悪化したものである。自分に備わったごくわずかの特質に夢中になること、自分には欠けているのに備わっていると仮定することなどの状態をいう。高慢は人格の向上を妨げる。なぜなら、学習向上の意欲は、自分が何も知らないことを確信することによってしか湧かないからである。チベットに「良質の水は高慢の岩の上に溜まらない」という諺がある。逆に「謙遜は地面に置かれた器のようなもの。地面の器は良質の雨を貯める」。

どうやら、謙遜は現代の世の中では忘れられた美徳のようである。現代人は、自分が世間でどう映っているか、といったイメージへの執着があまりにも強いため、外面的なイメージの妥当性を自分で問い質すことを止めてしまい、外見を繕うことだけに専念している。

では、どのようなイメージが映しだされるべきだろうか。最近は、政治家や映画スターを顧客とする「メディア・アドバイザー」なる専門家が登場している。彼らは、大衆受けするイメージを創作する仕事を専門とし、時には、笑い方まで教えているという。新聞は、興味本位の「ゴシップ欄」に多くの紙面を割いている。人々が興味を引きそうな見出しをつけ、誰が今一番受けているか、誰が消えたか、などの人間の格付けに余念がない。謙遜は、こうした風潮の中でどのような位置付けとなるだろうか。謙遜の価値があまりにも希薄になり、時代遅れの美徳を収集する博物館にでも追いやられてしまうのだろうか。

謙遜という概念は、しばしば、自己軽視、能力に対する自信の欠如、無力感に直結する抑うつ、劣等感、無価値感などと関係づけて考えられる。それは取りも直さず、謙遜の利点をひどく過小評価していることの表れだろう。キルパル・シン〔1894〜1974年『聖なる光と音の瞑想法』のインド人著者〕は、「本当の謙遜は、自己意識、自我からの完全な解放によって獲得されるものである。それには、謙遜という意識からの解放さえも含まれる。真に謙虚な人は、自分が謙虚であることを永遠に知ることがない」[1]。自分は宇宙の中心にあるという感覚を持たない人は、他者に心を開き、自分自身を相互依存の一部に過ぎないとみなすのである。

集団レベルで高慢を考える場合、国家として、または、人種的に他より優れている、文明的な価値の真の保護者である、いかなる手段を講じてでも「無知」な人々に支配者としての「モデル」を示す必要がある、などといった信念の中でそれが表現される。こうした高慢な態度は、しばしば、未開発国の資源「開発」といった口実を使わせる。コンキスタドール〔16世紀スペインの征服者〕と教会司教がよってたかって、メキシコ、ペルーのマヤとアステカ文明を、名残りを留めないほどに破壊し尽くした。中国の教科書とマスコミは、今でも、チベット人を時代遅れの野蛮人、ダライ・ラマを怪物という言葉で表現している。中国人は、チベットの僧院に保管されていた何十万もの貴重な哲学書の価値を無視し、学習の中心であった6000に及ぶ僧院を破壊してしまった。そのような行為は高慢以外の何ものでもない。

では、謙遜が幸福の成分にどうしたらなれるだろう。尊大な人や自己陶酔型の人は、現実とたえず衝突し続ける幻想の世界に入り込んで自分を燃えたたせている。それは不可避的に幻滅感を生みだし、最終的には、自己嫌悪〔自分自身の期待どおりに生きられないことの実感である〕と空しさに襲われる。謙遜な心があれば、このような不必要な苦痛は避けられる。謙遜は、生存をかけた見せかけの気取りとは異なり、心の自由の中に難なく自然に留まることができる。

謙虚な人には、失うものも得るものもない。その人は、たとえ自分が賞賛されても、自分ではなく相手のへりくだった行為を認め、その相手が賞賛に値すると感じる。批判された場合は、自分の欠点が明らかになったことに感謝する。「有益な批判を歓迎し、不誠実な賞賛を退けられるほど賢い人は稀である」と、ラ・ロシュフコーは述べているが、この言葉は、「最高の教えとは、自分の隠れた欠点の正体があばかれること」というチベットの聖者の残した教えに呼応する。謙虚な人は、願望からも恐れからも解放されているので、暢気で気楽である。

謙遜な態度とは、他者とその幸せに基本的な関心を寄せる姿勢をいう。社会心理学の研究によって、自分を買いかぶる人は、平均以上に攻撃的になる傾向があることが判明している。[2] その研究は、謙遜と許す能力との間には相関関係が強いことを強調している。[3] 自分が人より優れていると考える人は、他者の欠点に対して、厳しく批判し、許し難いと考える。逆説的に言えば、謙遜は品性の向上につながる。というのは、謙虚な人は、自分の信じる正当性を基準に物事を判断する。そして、自分のイメージや他者の意見に惑わされずに、自分の決定を貫く。「外側は喉を鳴らす猫のように見えても、内側はヤクの首ほども硬い」と、この種の人間を表現する諺がチベットにある。こうした決意は、強情とか片意地とは違う。有意義な目標に向かって、明晰な考えで断固として立ち向かおうとする姿勢である。一つの森について隅から隅まで知り尽くした木こりは、どう説得しようと、絶壁に通じる危ない道は選ばない。

謙遜は、聖者と呼ばれる人たちが例外なく備えている徳である。聖者は、果実がたわわに実って地面まで折れ曲がっている枝になぞらえることができる。自惚れの強い人は、得意満面で枝を突き出している裸の木に似ている。謙遜はまた、高慢さや虚飾の一切ない人のボディランゲージ（態度による表現）に反映されることがある。ダライ・ラマ法王の旅行に同行するたびに、世界中で崇敬されている、その方の親切心に満ち溢れた、限りなく豊かな謙遜さを目撃して胸が打たれる思いをする。法王は、会う人の誰に対しても、変わらぬ思いやりの態度で接する。あるとき、欧州議会がダライ・ラマを歓迎する祝賀会を開催した。料理人たちがこっそりドアの隙間から覗いているのを目にした途端、彼は調理場に直行した。しばらくして宴会場に戻った彼は、議長他15名の副議長に向かってこう告げたのだった。「美味しい匂いについ誘われてしまいました。このように、かしこまった席で打ち解けるための準備作業でした」。

アジアの著名な学者や瞑想者はしばしば「私など、たいした人間ではありません。何も知りませんし」という発言をする。それを聞いた西欧人は一様に驚くが、それは偽善的な慎ましさとか、文化の違い、等を信じているからだろう。だがそれは事実と違う。聖者は、「私は賢者」とか「私は最高まで達成した瞑想者」と、本心から考えていないだけなのである。彼らの謙虚さは、自分の知識や学識を認めていないことを意味していないわけではなく、学識や知識はこれから先もまだまだ無限に学習する必要がある、ということを示しているのである。これが理解できれば、彼らの謙遜な態度は、感動として受け取れるし、微笑ましくさえ思えるようになるだろう。チベットの偉大な二人の学者が、ネパールに暮らしていたディンゴ・キェンツェ

・リンポチェを訪問した。三人の対談は、実にウイットに富んでいて、滑稽なくらいに単純だった。対話の中でリンポチェは、二人の学者に「私の僧院の僧侶たちに何か教えてください」と要請した。そのうちの一人は率直に「いいえ、私は何も知りませんから」と答え、同僚を指差して「彼だって何も知りません」と付け加えた。それは、相手も同じように答えるだろう、という考えから発した言葉である。同僚は、すぐさま同意するというふうに頷いていた。

第19章
楽観主義、悲観主義、世間知らず

彼女は太陽と同じくらい雨を愛した。自分を元気づけて、目を楽しませてくれる綺麗な色をした、心温まる花さえあれば、それが彼女のささやかな思いだった。

アラン

見方がネガティブになると

ある朝、僧院の中庭に座って木に見入っていた。そこには、いくつかの赤い花が咲いていて、雀が十数羽とまっていた。目に入るものすべてが、喜びの感覚をもたらし、現象の果てしない純粋さを感じさせてくれた。

ふと、無理やりに気分を落ち込ませ、ありとあらゆるネガティブな感情を起こしてみよう、と考えた。すると、木は埃をかぶって汚らしいし、花には生気がないし、チュンチュンいう雀の鳴き声までを煩わしいと感じはじめた。

どちらが物事の見方として正しいだろうと思案した。そして、最初の見方の方が正しい、という結論に至った。

最初は、心が解放されていて、創造的で、自由な感じ方で、より大きな満足感が得られたからである。このような心の姿勢でいれば、世の中全体を受け入れることも、生き物すべてを包み込むことも自然だというふうに思えるし、自分と世界を隔てる自己中心的な衝動が起こることもなくなる。他方、現象の見方がネガティブになると、耳元で、何か変だという声が囁かれだす。そうなると、世の中が退屈で、よそよそしくて、冷淡で、時には敵対的にすら感じられ、そこから自分を「隔絶」するようになる。

楽観論に対する論外な非難

心理学の世界では長年にわたり、多少抑うつ的な人のほうがものの見方が「現実的」で、楽観論者は、苦痛の伴う状況よりは、愉しい出来事に長々と思いをはせ、過去の実績や達成を過大評価する傾向がある、と信じられてきた。

仮にそれが真実なら、楽観論者に比べて、悲観論者の方が目を大きく開けて、状況をより明快に評価する傾向がある、という理屈になる。また、その説が正しければ、悲観論者は、「現実は必ずしも、笑えるほどに愉快なことばかりではないだろうが、物事はあるがままに見るべきだ」と考える。一方の楽観論者は、たしかに愛想は良いだろうが、救い難いほど世間知らずで、無警戒な夢想者で、「夢から現実世界に戻されるのが落ちだ」という議論になる。

どうやら、以上が正当化されてきたのは、単に偶然が重なっただけらしい。各種の研究が進展中だが、その結果、客観的で超然としていて用心深い、と考えられていた悲観論者の判断は不適切、ということが立証されたのである。

日常生活で起こる、現実的な状況に注目すると、楽観論者のほうが悲観論者よりも現実的かつ実用的なアプローチをとることが実証されている。例えば、コーヒー愛飲者の女性を研究対象として、ある時点における彼女たちの特徴、病態などを比較調査する横断研究が行われ、その結果、カフェインが乳ガンの危険を高める、という報告が出たとする。あるいは、日光浴をする人の横断研究によって、太陽に肌を露出することが皮膚ガンの危険を高める、という結果が出た場合を想定しよう。報告から一週間後、楽観論者は、悲観論者に比べて、より正確に報告内容を記憶していて、それを考慮に入れて適切な行動をとろうとする。[1] しかも楽観論者は、本当に懸念すべき危険に注意を集中させ、雑多な問題に無闇に思い悩んだりしない。[2] その結果、楽観論者は、悲観論者よりも心の静寂を保ち、エネルギーを現実的な脅威に集中することができる。

日常的な出来事をどのように受け取るか、これまでの人生に対してどのような価値観を持つか、などは人それぞれで大きく異なる。観察を続ければ、楽観論者のほうが悲観論者よりも、圧倒的に効率性が良いことが見えてくる。問題に直面した場合にも、開かれた心と創造的な態度でそれらを乗り越えて、未来を築く楽観論者の態度のほうが有利であるのは否定できないだろう。多くの研究から、試験、職業、人間関係、寿命、健康、術後生存、うつ病罹患、自殺傾向等々、あらゆる側面で、楽観論者が優位に立っていることが証明されている。[3] 1960年に米国の入院患者900名を対象に、楽観主義の程度および心理学的な他の特徴をアンケートと実験によって評価する研究が行われた。40年後、楽観論者のほうが悲観論者よりも平均して約19%長寿であることがわかった。つまり、80歳代の人たちは16年も余計に人生を楽しんでいる計算になる。[4]

セリグマン博士によれば、悲観論者は、物事がうまくいかなくなって抑うつ症にかかる傾向は楽観論者の8倍、学力、スポーツ、職場での成績は、実力を下回る。要するに、悲観論は、抑うつ症その他の障害を悪化させはするが良くすることはない、という事実が論証されたのである。このタイプの人が、悲観論的ものの見方を改め、問題克服の方法を習得すると、うつ病の再発が著しく減ることが指摘されている。理由は明白である。悲観論について心理学者は、「学習性無力感（長期間ストレス下にあると、何をしても無意味と考えるようになる）」を引き起こすような「物事の解釈の仕方」という表現をしている。[5]

二つの世界観

楽観論者とは、この問題は一時的、制御可能、特定の状況と関係している、というふうに考える人である。「そのような些細なことで大騒ぎするのは理に適っていない。すぐに片づく。自分で解決できる。いずれにせよ、これまで常に解決できた」をモットーにする。一方、悲観論者は、問題は長引くだろう（この種の問題は簡単には片づかない）、やることなすことが裏目に出る（私には期待しないでほしい）と考える人である。また、生まれつき精神的な欠陥があると思い込み、「何をしても結果は同じ」と冷めていて、「生まれつき幸せとは縁がない」と結論づける。現代人の多くが不安感に苦しんでいるが、これは悲観論と密接に関係している。悲観論者は常に災難を予想し、慢性的な不安症にかかっていて、疑い深くなっている。不機嫌で、苛立ち、神経過敏になり、世の中や自分への信頼感を失っていて、常にいじめの犠牲になっている、捨てられる、無視されている、などと取り越し苦労する。

悲観論者の例え話がある。ある美しい夏の日のこと。一人の男が田舎道を運転していると、タイヤがパンクしてしまった。泣きっ面に蜂とはまさにこのこと。トランクにジャッキがないことがわかった。どちらを向いても人っ子一人見当たらない田舎道である。途方にくれて、あたりを見渡すと、はるか向こうの丘の中腹に一軒の家の灯が見えた。少しの間考えた末、男はジャッキを借りに行くことにした。家の方角に向かって歩き始めると、「家主がジャッキを貸してくれなかったらどうしよう。そんな不愉快な思いをするのはまっぴらだ」という考えが頭をもたげた。だが、引き返すこともできず、家に向かってそろそろと歩き続けるうちに、ますますうろたえが強まった。「自分なら、見知らぬ人に物を貸すなんてしないだろう。そんなこと頼まれるのはご免だし」。そうこうするうちに、戸口にたどり着いた。玄関をノックすると、家主が戸を開けた。その途端「だったら、ジャッキはしまっておけばいいだろう。このケチ野郎！」と叫んだのだった。

このような場面で、大概の楽観論者は、忍耐強く、覚悟を強め、知恵を働かせて最終目標の達成が可能であることを確信する。

日常生活では、悲観論者は拒絶の姿勢で一日が始まる。拒絶がまったく相応しくない場合でも習慣的にそうしてしまう。ブータンの役所で、さまざまな手続きをする必要があった。こちらが質問するたびに、その次に続く言葉がどうであれ、決まって「ノー、ノー、ノー」という否定語で会話を始める役人がいた。「明朝出発できるでしょうか？」という質問に対して、「ノー、ノー、ノー……午前9時に出発できるから準備しておきなさい」。ここまで徹底すると、会話というよりは漫談である。

悲観論と苦しみが、目の色や指紋のように生まれつきのもので、絶対に変えられないものなら、幸福とか楽観論がどれほど素晴らしいものかと声を大にして吹聴しても無意味だろう。だが、楽観論とは人生と幸福に対する一つの見方であって、その状態になるように育成、強化することができるという考え方をすれば、その作業をぐずぐずと先延ばしせずに、さっさと取りかかるほうが得策ではないだろうか。アランは言っている。「灰しか残ってないと嘆く代わりに、一人一人が自分の薪を火にくべるなら、人間社会はどれほど素晴らしくなるだろう」[6]。

不幸な状況の中で希望の光を見出そうとする特質は生まれつきのもの、または、楽観論と悲観論は育つ環境に影響された結果だと仮定する。たとえそれが事実でも、世界をどう見るかという世界観は、生きている間に変化する可能性はある。しかも、かなり大きく変化する。なぜなら、心は弾力性に富んでいるのである。

希望に燃える

楽観論者にとっては、希望を失うことはまったく道理に適わない。人は「常に」向上し（打ちひしがれたり、断念したり、嫌気を起こすことなく）、損害を食い止め（最悪の結末にならないように）、何か別の解決策を探求し（惨めったらしく失敗を嘆いてのた打ち回ることなく）、壊れたものは再構築し（「万事休す！」と叫ばずに）、原点に戻って現状を見直し（覆水盆に返らずといって、時を無駄に過ごすことなく）、ゼロからやり直し（そこで断念せずに）、明らかに正しい方向に向かって忍耐強く努力するべきだと理解し（優柔不断と運命論に陥ることなく）、今この瞬間を前進し、感謝し、行動し、精神の健全さを享受する（くよくよと過去を後悔し、未来を恐れて時間を無駄にすることなく）。

２００１年にオーストラリアで大規模森林火災が発生した。その際にラジオのインタビューに応じた農家の男性は、「何もかもが灰になってしまった。二度と立ち上がれそうにない」と答えていた。それとは正反対の人物がいた。自分が初めて造船した船が、１９４４年のドイツ軍の攻撃で全焼するのを目撃した航海士がその人である。その名はジャック・イブ・トゥメリン。「命をかけた最高傑作が破壊されるのを見て、即刻、仕事に戻る人間は男の中の男だ（キプリングの表現）」と言われ、直ちに戻って、新たに造船に励んだ。この人は後年、単独世界一周の航海に挑戦している。

心理学者によると、希望は、目標達成の手段を見出し、達成に必要なモチベーションを強化する信念である、と定義される。希望は、学生の試験結果や運動選手の成績を改善し、病気や苦しい重度障害を耐えさせ、苦痛そのもの（火傷、関節炎、脊髄障害、盲目などの）を耐えやすくする機能があることは知られている。苦痛耐性を測定する方法があるが、これを使うと、強い希望に支えられたタイプは、極度に冷たい表面に接触していられる時間が、普通の人の２倍であることが立証されている。[7]

決意をもって立ち向かう

怠惰にはいろいろなタイプがあるが、大きく三つに分類できる。一番目は最もわかりやすいタイプである。快眠快食は結構なのだが、最小限の仕事量しか望まない、というおまけのつくタイプである。二番目は最も人間を無気力にさせるタイプ。スタートラインに着く前にレースを棄権し、「とても私には向いてない、自分の能力を超えている」と自分に言い聞かせる。三番目は、人生で何が本当に大切かを知りつつ、それに必要な行動を常に後回しにし、重要性の低い雑事にばかり忙殺されるタイプである。

楽観論者は易々とは諦めない。成功するという希望に元気づけられて、頑張り抜き、悲観論者よりは成功を収める頻度が高い。特に逆境に直面したときはそれが顕著に現れる。悲観論者は、困難に直面して逃げだしたり、諦めに沈んだり、何の解決にもならない一時的な気晴らしに耽る傾向がある。[8] 悲観論者は不屈さに欠ける。なぜなら、何もかも誰もかもを懐疑的に見るし、どのような計画も失敗に帰すると想定し（成長、発展、結実の可能性を考えず）、誰も彼もがたくらみを持った自己中心的だとみなす。あらゆる新規のものを脅威に感じ、破局を予想する。きしむ音を聞いて、扉が開くと考えるのが楽観論者で閉まると考えるのが悲観論者なのである。

数年前のことである。チベットが中国政府の圧制下にある状況をふまえた上で、人道的プロジェクトを話し合うためにフランスに出向いた。会議が始まって15分経たないうちに、出席者の一人が、筆者と他の出席者の話し方が大きく食い違っている点を指摘してこう言ったのである。「お二人は、二つのまったく異なる世界にいるようですね。一人は、すべてが最悪の結末になると考え、もう一人は、すべてがうまくいく、と考えておられる」。筆者の前に話した人の意見はこうだった。「まず、当局者があなた方の企画を大目に見るつもりはないと考えるべきでしょう。おそらく、即座に計画中止を命じることでしょう。次に、学校建設の許可はどうしたら得られるのですか。たとえ、首尾よく学校が建設されたとして、腐敗した地方政府と手を組んでいる請負業者のペテンにかかるのが落ちではありませんか。その上、チベット語での教育は不可能だし、教室が中国に取り上げられるのを忘れていないでしょうね」。

その場の空気が、居たたまれないほど重苦しく感じられ、一刻も早く会議室から抜けだして、計画に着手したいと願ったものである。エピローグを付け加えておこう。チベット問題に特に熱心な友人と共同で作業を続けた結果、いく人もの寄進者の寛大な支援を得て、今では医療施設16カ所、学校8校、12の橋が完成されている。

関係当局の許可は、地元の友人が病院や学校の建設が終了した時点で申請しても問題とならなかったのである。現在、数千人の患者が病院で治療を受け、多くの児童が学校に通っている。はじめは戸惑いを見せていた地元当局も、自分たちの統計にこれらのプロジェクトを加えることで担当部署のデータが改善されるため、今では大いに歓迎している。プロジェクト関係者は、救いを必要としている人々を助ける、という目標が達成されたと実感している。

将来展望に関しては、楽観論者は調子に乗りすぎるところが無きにしもあらずだが、物事が必ずしも期待どおりに進展しなくても、「最終的には必ずうまくいく」と自分に言い聞かせる。こうした姿勢を堅持する人は、希望に支えられ、百種類の計画を試してみようと考え、勤勉に実行する。その結果、半分の五十が完成する可能性が高い。逆に悲観論者は、せいぜい十種類くらい試そうとする。だが、初めから「うまくいくわけがない」と決めているので、エネルギーの投入を控える。その結果、五つ、悪くすればそれ以下しか成功の可能性はない。要するに、楽観論者のほうが良い成績を出す可能性が高い、ということになる。

貧困と圧制に苦しむ国にも、進んで援助を申し出る人は必ずいるものである。その大半が楽観論者である。彼らは、自分が引き受けた作業の厳しさに対して持てる資源が極端に乏しい現実にもめげず、勇気を持って立ち向かう人たちである。マルコム・マッコデルという友人がいる。彼は夫人と共に過去30年間、「価値を見出す問いかけ（AI）」と呼ばれる、驚くほど実践効果のある楽観主義的アプローチを採用し、ネパールの開発事業に携わってきた。

「最初の頃、私が村に着くやいなや、村人は自分の問題を反射的に吐き出そうとする。そのようなとき、彼らにこう言います。『ちょっと待って。問題しかない、ということはあり得ません。この村にも皆さん一人一人にも、素晴らしい財産や能力があるはずです。それについて話してください』。時には夕暮れ時にキャンプファイアを囲んで話し合いをします。そうすると心も口も軽くなり、新しい情熱を漲らせて、自分たちに備わった特殊な技術とか才能とか資源について、目録を作ったりします。そこで、『これだけの豊かな資源や才能を皆が一緒になって村のために使ったらどうでしょうね』と提案します。彼らが計画を練り上げてきたら、『この計画の中で、この仕事を担当する用意があるのは誰ですか。これはどうですか』といった具合に問いかけます。すると、一斉に手が挙がり、次々に約束が交わされ、数日中に作業を開始します」。「解決すべき問題は何か」と問題をリストアップするアプローチは、目標の達成を難しくする上、効率も悪く、スピードも遅い。それに対し、価値を見い出す問いかけ（ＡＩ）と呼ばれるアプローチの効果は絶大である。マッコデルは、ネパールの女性問題に特に注目してきた。今では、３万人の女性が彼の事業の恩恵を被っている。

順応性と解決策

自分が抱えている問題が克服不能に思えるときでも、楽観論者は建設的かつ創造的に対応する。具体的には、事実を現実のものとして受け入れ、逆境の中にポジティブな側面を即座に見つけ、そこから教訓を導きだし、別の解決策を模索し、新たな計画に向かって前進する。悲観論者は、問題に背を向けるか、現実逃避の戦術を採用する。つまり、惰眠をむさぼり、閉じこもり、薬物や酒を乱用する。こうするうちに問題の焦点はぼやけてくる[9]。覚悟を持って直面する代わりに、不運を嘆き、くよくよと考えこみ、幻想の世界にどっぷりと浸り、「魔法の」解決策を夢見て、自分に敵対する世の中すべてを責め立てる。過去の教訓を引っ張りだしてきて後悔に打ちひしがれる割には、同じ問題に繰り返しはまり込む。悲観論者はかなりの運命論者である（それはうまくいかない、と言ったとおりだろう。何をしたって同じこと）。自分は「運命に弄《もてあそ》ばれる将棋の駒に過ぎない」と自嘲する。

楽観論者は、あらゆる可能性と手段を念入りにテストし、失敗しても後悔や罪悪感に苦しむことはない。楽観論者は、退却すべき時にはタイミングよく退却し、新しい対策への準備を怠らず、過去の失敗を重荷として受け取らない。だからこそ心の静寂が保てるのである。その自信は、船の舳先《へさき》ほどに堅固で、人生という航海で、穏やかであろうが嵐であろうが、どのような波も見事に乗り越える気力となる。

ネパールに暮らす友人の話である。オランダでの重要な講演を翌日に控え、空港に向かった。講演の主催者は、会場を準備し、新聞紙上で講演を大々的に広報し、数千人の参加が予定されていた。空港に到着すると、友人の乗る便がキャンセルになっていて、その晩にネパールを離陸する便はないことを知らされた。「主催者をとても気の毒に思いました。でも、どうにも手の施しようがない。何しろ、私の目的地はあっけなく消えてしまったのですから。この問題は過去のもの、として片づけた途端、深い静寂に心が満たされました。友人に別れを告げたら、開放感と喜びに満たされ、すっかり元気を取り戻しました。空港の外に出て、わき道にバッグを置いてその上に座り、その辺にたむろしているポーターや浮浪児たちと冗談を言い合って楽しみました。済んだことを無闇に悔やんだところで、何の得にもならないものです。30分ほどして立ち上がり、バッグを担いでカトマンズに向けて歩き始めました。夕暮れの冷気がとても爽やかでした」。

東チベットへの旅の記憶が蘇ってくる。その日は猛烈な土砂降りだった。中国政府の山林伐採計画による土砂崩れが発生し、あたりは大洪水となった。渓谷は深海の様相を呈し、道路には深い窪みがあちこちにぽっかりと口を開けていた。川は巨大な激流と化し、ごうごうという音を立てて流れてきた。我々の車はＡＴＶ（全地形対応車）だったにもかかわらず、立ち往生する状況だった。黄色に染まった夕闇の光の中に、石の壁が空に届くかというふうに高く聳《そび》えて見え、激流にこだましていた。橋という橋が押し流され、荒れ狂う水がわずかに残された、走行可能な道路までを飲み込もうとしていた。岩石が坂道を猛烈な音を立てながら転がり落ちてきては、道路に激突した。人間の楽観論が試される絶好の機会だった。乗客の一人一人がさまざまに異なる反応を示した。中には、すっかり気が転倒してしまい、避難する場所すらないのに車を止めてくれ、とせがむ者もいた。また、落ち着き払い、できるだけ早くこの困難を乗り越えるために、車の後押しを申し出る者もいた。仲間の一人は、一番怖がっている乗客をなだめようとして、「アクション映画はお好きじゃないですか。今日は本当についてますね。映画の登場人物になれたのですから」と冗談を言った。その言葉で車内の全員が爆笑し、元気を取り戻したのだった。

楽観論の真の意味

楽観論には非常に深い次元がある。すなわち、人間の置かれた状況の如何を問わず、あらゆる人間には変革への可能性があり、それを現実化できる。その次元を指している。他ならぬこの可能性が、生きることに意味を与えてくれるのである。人生はほとんど価値がない、と考えるのが究極の悲観論であり、逆境であれ歓喜の時であれ、一瞬一瞬が宝であることを理解するのが究極の楽観論である。両者の違いは、単なるニュアンスの違いではなく、物事の見方が根本的に違うという点が強調されるべきだろう。人間がどちらの見方をするようになるかは、心に平和をもたらし、それを強めることができる充足感を自分の中に見出しているかどうか、で決まるのである。

第20章 黄金の時間、鉛の時間、浪費の時間

夏の酷暑に辟易し、秋の満月を待ち望む人は、自分の人生の貴重な百日が永遠に過ぎ去ることに考えが及ばない人である。

釈迦

人生は長くない

時間は、注意をそらしている間に、指の間から知らず知らずにこぼれ散る純金の粉末に喩《たと》えられる。最大限に利用される場合、時間は、意義深い人生の布を紡ぐために、日常という横糸を往復させる杼《ひ》（機織りのときに横糸を通す道具）に喩えられる。幸福の探求においては、時間が最も貴重な財産であると気づくこと、それこそが最も重要なことになる。だからといって、人生を過ごす上で意味深い重要な物事をすべて排除することにはならない。大切な人生を浪費する原因を排除することが大切だと言っているのである。セネカ哲学書にはこう書いてある。「時間が不足しているのではなく、余りにも多くの時間を無駄に過ごしているだけである」。

人生は長くない。重要な物事を先延ばしすることで人は多くを失う。人間に残された年月または時間は、いとも簡単に消失する。知らぬ間に砕け散る値打ちの高い物質と似ている。このように非常に価値があるにもかかわらず、時間には自衛力がない。通りすがりの誘拐者に難なく連れ去られる幼児のようなものである。

黄金の時間の受け取り方は人さまざまである。活発な人にとっては創造、建設、達成、他者の幸せに自分を捧げる時となる。瞑想者にとっては、内面の世界を理解し、人生の本質を再発見するために、自分の内側を凝視する時間となる。その間は活動していないように見えても、今の瞬間の真価をはっきりと認識し、他者を助けられる自分に内側の質を向上させる時は、黄金以外の何ものでもない。隠遁者にとっては、生きているどの瞬間も宝であり、時間は絶対に無駄にできない。ハリール・ジブラーン〔1883~1931年　レバノンの詩人〕の表現を借りるなら、隠遁者は沈黙の中で「その心を通して時の囁きを音楽に変えるフルート」となるのである。

怠け者は「時間を潰す」ことを考える。なんと由々しき表現だろう。怠け者にとって、時間は、長々とした、単調で、荒涼とした一本の線のようなものだろう。待機、遅延、退屈、孤独、退行に我慢できない人にとっては、鉛のように重くのしかかる、自由を奪うものとなり、人生そのものが耐えられないだろう。過ぎゆく一瞬一瞬が、拘束感と単調さを増すだけである。時間を、恐れるべき死への秒読みと捉える人がいる一方、生きていることにうんざりして、望むべき死への秒読みと捉える人もいる。この種の人にとっての時間を、ハーバード・スペンサー〔1820~1903年　イギリスの哲学者、社会学者、倫理学者〕は、「潰せない時間がその人たちを潰す」と表現している。

時間とは苦痛で退屈な経験に過ぎないと考える人は、一日の終わり、一年の終わり、人生の終わりに、自分が何もしてこなかったことに気づいて慌てふためく。また、誰にでもある成長の可能性にまったく気づかずに、過ごしてきた事実の露呈に驚愕する。

退屈と孤独を越えて

退屈は、気晴らしを唯一の頼りとする人が避けることのできない宿命である。その人は、人生を一つの大きな娯楽と捉えるが、見世物が終わった瞬間に惨めになる。退屈は、時間に価値を見出さない人の罹る疾患である。

反対に、時間には計り知れないほど大切な価値があることを理解する人は、日常的な活動や外からのさまざまな刺激からの、わずかの休憩時間を余すことなく活用し、どの瞬間にも備わっている、芳しく澄んだ音色を味わう。その人は、退屈の意味も味も知らず、精神的に枯渇することがない。

孤独にも同じことが言える。米国人の15％が、週に一度は強度の孤独感を経験している、という報告がある。人間関係または世の中との接触を断つ人は、エゴの幻想に陥り、群集の中で孤独を感じる。あらゆる事象には相互依存性があることを理解する人は、決して孤独に陥らない。隠遁者を例にしよう。たった一人で過ごすにもかかわらず、宇宙のすべてと調和し、一致していると感じることができるのである。

注意力が散漫で集中できない人にとって、時間は、混乱した心に入り込む物憂げな環境音楽のようなもので、まったく無為無益なものになる。このタイプをセネカは次のように表現している。「その人は、長く生きたのではなく、長く存在したに過ぎない。航海に出た途端に嵐に遭遇し、あらゆる方角から絶え間なく吹きつける強風に翻弄され、同じ場所をぐるぐると回転している状態を、長い航海と言えるだろうか。そのような人生は、航海ではなしに運命による翻弄と呼ぶに相応しい[1]」。

ここで使っている「気晴らし」とは、森の中を散歩する際に味わう、安らかなリラクゼーションを意味しない。それは、無意味な活動、際限なく続く心の無駄話を意味する。心を啓発する代わりに、疲労困憊させ、苦しみに陥れるだけである。心を常に迷わせ、わき道に踏み入れさせ、行き止まりに追い込む。逆に、時間の有効利用とは、時計と首っぴきになって常に焦っていることではなく、リラックスする、精神を集中する、穏やかにまたは活発に活動する等々、あらゆる状況において、時間の真価を常に認識していることを意味する。

黄金の時間への回帰

一日に一度、ほんのわずかな時間でもいい、心を内省する時間を持ったらどうだろう。たしかに、知的な会話や頭を使わないですむ娯楽もそれなりに楽しいものではある。だが、それらが本当の満足感を与えてくれるだろうか。心を内側に向けよう。山のように習得するだろう。

毎日わずかの暇を見つけて、利他的な考えを養成し、心がどのような働きをするかを観察するのは非常に価値のあることである。こうした心の探査は、地域情報やスポーツ記事を読む一時間に比べて千倍も多くのものを得る上、永続性がある。世間的なことをすべて無視しろ、と言っているのではなく、時間は有効に使われるべきだ、と言っているのである。いずれにせよ、現代人は、気晴らしがいたるところに氾濫している時代に生きている。しかも、一般情報へのアクセスは飽和状態にある。このような状況下で、外界を完全に遮断するというような極端なことは、しようとしてもできない。それどころか、現代人はその対極にいる。つまり、思考ゼロの状態にはまり込んでいるのである。挫折を味わうとか、仕事が空回りする等の経験をした場合は、「すべてを客観的に捉え直す」ことにわずかの時間費やす。だが、その方法と費やす時間が問題なのである。辛い時間が「さっさと過ぎ去る」のを待ち、「気持ちをまぎらわす」何らかの気晴らしを熱心に探そうとする。それがほとんどの場合だろう。だが、俳優と場面は変わっても、芝居は続くことを忘れてはならない。

湖の畔、丘の上、静かな部屋に座り、自分の奥深い部分がどのような構造になっているのかを観察してみたらどうだろう。まず、自分の人生で何が一番大切か、それをじっくりと検証する。続いて、それまで時間を割いてきたさまざまな活動を点検し、基本的に重要な事や活動を優先して順位をつける。日常的な活動のうち、必要性の低い部分を、沈思黙考と内側に目を向ける時間に切り替えることもできるだろう。長年にわたり、英国を離れて隠遁生活を続けたテンジン・パルモ尼はこう記している。「人は瞑想の時間がないと嘆くが、それは正しくない。廊下を歩いている間、信号待ちの間、コンピュータで作業中、列に並んで順番を待っている間、入浴中、髪を梳《と》かしている時でさえ瞑想はできるものである。今この瞬間に存在しているだけでいい。心についての余計な解説は要らない[2]」。

人生の残された時間は有限である。人間は、生まれたその日から一秒、一歩ごとに死に近づいている。チベットの隠者、パトゥル・リンポチェは詩的な表現をしている。

日没に太陽が沈むように、命が次第に残り少なくなると、
死が、長く伸びた夕暮れの影のように近づいてくる。

だからといって絶望することはない。事象に備わった性質をはっきりと意識していれば、一日一日を最大限に生きられるのである。人生についての明晰な検証を怠ると、人間には死について選択肢がないことを深く考えもせずに、今までのやり方を続けるほうが楽だから、という理由で変化を拒む。だが、人間のほうが、不毛な娯楽や無益な活動を放棄しない限り、あちら側が人間を見放してはくれない。それどころか、人生の空間が、それらによって、どんどん占領されてしまうだろう。

精神生活を「明日、明日」といって引き伸ばして、しり込みばかりしているうちに人生を終えるのでいいのだろうか。一歩一歩、カチカチいう時計の音と共に死は近づいている。死はいつでも訪れるが、人間はそれに対してまったく防御不能である。死は確実である半面、その到来の瞬間は不確実である。17世紀にナーガールジュナがこう言っている。

今生《こんじょう》が病に苛《さいな》まれる人生なら
流れに浮かぶ泡よりも脆《もろ》いだろう、
眠りから覚めて、
もう一度息を吸うために、息を吐くことの何と素晴らしいことよ！[3]

実践レベルに話題を移そう。時間と調和したいと望むなら、人格的特質をいくつか育成する必要があるだろう。まずは、今この瞬間を気づいて生きる意味の「マインドフル」な心の状態の体得である。それは、時の経過に油断なく目を光らせ、時が知らぬ間に過ぎ去るのを防ぐ力を備えさせてくれるだろう。また、妥当なモチベーションを持つことも大切である。その状態になると、時間がカラフルになり、それだけ時間の価値が高まる。勤勉さも素晴らしい。それは、時間の有効な使い方を教えてくれる。次が心の解放である。それは、障害となる感情が心を独占するのを防いでくれる。毎日、毎時間、毎秒が、目標に向かって飛んでいく弓矢に喩《たと》えることができる。「今」こそ、開始する時である。

第21章 時の流れと共に

いい人生とは、自分が専門とすることへの完全なる没頭を特徴とする。

ジャンヌ・ナカムラとミハリ・チクセントミハイ

フロー状態を経験する

誰にでも、一つの活動、実験または感情に猛烈に没入する、という経験があるだろう。クレアモント大学院心理学部のミハリ・チクセントミハイ教授の提唱するフロー理論は、まさにそのことを論理化したものである。1960年代に創造的なプロセスを研究していた同教授は、一つの事実に思い当たった。画家は、創造プロセスが順調なとき、作業に完全に没頭していて、完成までその状態に止まり、疲労も空腹も不快感も一切意識しない。作業が終わると、突然に関心が消える。このとき画家は、「フロー状態」を経験しているのである。その時間中は、自分のしていることへの没入のほうが、最終的な結果よりも価値が高い。

この現象に好奇心をそそられた教授は、活動の喜びが一番のインセンティブとなる、画家、登山家、チェス名人、外科医、作家、肉体労働者たちと数多くの面談を行った。同じ岸壁を十数回登ったロッククライマーにとっては、頂上にたどり着くまでのプロセスが喜びであって、登頂はそれほど重要でないのは明白である。特別の目的地もなしに、音楽を奏でながら、またはトランプで一人ゲームを楽しみながら、ヨットで湾を巡洋するヨットマンにとっても同じことが言える。このようなときに人は、「活動そのものに完全に没頭している。エゴや時間を超越する感覚がある。どのような活動、動作、思考も、前のものを引き継いでいる。それはジャズ演奏のようなものである。自分の全存在が巻き込まれ、自分の技術を最大限に駆使する」[1]。

1994年冬季オリンピックの金メダリスト、ダイアン・ロッフェ・スタインロッターは、滑降競技についての記憶はまったく残っていない。リラクゼーションの中に没我して、「自分がまるで滝のようだった」ことだけが記憶に残っている、と断言している。[2]

ウィリアム・ジェームス〔1842～1921年　米国の哲学者〕は、「経験とは、自分が没頭することに同意すること」と著している。[3] フロー状態に突入するかどうかは、生きた経験に対してどれだけ多く注意を傾けたかで決まる。もしフロー状態の突入を経験してみたいなら、自分が従事する作業によって完全に注意が占領され、自分の能力に匹敵する挑戦を受けることを覚悟しなければならない。挑戦があまりにも困難になると、そこに緊張が入り込み、不安がそれに続く。逆に、あまりにも容易だと、リラックスしてしまい、すぐに退屈する。フロー状態には、行動、外的環境そして心の三者の間に共鳴現象が生じる。こうしたスムーズな流れの経験は、強烈な満足感を伴い、最高の経験として感じられるのが大半のケースである。その正反対が、退屈、抑うつ、動揺、注意散漫などの状態である。フロー状態が続く間は、反省的な自意識過剰がなくなることにも注意すべきだろう。それは、対象に対する注意の喚起しか存在しないで、行動と人間が一体化し、自分に対する観察が中止されるからである。

筆者もフロー状態を経験したことがしばしばある。チベット人講師の通訳をするときがそうである。通訳という仕事は、言葉による対話にすべての注意を傾注するのが最初の作業である。対話は5分から10分くらい続く。次にそれを翻訳して口述する。数時間の講義が終わるまで、切れ目なしにその作業が続く。この作業での一番の方法は、チクセントミハイ教授のフロー理論に近い状態まで心を没頭させること、ということを自ら発見した。講師が話している間は、心を完全に応えられる状態にしておく。すなわち、心を一切の雑念が入り込まないように解放した白紙状態に保ち、緊張を伴わないで注意を集中した状態にしておく。こうして耳に入る内容を伝達する。それは、一杯になった水差しから別の水差しに中身を移し変えるのと同じ作業である。出発点と講義の脈絡だけを記憶しておけばいいのである。こうすれば続々と耳に入る詳細も、概して、骨を折らずにこなせる。心が注意集中状態でしかもリラックスしているので、長々した複雑な講義でも、極めて忠実に再構築することができるのである。雑念や外的な出来事が翻訳のフローを断絶する場合、魔力は消え、本筋に戻るのが難しくなる。この事態に陥ったときは、いくつかの詳細が記憶から漏れる。数秒間、心が真っ白になる。フロー状態を正しく経験するには、メモは取らないほうがいいだろう。すべてがとんとん拍子に運ぶとき、スムーズな流れが穏やかな喜びを醸しだしてくれる。自意識とは、自分自身の観察であるが、それが事実上不在になり、疲労を忘れ、時間の経過は、遠くからは見えない川の流れのように、知覚することがなくなる。

チクセントミハイ教授によれば、アイロン掛けとか組立てラインなどの最も平凡で単調な作業中にフロー状態を経験することもある。ただし、経験するかしないかは、時間の経験の仕方にかかっている。フロー状態を経験しない場合、事実上どの活動も、耐え難いとまでは言わないまでも、退屈でうんざりしてくる。同教授は、フロー状態に入りやすいタイプとそうでないタイプがあることも発見している。入りやすいタイプとは、「人生に対する好奇心と興味が高く、忍耐力がある反面、自己中心性が弱い。その結果、やりがいや達成感などの内面を満足させる内的報酬によって動機づけられ、能力が高まる」[4]人を指す。

フロー理論を取り入れて、作業状況を改善している製造工場（ボルボ自動車が代表例）がある。また、美術館は、入館者が連続的に展示された美術品を見て回るのが普通だが、フロー理論を採用した、ロス・アンジェルスのゲッティ美術館は、オブジェの展示を改善した結果、入館者は飽きずに楽しめるようになった。インディアナポリスのキー校のように、教育施設は特に高い効果をあげている[5]。ここでは、生徒は好きなことに好きなだけ没頭でき、自分のペースで、魅力を感じる課題に向かうことが奨励される。まさしくフロー状態での学習である。自分の選ぶ課題への興味を高め、進んで学習するようになる。

フロー価値を最大限に高める

人間が一定の活動をするとき、フロー状態に入ることで作業を断固として貫き、中断されてもまたそこに戻る勇気が湧いてくる、という。ただし、特定の場合には、習慣化したり、依存状態に陥ったりすることもある。フロー状態は、建設的でポジティブな行動だけに関わるということではない。例えば、賭博師がこの状態に入ると、時間の経過を忘れて勝負に嵌《は》まり込み、全財産を失うこともお構いなしに、自分を完全に見失うまでルーレット台やスロットマシンの虜になる。獲物を追いかける狩猟家、綿密に計略してそれを実行する窃盗犯にも同じことが言える。

フロー経験を強化することで高い満足感が得られるが、これは単なる道具に過ぎない。人生の質を長期的に向上させるには、利他の心や叡智などの人間の特質をそこに浸み込ませる必要がある。フロー状態の価値は、精神を彩るモチベーションによって高くも低くもなる。窃盗犯の場合はネガティブな色彩で質は格下げられ、アイロン掛けなどの平凡な活動は無色で中間に位置する。救助活動や、思いやりの瞑想などに従事するときはポジティブに彩られ質は高まる。

ジャンヌ・ナカムラとチクセントミハイ教授は、「どのように束の間の経験であっても、フロー状態によって人生の質は向上する。それこそがフローの最大の貢献である」という理論を基にした本を共著している。[6] この世に生存する間、どの瞬間も価値があることを認め、それを建設的に最大限利用するように仕向けるのは、この上なく大事なことである。そうすることで、むっつりと何事にも無関心な状態で時間を浪費するのを避けることができるだろう。

極めて本質的で内在化されたフローの形態を体験することができる。具体的には、外的な活動は一切行わないで、常に意識して気づいている状態を保ち、その中で、ゆったりと落ち着く体験である。心の本質をじっくりと観察することは、深遠で実り多い経験であり、同時に、リラクゼーションとフローが一体化する体験となる。リラクゼーションは内的静寂、フローは澄みわたっていてしかも開放された心の状態である。

言い換えれば、精神を集中しているのに緊張がない、といった状態である。この状態は、心が完全に透明で冴えわたっているという点で、普通のフロー状態とは根本的に異なる。これこそが純粋に気づいている経験であり、自分自身を観察の対象にする必要がなくなる。前章でも触れたように、ここでは「セルフ」の概念がほとんど完全といえるほど消滅している。

その結果、心の本質を直接に知覚するのが妨げられることも、気づきの「純粋な存在」が妨げられることもない。これを経験することにより、心の平安を体得し、世界および他者に対して心を解放することができるようになる。最後に、このような瞑想的なフロー状態を経験することで、宇宙の相互依存性を大きな視点で捉えるようになるだろう。気づきを経験した人は、常に静寂で、生命感に溢れ、利他的なフロー状態に留まるのである。

第22章 幸福の倫理学

美しく、正しく、賢い生き方をしなければ、幸福な人生を手に入れることはできない。逆に、不幸な人は、美しく、正しく、賢い生き方をしていない。

エピクロス

他者に幸福をもたらす

人の行為が善か悪かを決める基準は何であろう。仏教倫理では、行動の仕方だけでなく、その人の在り様も含めて判断する。慈愛に満ちた優しさ、思いやり、叡智などの徳に恵まれた人は「心が善良」であるので、ごく自然に倫理的な行動がとれる。仏教では、他者を苦しませることを目的とする行為は、根本的に反倫理的、他者を純粋に幸せにしようと意図する行為は倫理的、と解釈される。利他的だろうが悪意に満ちていようが、行動の「善」「悪」を格付けするのはモチベーションである。無色透明の水晶は、置かれる布地の色によって色が変わる。モチベーションにも同じことがいえる。倫理観はまた、精神的な健全性にも影響を及ぼす。他者を苦しめれば、即座に、または最終的に、自分自身に苦しみが戻ってくる。一方、他者に幸福をもたらす行為は、自分の幸福を保証する究極的で最善の方策である。

この世界には原因と結果が相互に作用しあう法則（仏教ではこれを「カルマ（業）」と呼び、因果応報の法則として行動を規定している）がある。それ故に、倫理観と精神的健全性とは直結しているのである。ルカとフランチェスコ・カバリ・スフォルツァはこう書いている。「幸福であるためには、他者のことを気遣うのと、自己中心的であるのとでは、どちらが得策か、という具合に、幸福を科学的に考察すると倫理学になる[1]」。自分自身だけでなく他者に対しても、利他的で建設的な態度をとることを気づかせてくれる仏教の倫理的説示は、優れた参考書になるだろう。自分の行為の因果応報が強調される教えが、苦しみを誘発する行為を避けるように鼓舞しているからである。

一神教は、神によって下される戒律に基盤が置かれている。また、絶対的かつ普遍的なもの、すなわち、「善」「悪」「責任」「義務」などの概念に思想的な基底を置いている哲学者もいる。また、「最大多数の最大幸福」を基本原理とする功利主義的思想を採用する哲学者もいる。最近のことだが、哲学者、科学者、政治家その他の専門家が一堂に集い、倫理的行動について討議する会合が開かれている。環境、遺伝子、幹細胞研究、人工的生命維持などの各種の分野において、研究が著しく進展しており、その結果、人間による行き過ぎた操作が危険をもたらしているというジレンマを、論理的な思考と入手可能な科学的情報を効率的かつ最大限に利用することで解決しよう、というのがこの会合の目的である。

仏教倫理のアプローチについて、ダライ・ラマは明快に解説している。「苦しみと幸福の個人的経験と切り離された倫理体系に、重要な意味があるとは考えられない[2]」。仏教倫理は、自分自身を含むあらゆる生き物を、一時的であれ長期的であれ、苦しみから解放すること、そして、他者が苦しみから解放されるのを助ける能力を高めることを目的としている。目的を達成するには、自分の幸福願望と他者の幸福願望とを公平に均衡させることが必要となる。

以上の観点で見れば、抽象的概念に基盤を置く倫理は、ほとんど役立たないということになる。神経科学者で哲学者のフランシスコ・ヴァレラが述べるように、真に高潔な人は、「倫理観に基づいて行動するのではない。専門家が自分の知識を具現化するように、倫理を具現化するのである。賢者は倫理的である。もっとわかりやすく表現するなら、賢者は、特定の状況に対応する場合、自分がいつもそうする傾向に沿って、自然に行動するのである[3]」。そのためには、常にマインドフルな心の状態を保ち、叡智を磨き、利他的な性質を心に深く植えつけ、しかも生涯を通じてその性質を育てていくことが大切である。それは規則や原則を適用することではなく、気づくことへの関心を高め、思いやり溢れた性質を一層強めることである。思いやりには、他者を利するために自発的に進んで行動するという側面がある。利他的行為は、こうした思いやりの性質によって誘発される。

倫理の核心は心の状態

これは、善と悪を絶対的に定義することの問題ではない。それは、自分の行動、言葉、思考が原因で幸福にも不幸にもなるという事実に、注意を怠らないでいることである。

ここに二つの決定要因がある。モチベーションと行為の結果である。行為の結果について、どのように予測しようとしたところで、外部から降りかかる出来事を制御する力は人間に備わっていない。一方、利他的なモチベーションとポジティブな結果を生じようとする努力を選択することはいつでもできる。そのために、自分のモチベーションを繰り返して点検していることが必要となる。これについて、ダライ・ラマの言葉を引用しよう。「自分の心が寛大か、それとも偏狭か。大きな視点で状況判断しているか、それとも瑣末《さまつ》な事項のみを考慮しているか。見方が短期的かそれとも長期的か。モチベーションが純粋に思いやりに基づいているか。その思いやりは自分の家族、友人、親密な人だけに限定されていないか。等々と考えて、考えて、考え尽くすことが必要である」[4]。

そうであれば、倫理の核心は行動様式ではなく、心の状態ということになる。外部に現れる行為が本物だと信じ込むと、例えば、罪のない嘘と悪意に満ちた嘘の区別がつかなくなる。殺人者に「自分が追かけている奴がどこに隠れたか教えてくれ」と訊ねられたとしても、それが真実を告げる場合でないことは明らかである。攻撃的な行為も同じことが言える。ただし、自動車に轢かれそうな我が子を母親が道路からぐいと押しやる際の乱暴な行為は、見かけに過ぎず、子供の命を救う善の行為である。逆に、誰かが笑顔でお世辞たらたら近づいてきたとしても、その人の目的が物を奪うことだったら、行為は一見非暴力的だが、意図は悪意に満ちている。

ここで基本的な疑問が湧く。それは、他者を幸福にする、他者を苦しめるという基準は、何を根拠として決まるか、という疑問である。飲兵衛を「幸せ」にするために、酒瓶を与えるだろうか。あるいは、その人の寿命が縮まるのを避けるために与えないようにするだろうか。ここで、叡智を養えという教えと利他的なモチベーションが機能を発揮するのである。真の幸福と、快楽などの幸福のまがい物とを識別することが、本書の趣旨である。純粋無垢な幸福と、それを破壊する思考と行動を正しく区別させてくれるのが他でもないこの叡智であり、それは教養ではなく実際の体験でしか養えない。

行動規則や法律など一切不要だ、という意図で議論を展開してきたのではない。規則とは、過去から蓄積された叡智が必然的に表現されたものである。窃盗、嘘、暴力などの行為は、ほとんどの場合有害であり、その限りにおいて規則の適用が正当化される。だが、規則は指標に過ぎない。そして、叡智がなければ、必要な例外を見分けることはできない。

窃盗を例にとろう。窃盗は通常、貪欲を動機として他者の財産を不当に奪い、他者に苦痛をもたらす行為であるため、非難すべき行為である。ただし、飢饉が起き、飢餓で瀕死の状態の人々に、ほんの一口の食料も提供しようとしない金持ちの守銭奴の溢れんばかりの倉庫から、食料を失敬する行為は、思いやりに動機づけられたものであり、この場合の窃盗は非難には値しないだろう。

法律の根拠は全般的に正当である。とはいえ、例外を認めさせるのは、哀れみ深い叡智である。マーティン・ルーサー・キングの言葉を借りるなら、「他者に対する非人間的行為は、残虐な悪人によって犯されるだけではない。腐敗した善人による非活動によっても犯される」となる。何も行動しない結果もたらされる苦しみは、行為した結果もたらされる苦しみより遥かに大きくなるものである。行為は、行われなければならないのである。何も行為しないということは、そのこと自体が、人々が苦しみに陥ることになるということすら考えが及ばない、ということである。

思いやり溢れた倫理観は、他者の苦しみを共感するとか、苦しみを和らげるための実践的対応策を講じるなどに限定されることはない。それは、自己中心性を超越し、セルフと他者を隔てる壁が、心によって構築されたものであることを理解することを意味している。あらゆる現象も自己も、そして他者も、最も本質的な部分で互いに関連し合っている。したがって、他者の身になって自分のことを考え、自分の行動の受け手がどのように受け取るかを想像することが必要なのである。

罪のない千人を選ぶか、罪のない一人を選ぶか

昔から、二者択一のジレンマに直面する場面はよくある。その際、実践に即した仏教的アプローチは実に有益である。選択の板ばさみについて、アンドレ・コンテ・スポンビルが簡潔に問いかけている。「人類を救出するために、一人の罪のない人間の命を見放さねばならないとき（ドストエフスキーは「幼児の拷問」と表現した）、あなたはそうするだろうか[5]」。哲学者カントは、次の理由で「否」と答えている。「正義が消滅すれば、人間はこの世における存在価値を失う[6]」。コンテ・スポンビルは正義について、その先まで考えをめぐらして次のように書いている。

功利主義の限界がここにある。正義が単なる便宜上の契約であるなら、共同体の幸福を最大化する、すなわち、すべての人の幸福を確保する目的で、まったく罪のない無防備な少数を、彼らの合意も得ずに、犠牲にすることが公平な態度ということになる。しかし、

それこそが正義が禁止している、あるいは、禁止しなければならない行為である。カントを参照に議論しているジョン・ロールズ〔1921～2002年、20世紀米国を代表する政治および道徳哲学者〕はこの点でまったく正しいだろう。正義は、幸福や効率性よりも価値が高く、両者よりも善性が高い。たとえ、最大多数の幸福のためであっても、正義が幸福や効率性の犠牲にされてはならない。[7]

一人の子供を犠牲にすることで、数千人の命を救うという決定が原則として容認される場合に限り、正義が犠牲にされるのはやむを得ないだろう。この場合の最も重要なポイントは、その決定を受け入れるかどうかではなく、同じくらいに受け入れ難い解決策を天秤にかけて、苦しみの総量をできる限り少なくすることにある。「最大多数の幸福」という考え方を教義として奉るということが問題なのでもなければ、罪のない子供を他者の命を救うための手段とみなすのが問題なのでもない。どうしても避けられない状況に直面した場合に、最も問題となるのは、苦しみの観点からみて、二つの不幸のうち、どちらが苦しみの程度が低いか、ということである。このように考えた上での選択なら、正義の基礎的な構造がばらばらに壊されることはない。逆に、何も行動しないことのほうが、罪のない千人を無言で見放すことになる可能性が高い。

こうした議論において注意しなければならないのは、人間は、非現実な抽象観念と感傷的な考えの餌食になりやすいという点である。実体験に裏づけられた判断を退ければ、頭で考えられた教義的な抽象観念に陥りやすい。罪のない子供の命を犠牲にする、という無残な状況はありありと想像できる。一方、犠牲にされる市民が何百人であろうが、具体性の乏しい抽象的存在としてしかイメージできない。そのような反応の仕方は感傷的である。１８０度回転させて「一つの命を救うために、罪のない千人を犠牲にすることは容認できるか」という問題を考える必要がある。

以上、道徳的な問題を、劇的状況を想定しながら考えてきた。この辺で、実践的な倫理、具体的には、洞察力と慈悲の心、そして特定の状況において、あらゆる事項を考え合わせることが必要だろう。実践的な倫理とは、偏見のない利他的なモチベーションをもって、他者の苦しみを緩和させたいという溢れんばかりの願望に基づいた倫理観であり、日々続けられる終わりのない挑戦である。それはまた、深く考えもせずに、法律文書や道徳規範の手段に訴えるというやり方を超越したものであり、したがって、実行に移すのは実に難しい。しかも、歪められたり、不正操作されたりする危険は極めて高い。実際、実践的な倫理観には、ある程度の弾力性が必要であり、そのことがかえって危険な要因となる。利己主義やえこひいきの連中に取り込まれてしまうと、当初の目的とは反対のネガティブな目的に簡単に利用される。だからこそ、すべての人、特に正義を執行する人は叡智を磨き、他者の幸福への関心を高めることが必要になってくる。

「実生活においては、人間は一定の状況に直面すると、直感的に行動する……人間は、特定の状況に適した行動をとる準備を整えているものである」[8]とヴァレラは指摘している。準備体制の中身は、人間の生き様とモチベーションに左右されるものであり、中身の質は、抽象的、道徳的な原則が正しいかどうかではなく、利他的な性質を持つかどうかで高くも低くもなる。ダライ・ラマの言葉を引用しよう。「人間は、即座に行動しなければならない時がある。自分の行動は間違いなく倫理的に健全なものであるという確信を持つためには、精神的な修行を怠らないことが決め手である。行動が自発的であればそれだけ、行動する瞬間に、その人の心の性向が強く反映されるものである」[9]。

善と悪の理想化

倫理観を大きく二つのグループに分けることができる。一つは、抽象的な原理を基礎とするもの、もう一つは仏教に代表される、実体験に裏打ちされた実践的な倫理観である。

カントの考え方を例にしよう。彼は、義務感こそがあらゆる道徳問題を究極的、絶対的に支配すると述べ、共感と思いやりによって燃え立った利他主義によって突き動かされて、他者のために行動すべき、という考え方を否定している。カントは、こうした人間の感情は信頼性に欠けていると考え、普遍的で公平な道徳の原則に訴えかけている。彼にとって善は、人類全体の幸福をもたらす人間の義務となる。だからといって、幸福それ自体は、目標とはならない。カントいわく、「とはいえ、幸福の原理と道徳の原理を区別する場合、両者間に対立関係がある、という意味にはならない。しかも、純粋に実践的な理性は、人間があらゆる幸福への当然の権利を要求することを断念すべきである、と命じているのではなく、義務が問題にされた瞬間には、幸福を考慮に入れるべきでない、と言っているのである[10]」。

義務は、普遍的であることを絶対条件とするゆえに無理強いされ、特別の状況に応じた例外が認められない。その結果、人間の体験は軽視される。フランシスコ・ヴァレラはこう説明する。「知識の適正単位は、原則として具体的、具象化され、併合され、そして生きた経験である。知識とは、状況性（環境の中に配置されてこそ機能を発揮する）があり、脈絡がある。知識の独自性、歴史性、脈絡性は、真実の本質の中に抽象的な形態を潜ませた『騒音』ではない[11]」。

「絶対善」に関しては、考え方はさまざまであるが、それらは概して、一時的な現象の世界とは独立して、それ自体で存在し、宇宙を超越した存在（神、理想的原型、理想的善などの）の信念として帰結する。これまでにも触れたとおり、仏教はまったく異なった見方をする。悪は自分の外側にある魔の力ではないし、善は人間から独立した究極で絶対的な原理ではない。すべては人間の心の内側で起こる。愛と慈悲心は、生きとし生けるものの本質、すなわち、根本的な善性を反映したものである。悪はこの根本的善性から逸脱したものだが、矯正可能である。

功利主義的倫理観

ジェレミー・ベンサム〈1748〜1832年　英国の功利主義道徳の提唱者〉は、「最大多数の最高の幸福は、道徳と法律の基礎を成す」と唱えている。[12] 仏教の見方は、より人間的なベンサムのアプローチに合意する。ただ、功利主義の目標は賞賛できるし、利他的ではあるものの、それが分析の基礎を置いている、幸福の本質に関する評価は若干曖昧である。浅薄な快楽と本物の心の深遠な幸福とを同一視し、混同している点が、功利主義の最大の短所である。正確には、幸福を快楽に降格させる危険があることである。対する仏教は、個人の変化、内的な変容に重きを置く。叡智を磨くことで倫理観を向上させ、利他的な動機を取り込み、判断を微調整するためにより明晰な心にする。

倫理観は、一連の兆候を予測し、ネガティブな感情が原因で起こる不快を防止し、それに侵された人を治療するという点で、「医学的」な訓練と捉えることもできる。こう考えるなら、犯罪者を投獄することは、覆しがたい宣告を言い渡すというよりは、患者を入院させる、と考えられるだろう。犯罪者が社会への害悪と危険がある限り、犯罪再発を防ぐために、投獄はやむを得ないことである。仏教は、犯罪者が本心から変わることはないと信じることをせず、人の善性が表面上無残に損なわれてしまっているが、心の深部では無垢のままであると説いている。それは、人間の善性が、憎悪、貪欲、残虐などの下に深く埋もれてしまう、その深刻さを単に無視しているのではない。むしろ、無垢の善性がいつでも再登場する可能性を現実的に理解しているのである。

刑罰が復讐の形をとってはならない。その最も極端な例が死刑である。復讐は、正義からの逸脱である。なぜなら、その意図は罪のない人を保護するのではなく、罪人を傷つけ、社会から目障りな「敵」を「一掃する」ことにあるからである。それは西部劇の正義であって、見識ある人の正義ではない。この場合、苦しみをもたらすこと、または殺すことを行動の主な動機としており、死刑宣告と同様、倫理的とは考えられない。

功利主義の限界

功利主義者は、一定の社会で手に入れられる快楽の総量を最大化することを提唱している。だが、幸福を評価するための適正な尺度がないために、根拠のない独断となったり、時には不条理になったりする。最大化の原則が闇雲に採用されれば、社会の特定の構成員が犠牲になりかねない。アリストテレスは、「奴隷がいなければ、知識層は、つまらない作業に従事することになり、高尚で品格ある活動を断念しなければならない！」として奴隷制度を容認している。この言葉は、功利主義という用語が発明される遥か以前に発せられたもので、その変形と考えられる。こうしたまことしやかでもっともらしい理屈は、仏教では想像もつかない。他者の立場に立って考え、たえず自問するように、という仏教の教えにしたがって、良識ある人間として成長した人なら、奴隷の身分が到底満足のいく状態でないことは容易に考えつくことである。

功利主義を最も手厳しく批判した一人が、現代米国哲学を代表するジョン・ロールズである。彼は、人間の行動の究極的な正当性としての最大多数の幸福説を否定し、それに代わるものとして、個人の権利を神聖なものとし、自由、平等、公正な協調の原則を提唱している。

ロールズによれば、何よりもまず正義でない行為は善ではない。仏教の観点から、正義と善の二つの概念は根本レベルで一つに結びついている。論理を振りかざす倫理観で公正とみなされる行動は、現実には悪になる場合がある。人間の命を救えたかもしれない窮余の嘘を、痛ましくも拒絶したカントはその典型例だろう。いかなる理由があったにせよ、カントにとって、嘘は人類全体への不正となる。それは、嘘をつく権利をほしいままにすれば、あらゆる言論の信頼性の大半が破壊されるという理屈に基づいている。正義からの逸脱はさらに難しかろう。

ロールズは、正義に対して、善よりも高い優先順位を与えるために、正義を理想化している。また、最初に自分の最善の利益を計算しないのは、基本的に利己的であり機能不全を起こす、という前提を立てて、善の価値を格下げしている。ロールズの言葉を引用しよう。

個々人は、それぞれ自分の利益、および自分の善に対する考え方を守ることを欲するはずであり、社会全体の満足量を均衡させるため、と言われたとしても、自分自身の損失を耐えることに服従する理由は持たない。強力かつ持続性ある慈悲的な推進力がない状況では、合理的な人は、自分自身の基本的な権利と利益にとって永久的な影響があるなしにかかわらず、その有利な点を代数計算して最大化するといわれたところで、社会の基本構造を受け入れることはしない。[13]

セルフの強い魅力に惹かれて誕生し、人を苛立たせている個人主義が、現代社会のいたるところに偏在している、という事実をひとまず認めることにしよう。だが、人間の行動を規定する倫理の観点からみて、個人主義は、人を奮い立たせる原理といえるだろうか。哲学者、チャールズ・テイラーは賢明にもこう述べている。「多くの現代道徳哲学は、どうあるのが善かではなしに、どう行動するのが正しいか、また、善い人生の本質にではなしに、義務の中身を定義することに注目してきた。また、他者を対象とする愛と献身として、または、注意と意思の専らの受け手としての善の考え方を受け入れてこなかった[14]」。ヴァレラは次のコメントをしている。

伝統的な社会には、常人より一段専門性の高い人として選り抜かれた、倫理的専門知識を備えた模範（「賢人」と呼ばれる）が存在した。対する近代社会では、倫理に関する専門家としての模範（体操選手のようなモデルとは異なる）は、探しだすのが難しい。それは、近代的倫理思考がニヒリズム（虚無的）の趣きを漂わせていることも原因の一つである。[15]

ピアニスト、数学者、庭師、科学者として卓越した技能や知識を備えた人の中に、怒りっぽいとか嫉妬深い性格の人がしばしば散見される。西洋では偉大な道徳家として知られる人が、自分の道徳原理に沿った生き方をしていないこともある。

人とその教えは、矛盾してはならない、という仏陀の教えを単純に思い出すべきだろう。倫理観は通常の科学では体得できない。それは、人間の本質に対する最も深遠な理解によって形成されるべきものであり、こうした理解は、たった一人で発見の旅に踏みだしたときに初めて得られるものである。徳、純粋な叡智、思いやりに全面的に支えられないで、知的考えに専ら基盤を置く類の倫理観は、堅固な基礎を築くことはできない。

倫理と神経科学

功利主義に慈悲心が加わると、どのようなアプローチになるだろう。二者択一の倫理的ジレンマに直面したときには、まず、状況を明晰に分析し、次いで、純粋に利他的な動機を備えることが要求されるだろう。苦痛の伴う犠牲、または個人的損失を強いる決定を迫られたとしても、激しい感情的衝突を乗り越えることが重要になってくる。罪のない一人の子供を犠牲にする、といったジレンマに直面した場合、功利主義的な価値観によって、感情的に辛い決定もやむを得ない、ということになる。神経科学の最近の研究から興味ある結果が判明している。脳には感情と認知（論理的思考）を司るそれぞれの領域が、こうしたジレンマ的問題の解決に関わる、ということが発見されている。

哲学者で神経科学者でもあるジョシュア・グリーンの研究により、倫理的ジレンマの状況で意思決定する場合、論理的思考をする、認知領域が活発に活動することが明らかになっている。[16]この領域は、感情的に反応する領域と優位性を競い合う。教授は、社会的、感情的な反応は霊長類の祖先から受け継いで進化してきたもので、カントのような教義的で独善的な考え方の中核を成し、有無を言わせぬ絶対禁止の根底をなしている、と推測した。ひょっとしたら達成できたかもしれない、より多くの善などはまったく眼中に入れずに、一定の道徳的な境界線を絶対に越えてはならない、というのが絶対禁止の考え方である。一方、脳の発達の中でも、遅まきに進化した前頭葉には、高度な認知制御機能がある。その構造のおかげで、利他的な功利主義の特徴である、偏見のない公正な評価も可能になった、といえるだろう。

グリーン博士は、「この説が正しければ、カント派の道徳哲学の根底を成す『合理主義者』のアプローチは、心理学的に言えば、純粋に実践の原則にではなく、一連の感情的反応に根拠を置いていて、それが最終的に合理化された、という、実に皮肉で風刺的なことになる」と述べている。同博士の研究は、他者の苦しみを最小化することを深く思考する、利他的な倫理観の重要性を再確認し、感情的な苦痛や個人的偏見によって影を薄くされてはならないことを実証している。この慈悲的な功利主義は、冷血な計算の結果ではなく、叡智によって支えられた、純粋な思いやりの結果である。

倫理の危機

「善」と「悪」をはっきり区別できると主張する、ユートピア的な理想主義とその教義によって、人類は不寛容、宗教的迫害、全体主義体制に導かれ、それが何世紀もの間続いてきたことは、歴史が証言している。こうした理想主義の支持者たちは、多様なバリエーションを考えだしては、使い古したやり方で多くの影響を及ぼし続けてきた。その根底には常に、「絶対善の名において、我々は皆を幸福な人間にするであろう。拒否する者は排除されねばならない」という原則があった。

こうした絶対法に服す気にもなれず、神の命令からも遠ざかり、人間は本質的に悪なり、という考えにも幻滅し、無数の哲学者や道徳家の相矛盾する倫理観に封じ込められ、現代人は、完全に路頭に迷っている。ハン・デ・ウイットは言っている。「こうした完全なる失敗の結果、道徳的な敗北主義が近代西洋文化の中核を成し始めている[17]」。

一方、純粋に利他的な倫理観は、神経科学の新たな発見で得た知識に裏づけられ、慈悲の追い風に吹かれて、絶え間なく変化する無常の現象の流れを順調に進んでいる。叡智と思いやりを常に育成強化することによってのみ、幸福の真の保護者となり、その継承者となることができるのである。

第23章 死を意識した幸福

狂人には二つのタイプがある。人間は死すべき運命にあることを理解しないタイプと、生きている事実を忘れているタイプである。

パトリック・デクラーク
（現代フランスの精神分析医、人類学者）

人生を豊かにするために死を心に刻む

遥かに遠い存在に見えるが、常に身近にあるのが死である。その時はまだまだ先だ、と想定すれば遠い存在だが、次の瞬間に訪れるかもしれないと考えれば身近な存在である。人間は死ぬ定めにあるのは確かな事実だが、その瞬間を予知することはできない。死が訪れるとき、どのような雄弁家も待つように説得することはできないし、どのような権力もそれを阻止することはできない。また、どのような富も遠ざけるための買収工作はできないし、どのような美人の誘惑も無力である。

人生に背を向けることなく、死に直面するにはどうすべきか。絶望や恐怖に駆られることなしに、死を考える方法はあるだろうか。エティ・ヒレスムの言葉を引用しよう。「人生から死を排除することで、完全な人生を送ることはできない。死を歓迎することで、人間は成長し、豊かな人生を送れる」[1]。死をどのように捉えるかが、人生の質を大きく左右する。ある人は恐れおののく。無視することを選ぶ人もいる。過ぎ行くどの瞬間にも真価があることを認め、生きる目的をしっかりと認識するために、死を熟視する人達もいる。死を人生の一部として受容することが、不断の努力を続けるための気力を養い、無益な気晴らしに時間を浪費することを防ぐ。

誰もが等しく死に直面する一方、そのための準備の方法は千差万別である。12世紀のチベットの聖者、ガンポーパは次の言葉を残している。「初めは、罠から必死に脱け出そうとして、もがく雄鹿のように死を恐れる。中間点に着くと、丹念に畑の手入れをしてきた農夫のように、何も悔やまなくなる。最終段階に至ると、偉業を成し遂げた人のように、幸福になる」。

死を恐れるほうが、死を無視するよりも遥かに学ぶことが多い。死に付きまとわれて生きることはないが、人間の存在の脆さに気づいていることは大切である。このように死を理解するのは、人生で残された時間を十分に味わうのに有益である。死は、しばしば警告なしに訪れる。たとえ、健康に恵まれ、友人と美味しい食事を楽しんでいたとしても、最後の瞬間を越えて生き延びることはできない。友人を、中断された会話を、半分の食べ残しを、未完の計画を、残して去らねばならないのである。

その瞬間に何も悔いはないだろうか。とてつもない人間の可能性を最大限に引き出した人で、悔いを残した人がいるだろうか。天気が良かろうが悪かろうが、来る日も来る日も汗水流して種を撒き、作物を刈り取って働き続けた農夫は、最善を尽くしたのだから何も後悔することはない。その瞬間に、自分自身を責めるのは、成すべきことを怠ったからである。より優れた人間として自分を向上させ、他者の幸福に貢献するために、あらゆる瞬間を使い切った人にとって、死は平安となる。

死への準備

死は、燃え尽きた炎か、干上がった大地に吸い込まれる水滴のようなものだろうか。そうであれば、エピクロスが「忌み嫌うものの中で最も恐れるべきものである死は、人間にとって意味がない。第一、生きている間、死は存在しないし、死が到来するときには人間はもう存在しないのだから」[2]というように、死は幸福とは無縁だろう。考え方を変えて、死は、単なる過渡的なものに過ぎず、人間の意識は無数の存在状態を経験し続ける、というふうに考えてみたらどうだろう。死のように重大な転変に直面する際には、その瞬間の苦しみにフォーカスして恐れおののくよりは、自分の所有物や愛する者たちへの執着心から解放され、利他的で心安らかな姿勢で死に臨むほうがはるかに相応しいだろう。

いずれにせよ、最後の年月または瞬間を、不安におののくかわりに、静寂の中で過ごすほうが望ましいのは確かである。身近な人や所有物を後に残すこと、肉体が消滅すること、などにくよくよと心配して苦悩することに何の益があるだろう。ソギャル・リンポチェはこう説いている。「死とは、自分が最も執着しているもの、すなわち、自分自身を究極的かつ不可避的に破壊することに他ならない。だからこそ、無我と心の本質の教えを習得することが大切なのである」[3]。死との距離が縮まる中で、静寂、無私、超然としてとらわれない心の態度を貫くのが最善の過ごし方だろう。そうすれば、死は精神的な苦痛でも、肉体的な試練でもなくなるだろう。

死への準備を最後の瞬間まで先延ばしすべきでない。なぜなら、その瞬間は、精神的な旅への出発にまったく相応しくないからである。セネカは言っている。「人生の残りの日々のみを自分のためにとっておいたり、どのような作業にも投入する能力がなくなるときのためだけに知恵をとっておいたりすることを、恥じないでいられるだろうか。生きるのを中止しなければならないときに生き始めるのは、まったくの手遅れである」[4]。心身ともに健全な今、準備に着手すべきである。

他者の死

他者の死をどう受け止めるべきだろう。愛する人の死は回復不能な傷のように感じるものである。一方、死を別の面から捉える方法がある。「望ましい死」というものだが、死を必ずしも悲劇的に受け止めない、という考え方である。今日の西洋では、人々は死から目を逸らそうとする傾向が強い。死は偽装され、隠蔽され、見かけの健全さを見せているに過ぎない。死から目を逸らす決定的な手段がないために、意識から完全に死を除去する仕方を選ぼうとする。だが、準備ができていないために、死が実際に到来したときの衝撃は、一段とその激しさを増す。過ぎ去るどの瞬間にも大切な価値がある。そのことを認めない限り、命は一日一日と消え去ってゆき、生きるという行為は、時間の無駄に帰するだけである。

古代ヨーロッパでは、臨終の人の家族全員が集まって、司祭が終油の秘蹟を施し、最後の言葉を聞く、というのが慣わしだった。チベットでは今でも、家族と友人の間で死を迎える場面にしばしば遭遇する。その結果、子供たちにとっては、死が人生の一部分であることを自然に体験し、学習する機会となる。臨終の場面に精神的指導者が居合わせる場合、死は一段と静寂なものとなり、身近な人たちは温かく励まされる。経験を積んだ修行者の臨終において、嘆き悲しむ人は皆無である。その火葬から戻った人の多くが、「万事順調に運びました」と、淡々と話すのである。カトマンズで亡くなった米国の仏教尼を友人に持つ駐ネパール米国大使が、その尼僧の火葬に立ち会った後、こう述懐している。「これほど気分の高揚した葬式は、これまで経験したことがない」。

賢者の死

賢者が享受する自由はきわめて特殊なものである。死に向かう準備をたゆまずに続け、人生のあらゆる瞬間が、与えてくれる恵みを余すことなく受け取った人が賢者である。その日はもう二度と来ない、たった一度の時間、と捉えて一日を生きるのである。当然、その日は、自分の存在の中で最も貴重なものとなる。日が沈むようすを見て、「明朝また太陽が昇るのを見られるだろうか」と自問する。賢者は、無駄にする時間などないこと、時間が極めて貴重であること、怠けて浪費することの愚かさ、などを熟知している。死がついに訪れるときには、悲しみも後悔もなく、後に残すものへの執着心もなしに、安らかに死の床に就く。青空高く舞い上がる鷲のように、軽やかに人生に別れを告げるのである。隠遁者ミラレーパは次の歌を残している。

我死を恐れ、山に向かい、
予知できぬ死の到来を繰り返し瞑想し、
不死不変の性質を牙城とした。
そして今、遂に死の恐怖を超えた。

第24章 道

世界の変革を見たいなら、まず自分が変革しなければならない。

マハトマ・ガンディー

社会的な活動まで広げる

時に人は、探検家にでもなったかのように、何か価値のあることがしたい、最後の瞬間に悔いることのない人生を送りたい、といった情熱に燃えることがある。自由な状態を体得するのはどうだろう。精神的鍛錬におけるキーポイントは、心を自由に制御することである。「徳を修める目的は、心の自由な駆使を可能にすることにある。心の駆使に至らなければ、どのような禁欲生活も無益である」という言葉がある。したがって、「徳を修める」とは、「鍛錬」に他ならない。本書では心の鍛錬を指している。

精神的な道の目的は、他者が苦しみから解放されるのを助けたいという願望を実現するために、自分を変革させることである。初めてそれを聞いて、「そんなこと到底無理だ」という無力感に襲われる人もいるだろう。ところがしばらくすると、障害を乗り越えるために、自分自身を向上させたいという願望が頭をもたげてくるものである。

精神的な道に一歩を踏み出し、覚悟を決めて実行に取りかかってしまうと、すべてがそれまでと違ってくるだろう。故意に他者に害を及ぼすことができなくなっている自分を発見する、重大な瞬間が数カ月または数年たってやってくるはずである。高慢、嫉妬、精神錯乱が、我が物顔で心を占領することは最早なくなる。実行中の精神の鍛練は、自分を向上させ、他者の幸福に貢献できるようになるか、何を達成したのか、停滞していないか、後退していないか、前進しているか、といった自問を何度も反復し、そこから外れないように注意を集中することが大切である。自分の内に健全な心の基礎がしっかりと根を下ろした段階には、自分の内側の輝きを、周りの人々や社会的な活動にまで押し広げることが楽にできるようになる。

苦しみから解放されるための訓練法は数多くあるが、どの方法でも、途中で進行が妨害されるだろう。方法の多様性は、人の考え方が千差万別であることを反映している。誰もが、自分の気質、知的レベル、信念などを出発点にして、自分探しの旅に出るのである。そして、誰もが、自分自身の思考プロセスに適した方法を発見し、心の毒となる感情のくびきから次第に自分を解放することができるだろう。

世界中の多くの人が、飢饉、極貧、戦争その他、無限にある不幸で苦しんでいるというのに、心の自由を得るために、自分一人の苦しみを一掃しようとするのは、単なる贅沢ではないか。多くの人の苦しみを和らげる努力をなぜしないのか。そうすれば、科学者も研究にばかり時間を費やすことなく、苦しみを和らげる緊急作業に従事するだろうに。同じく、病院の建設に5年もの歳月を費やすことに何の意味があるのか。電気や水道の工事をしたところで、病人は治せない。まず外に出て、テントを張って、病人を真っ先に治療すべきではないのか。研究だ、学習だといって、何かの専門家になる必要などあるのか。内的な変革への修行も同じこと、自分で決めたからといって変革できるものでもない。等々の反論が出てくることだろう。

こう反論する人に是非とも想起してほしいのは、聖者の叡智も慈悲心も、どこからともなく自然に湧いてきた、根拠のないものとは異なる、ということである。ちょうど、花が空中に突然咲くことがないのと同じである。アリストテレスは言っている。「最も偉大なもの、最も崇高なものは、運任せにしていては実現しない」。

聞き、考え、瞑想する

どのような分野の見習修行にも共通することだが、精神的な鍛錬においても、いくつもの段階を経て前進する。最初は師の教えを受け、次に、その教えを自分のものとして吸収することが必要となる。生まれながらに知識を備えた子供はいない。そして、体得した知識が、ほとんど開かれることのない美しい装飾本のような無用の長物とならないよう、活用することを心がけねばならない。教えられた知識の意味を深く考えることも大切である。釈迦は弟子たちにこう説いている。「私への尊敬の念だけで、私の教えを鵜呑みにしてはならない。金の細工師が金を切り、熱し、叩いて調べるように、私の教えを吟味し、試しなさい」。

師の教えを頭で把握するだけでは不十分である。それは、医者の処方箋を枕元に置きざりにするとか、「治った、治った」と唱えることが、病気の治癒を意味しないのと同じことである。学習した知識を、心を流れる想念に一体化させ、包括的なものとしてまとめる作業が必要となる。こうすることで、頭の中で組み立てられた理論が、具体的な自己変革に結びつく。これまでにも触れたように、これが瞑想の意味するものである。すなわち、これまでとは違う、新しい在り様に慣れ親しむことである。瞑想を実践することで、親切、忍耐、寛容などのポジティブな特質が自然に身についてくる。そして、瞑想を続けることでしか質は強化されない。最初は短時間でもかまわないが、この訓練を規則正しく続けているうちに、特質が自分のものとして同化し、隅々にまで浸透してゆき、ついには第二の天性として習慣化するようになる。平常心を体得するための瞑想を続けるのもいいだろう。それには、例えば、花、感情、アイデア、仏像などの対象を決め、それに精神集中するという方法も推薦できる。最初は心がぐらつくかもしれないが、訓練するうちに鎮められるようになるだろう。蝶が花から飛び立っても、またその花に戻るように、精神集中に心を戻せるようになる。退屈しつつも義務を果たす生徒になる必要はない。瞑想の目的は、弾力的で、安定していて、力強く、明晰で、しかも注意を怠らない心の状態を維持できるようにすることである。瞑想の訓練とは、勉強を嫌がって駄々をこねる子供を増長させるようなものでなく、心を放置して台無しにしないで、変革のための有能な道具として鍛え上げることである。

　瞑想の仕上げの段階に到達したら、思考のベールの後ろ側に常に存在する、純粋な気づきの状態、具体的には、自分が壮大な宇宙に存在するように、心を完全に解き放った状態にする仕方で、あるいは、心をよぎる思考の本質をつぶさに見つめる方法で、意識そのものを抽象的で概念的にではなく、直接に凝視することができるようになる。

　瞑想方法は多様だが、どれもが内的変革プロセスの一環という共通の機能を持っている。瞑想は、単に知性が反映されるものではない。なぜなら瞑想とは、同一の内省的分析、同一の変革努力、そして同一の熟考であり、それをたゆまず反復する経験である。突然に頭で閃いて理解する、といった経験とも違う。瞑想は、現実に対する新たな洞察であり、心の本質の把握であり、新しい特質が自分の一部になるまで育成強化することである。瞑想は、知的な気取りなどを遥かに超えた、揺るぎない決意、真剣さ、忍耐力が揃って初めて体得できる技術なのである。

日常的な行動に当てはめることで瞑想は徹底する。瞑想の「大げさな授業」に参加したところで、その経験が自分の在り様そのものを向上させるのに転化されないようでは、何の役にも立たない。瞑想による自己変革は、他者のために自分を提供することに繋がる。心に撒かれた忍耐力、精神力、静寂、愛と思いやりなどの種が芽生え、成熟するときにこそ、実った成果を他者に差し出すことができるのである。

傷を負った雄鹿のように

とはいえ、相当の時間をかけ、適切な条件が揃って、はじめてこの成熟レベルに到達するのである。傷ついた雄鹿は傷の癒えるまで森の奥に隠れるものである。人間も、人里離れた静かな場所で独居することで、瞑想の修行と内的変革を効果的に安定化させ、進展させることができる。人間の場合、癒すべき傷とは、無知、悪意、嫉妬などである。竜巻のように目まぐるしい日常生活の中に身を置くうちに、あまりにも苦痛がひどくて、エネルギーが大幅に消耗するため、活力を蘇らせるための修行をする気力すらなくなってしまうものである。

都会の雑踏から離れて独りで過ごすことは、決して他者への関心を失う結果にはならない。それどころか、世間的な活動から距離を置くことにより、一段と膨大で静謐《せいひつ》な見方ができるようになる上、幸福と苦しみの本質を一層深く理解できるようになる。心の平安を見出すことは、他者とその平安を共有する方法を知ることにもなる。

人生の荒波を乗り越える方策を発見し、そのための活力が漲《みなぎ》るレベルに到達しなければ、どれだけ独居の時間を過ごしても意味はない。独居修行で体得したものが適正か否かは、意気消沈しがちな逆境においてだけでなく、成功の場面でも、実証してみる必要がある。人間は成功すると、とかく独りよがり、得意満面になりがちである。とはいえ、「言うは易し行うは難し」の諺のとおりである。平らに伸ばそうとしても、手を離した途端に丸まってしまう巻紙のように、人間に染みついた習慣や性癖はまったく執念深く修正しにくい。忍耐力がなければ修行は続かない。隠遁者が心の本質を発見するまでに、長年月を費やすのは別に驚くことではない。

隠遁者が人間社会とは無縁の隔絶された存在かといえば、そうではない。なぜなら、彼らは、歴史の最古まで遡って、人間の行動の根源を探りだしてくれるからである。隠遁者は、他にすることがないとか、社会から拒絶されたなどの理由で、人生を瞑想で明け暮れさせているわけではない。自分のみならず、とりわけ、他者の利益のために、幸福と不幸の本質を解明することを目的として、自分を捧げている人たちなのである。

現代社会においては、数カ月あるいは数年かけて瞑想生活を過ごすことを、男女ともに期待するのはまったく妥当でないだろう。とはいえ、一日数分間、時には、数日間静かに座って、自分の心の中、自分を取り囲む世界をじっくりと熟視することなら、できなくはないだろう。それは、疲労しきった人にとっての睡眠、汚染された都会の空気を吸っている人にとっての新鮮な空気と同じくらい、生命を維持するのに欠かせない大切なことである。

道が到達するところ

誰でも（またはほとんど誰でも）幸福に関心がある。だが、仏教でいう悟りに関心がある人はどれだけいるだろうか。悟りという言葉自体、珍しく、曖昧で、関係が薄い、というふうに響くらしい。とはいえ、究極的な精神の健全性は、妄想と心の毒を完全に排除し、その結果、苦しみが除かれる状態になって初めて手に入るものである。仏教の悟りとは、心の本質とこの世の現象に関する完全な知識を伴った、究極に心が開放された状態のことである。つまり、無知の眠りから目覚め、現実に対する正しい見方が、精神の歪みに取って代わる状態に達した心の旅人である。この世のあらゆる現象に備わっている、相互依存性を深く理解することによって、見るもの知るもの（主体）と、見られるもの知られるもの（客体）の間を隔てる壁は消滅するのである。主体と客体の対立する二元性を消滅させた状態には、知性と苦痛を伴う脆弱な思考を組み込んだ構造状態を超越して、初めて到達できる。聖者とは、個々のセルフ、この世の現象のうわべの姿が、本源的で固有の現実の存在ではない、ということを見抜いた人である。どのような人間にも、無知と不幸から自分を解放する力が備わっているにもかかわらず、それに気づいていない、ということが聖者には見えているのである。だからこそ聖者は、無知の魔力に取りつかれ、輪廻転生の試練の中に迷い込む、すべての人間に対して、無限の哀れみと思いやりを感じるのである。

聖者の悟りの状態は、日常的な関心に心を奪われている凡人の状態からはほど遠いように思えるかもしれない。だが、到達できなくはない。実際、その状態は、目が睫毛《まつげ》を見ることができないのと同じくらいに近くて、見えないだけなのである。ルートヴィヒ・ヴィトゲンシュタイン〔1889～1951年　オーストリア・ウィーン出身の哲学者〕の次の言葉は、仏教的な考えと呼応する。「人間にとって最も重要な物事の側面は、単純さと親密さであるが、それゆえに目には見えてこないものである」[1]。誰もが人間の本質に到達する可能性を備えており、悟りに到達する距離にいるのである。ライナー・マリア・リルケ〔1875～1926年　20世紀を代表する詩人、作家、評論家〕は、「誰もが物事を未完成のままにして死んでいくもの」と書いている。一方の仏教は、「人間は完全な形で生まれてくる。どの人間も、発見されるのを待っている宝を持って生まれてくるのだから」と教えている。とはいえ、宝はそのままにしておいては、能力を発揮しない。バターの原料である牛乳は、攪拌《かくはん》されずに放置されたらバターにはならない。悟りに到達するための特質は、変革を続ける精神的な旅路の最終地点において姿を現すのである。

精神的な旅路のどの段階も、悟りを達成するためにはどうしても踏まねばならないステップであり、どのステップを踏む際にも深い満足感を味わうだろう。この旅路は、一つの谷から次の谷に向かって歩む道程に似ている。峠を越える都度、後に残してきた風景よりもさらに壮大な景観が待ち受けている。

幸福も苦しみも超えて

絶対的真理という観点から見れば、幸福も苦しみも現実に存在しない。幸福も苦しみも相対的な真理でしかなく、それらは、混乱した心によって知覚されるに過ぎない。物事の本質を理解している人は、何もかもが純金でできた島に寄港する船長にたとえられる。船長は、ただの石ころを探そうとしても、金以外は何も存在しないことに気づくのである。

チベットの渡り鳥と呼ばれた隠遁者シャブカルは、悟りと慈悲の心を次のように詠んでいる。

リラックスして、自由解放状態でくつろぎ
壮大な空中王国に到達した
そこは無条件絶対の国
すべてを見通せ、静謐そのものの
壮大な空として、そのままにされるとき
毒を含み、苦痛を伴う心の拘束が
ひとりでに緩んでいく

どこまでも透明な空のような
この国に留まるとき
言葉も思考も表現も越えた歓喜を味わう

一切を包み込む空よりもさらに壮大な
叡智の目で見つめていると
輪廻転生と解脱の現象が
なかなか愉しい見世物になってくる
見事なその連続の中にいるときは
骨を折ることなしに
森羅万象は生起する
まったく安楽に自然に
完全な満足の中で

すべての感覚あるものは自分の母と知る
心の奥深くに潜む母の恩が思い起こされる
空しい言葉ではなく
今、利他の心をもって行為する！[2]

おわりに

幼い頃に魔法の水にはまって以来、常に幸福な人間であり続けた、などと嘯《うそぶ》くつもりは私にない。だが、今は、読み書きができるし健康であるというのと同じほど率直に、幸福であると言うことができる。小中高の学生時代は勉強に励み、自然を愛し、楽器を演奏し、スキーやヨットに興じ、バードウォッチングを楽しみ、写真技術まで習得した。そして、家族や友人を大切にしてきた。だが、幸福である、と自分が宣言することなど想像したこともなかった。

要するに、幸福という言葉は私の語彙《ごい》にはなかったのである。ただ、自分の中には、隠された宝のような潜在性が潜んでいることは何となく感じていたし、他者にもそれがあることにも気づいていた。だが、潜在性とはどのような性質のものかについては曖昧模糊《あいまいもこ》としていて、どうすれば実現するのかもわからなかった。今は、人生のどの瞬間にも、旺盛な生命力が溢れる感覚を楽しんでいる。その感覚は、時の経過と共に、幸福と苦しみの原因を深く理解するようになって、蓄積されたものである。

叡智と慈悲心の両方が備わった、驚くべき勇者たちと出会うという幸運が、人生の方向の決定要因となった。これらの現実のモデルは、いかなる言葉よりも強い説得力を持っていた。彼らは、何を達成できるかを示してくれたし、どのような方法を使えば、解放されて幸福な状態を永続させることができるかを実証してくれた。友人と共に過ごすときは、彼らと人生を喜んで共有できる。隠遁生活などで、一人で過ごすときは、過ぎ行く瞬間のすべてが喜びとなる。何かのプロジェクトに従事して多忙な時間を過ごすこともある。その計画が成功すれば大いに喜ぶが、順調に運ばない場合でも、最善を尽くしたと考えて、苛々《いらいら》と気に病んだりすることはない。

日常の糧に恵まれ、頭を覆ってくれる屋根があることに日々感謝している。自分が所有する物はすべて道具であると解釈しているから、必要以上のものは一切ない。ノートパソコンがなくなれば、著述作業を中断しなければならないし、カメラがなくなれば、人々に写真を見せる楽しみがなくなる。だが、それらがなくなったからといって、人生のどの瞬間にも備わっている、かけがえのない価値が損なわれることはない。人生の本質にあるのは、精神的な指導者たちとの出会いであり、彼らの教えである。最後の瞬間が到来するときまで瞑想を続けるのに、それ以上の何が必要だろう。

本書に集約された考え方が、一時的であれ究極的であれ、生きとし生けるものすべての幸福の旅路を照らす灯として役に立つこと、それが今一番の願いである。

宇宙が続く限り、感覚あるものが存在する限り、
私も、この世の悲惨を取り除く存在であり続けたいと願う。

シャンティディーバ

瞑想の実践

最初に幸福をもたらす要因を探そう

本当の幸福をもたらす要因が何かを考えてみよう。そのためには、一人静かな時間を過ごすことが必要である。今、自分が感じている幸福は、外的条件に由来しているのだろうか？　心の状態によって感じる幸福と世間的な経験によってもたらされた幸福とどちらの割合が大きいだろうか？　外的条件によってもたらされた幸福が大きい割合を占めている場合、今感じている幸福がどれだけ安定しているか、または、どれほど壊れやすいかを診断してみよう。心の状態に起因している幸福感が大半を占めている場合、それを一層強化する方法について考えよう。

集中力を高める瞑想

無理なく静かに座り、部屋にある置物、自分の呼吸、自分の心など、対象となる何かを選んで、それに注意を集中させてみよう。最初は、蜜を求めて花の間を飛び交う蝶のように、心はとりとめもなくさ迷うだろう。雑念が出る度に、自分の選んだ対象に心を戻す作業を辛抱強く続けるうちに、集中力が高まり、やがて心が安定してくるだろう。眠気に襲われたら、姿勢を元に戻し、目線を多少上向きにして、目覚めた状態に戻ろう。心が動揺したり興奮したりする場合は、逆に姿勢をゆったりめにして、目線をやや下向き加減にすれば、心の緊張がほぐれるだろう。

以上は、精神集中の力を高め、曇った無明の状態から抜け出させ、今この瞬間に存在していることに気づいている状態（パーリ語でサティ、英語ではマインドフルネス）を体得する方法で、これから学ぶさまざまな瞑想の基本を成すものである。

本物の幸福と単なる快楽を区別しよう

過去に経験した肉体的快楽のうちで最も強烈だったものを思い出してみよう。最初は、強烈な快楽として経験したのに、次第に快感が薄れ、最後は、倦怠感となり、興味をすっかり失ってしまっただろう。そうした快楽の記憶を経験した順にたどってみよう。快楽は精神的または持続的な満足感をもたらしただろうか、と考えてみよう。

次に、精神的な喜びや幸福の経験を思い出そう。自分以外の誰かを幸せにしたとき、愛する人とゆったりと過ごしたとき、美しい自然に抱かれて過ごしたとき、どのような気持ちになったかを思い起こそう。こうした経験が心にもたらした持続的な影響と満足感についても考えよう。このような穏やかな状態と、快楽がもたらす束の間の興奮との間には心境的な質の違いがあったのではないだろうか。両者を比較してみよう。

精神的健全さを強く感じる瞬間の価値の高さを認め、その価値をさらに高める方法を追求してみよう。

瞑想を始めよう

自分を取り巻く環境がどうであれ、生気溢れた状態にさせる可能性は誰の心の中にも必ず存在する。それは、愛情豊かな親切心、思いやり、心の平安を体得する可能性のことで、あらゆる人の心に秘められたものである。天然に転がる金塊と同じで、掘り当てられ、磨かれ、現実のものにされない限り、価値が高まらないだろう。

こうした可能性を引き出し、強化育成することにより、精神的な健全状態が一段と定着化するだろう。可能性を放りっぱなしにしていても強まることは期待できない。それは一種の技術として習得しなければならない。手始めとして、自分の心に習熟することから始めることである。それこそが瞑想修行の第一歩なのである。

まず、バランスのとれた無理のない姿勢で静かに座ろう。座布団の上で足を交差させた蓮華座が無理なら、椅子に座っても構わない。どちらの場合も、常に緊張のない程度に自然に背筋を伸ばした姿勢をとることが大切である。手は膝または腿の上に置き、目は自然に前方に置き、呼吸は自然にまかせる。心の中に、思考が浮かんでは消えるのを見つめていよう。最初は、思考が消えるどころか、滝のように心の中に乱入してくるかもしれない。その場合は、思考を停止させたり、逆に、焚きつけたりせずに、浮かんでは消えていくようすをただ眺めているだけでいい。

作業の終わりには、次第に静寂になった心によってもたらされる、温かみと喜びをしばらくの間味わおう。

そうするうちに、思考は穏やかな川の流れのように落ち着いてくるだろう。この作業を規則正しく続けると、ついには、波一つない穏やかな大海原のように平穏な心の状態を容易に作れるようになる。風で波が立つように、新しい思考が浮かんでも、苛立ったりせずにやり過ごそう。思考はやがて大海原に跡形もなく消え去るだろう。

メンタル・イメージ法

欲望、嫉妬、高慢、攻撃、強欲等の激しい感情に心が取りつかれたら、おだやかで平和な情景を思い描こう。想像力を一杯にして、静寂そのものの湖とか遥か彼方まで見通せる山頂に飛び立とう。雲一つない限りなく広い大空、無風状態の大海原のように穏やかな状態でゆったりと座っている自分を心に描くのである。

静寂をしばらく体験していよう。心の内に吹き荒れていた猛烈な嵐は鎮まり、平和な気持ちが心の中に新たに広がってくるだろう。自分の受けた傷がどれほど深くとも、心の奥にある本質はまったく影響を受けていないことを理解しよう。心の奥には、純粋意識が常に光輝いているのである。

苦しみを幸福に入れ替えよう

最初に、生きとし生けるものすべてに対する優しさ、愛情豊かな親切心、思いやりの気持ちを強める作業から始める。第二ステップは、自分と同じか、または、自分よりもひどい苦しみに耐えている人々に思いを巡らせる作業。まず、吐く息が、ひんやりと白く輝くネクター（命の水）となったとイメージする。そのネクターに、自分の幸せ、活力、幸運、健康等を乗せ、苦しむ人々に向けて送り出そう。苦しむ人々がそのネクターを一杯に吸い込んで、苦しみが和らげられ、望みが叶えられるようすを想像しよう。危険に晒されている人の命が永らえ、病に苦しむ人は癒され、貧困にあえぐ人が必要なものを手に入れ、不幸な人が喜びで満たされる状況を想像しよう。

息を吸うときには、心が明るく、光り輝くボールになったとイメージしよう。ボールは灰色の雲となって、人々の病、混乱、心の毒を引き受け、それが白く輝く光の中に跡形もなく吸い込まれる様を思い描こう。こうした作業によって、自分と他者の苦しみは変容するだろう。だが、重荷を背負い込むといった感覚になることはない。他者の苦しみを引き受け、溶かしてしまう際には、執着も固執も一切伴わず、この上ない幸福を感じるだろう。

あるいは、自分の肉体が無数に増幅され、広い宇宙を自由自在に移動し、寒さに震える人々の衣服に、飢えた人々の食料に、ホームレスの人々の避難小屋に変容する様を想像する、というイメージ・トレーニング法も効果的である。

このようなビジュアルな瞑想法は、日常生活の合間にいつでも実行できるので、慈悲と思いやりの心を強めるのに効果的である。それは、自分の精神の健全さを蔑《ないがし》ろにしろ、といった無理なことを要求しているのではなく、この世で避けられない苦しみに対する自分の反応を調整し、新たな価値を付加することになる。実際、自分自身が幸福を望んでいることをはっきりと確認することは、他者の苦しみへの純粋な共感の第一歩である。しかも、こうすることで、他者のために尽くそう、という情熱と進んでその役割を引き受ける姿勢を堅固にするのである。

気づきの瞑想

とりとめなく浮かんでは消える思考の向こう側に潜んでいるものを観察しよう。過去、現在、未来に対する憂いもなく、透き通るように光り輝く、自然でありのままの目覚めた存在がそこにあることに気づくだろう。頭の中から抽象的概念を取り除き、今、この瞬間だけに留まろう。そして思考と思考の間にはどのような仕組みがあるかを観察しよう。そこには、雑念が何もないはずである。一つの思考が消えて次の思考が浮かぶまでの時間を徐々に延長させよう。

とりとめのない雑念が消え、単純明快でしかも気づいている状態とは、今、この瞬間に気づいている、ごく自然な状態のことである。

以上の方法で、思考の湧き出る源を眺めているうちに、思考が無闇に浮かんでこなくなるだろう。

感情に打ち負かされそうなとき

ビルのように巨大な波が渦巻く嵐の海で航海中の自分を想像しよう。後から後から怪獣のような恐ろしい波が寄せてきて、船は飲み込まれそうである。大波に弄ばれる命は風前の灯である。同じ場面を今度は、空を飛ぶ飛行機から眺めてみよう。空から下を展望すると、大波は青と白のデリケートなモザイク模様にしか見えないし、海面はほとんど動きがないようである。騒音のまったくない高さから下を見るように心を覗くと、そこには動きのない模様しか見えず、美しく輝く空のような空間に心が溶け込むだろう。

怒りや執着の大波は、実に現実的に見えるだろうが、それらは単に心が作りだした虚構に過ぎず、浮かんでもやがては消えるもの、という真理を自分に言い聞かせよう。不安の船に乗り続けるのは愚かなことではないだろうか。心を空のように雄大に押し広げれば、心を苦しめている感情の波の威力はやがて弱まるだろう。

心を静めて内側を観察しよう

無理のない楽な姿勢で座ろう。緊張しない程度に背筋を伸ばし、目はゆったり自然に開けておこう。吐く息と吸う息に意識を集中させながら穏やかに5分間呼吸し続けよう。混乱した思考が次第に静まるのを経験しよう。心に浮かぶ思考は、押さえ込んだり、増幅させたりしないで自然に任せ、淡々と呼吸に意識を集中しよう。

次に、外側の状況、雑音、出来事には注意を払わず、内側にだけ目を向け、心そのものを内観しよう。「内観」とは、思考の中身ではなく、気づきそのものを観察することである。疲れ果てた旅人が、心地よさそうな草原でしばらく休むように、心を緩やかに休ませよう。

続いて、人間として存在する価値と生気溢れる境地に至る可能性について深く感謝しながら黙考しよう。同時に、どれほど貴重なものであっても、命は永遠でないのだから、最高に利用しなければならないものだ、という真実を実感しよう。自分の人生で何が一番重要かについて真剣に考えよう。精神的に健全な状態を確保し、意義深い人生を送るためには、何を達成し、何を捨てる必要があるか、について深く考えよう。真の幸福を手に入れるのに必要な要素がはっきりしたら、それらの要素が心一杯に咲き乱れる状態を思い描こう。そしてそれらの要素を根気よく育てよう。

最後に、純粋に親切な心で、すべての生き物を抱きかかえる、というふうに考えて瞑想を終えよう。

感情の解放

激しい怒りに駆られたときのことを思い出し、その状況を追体験しよう。怒りの記憶が戻ってきたら、怒りの対象にではなく、怒りそのものに注意を集中しよう。怒りと自分が一体にならないで、自分とは関係のない現象として距離を置いて眺めるのである。単純に怒りを眺め続けるうちに、次第に消滅するだろう。

怒りの記憶が強くこみ上げてきて、平静な状態に戻るのが難しい場合もある。それは、自分が恨みを抱く対象に向かって、心が繰り返し引き戻される結果、怒りが生々しい記憶として戻ってくるからである。対象は攻撃の標的となり、心の火花が燃え上がり、感情が掻き立てられるのである。怒りが心に入り込んで、悪循環にはまり込んだかのように感じるかもしれない。そうならないように、怒りの「対象」に注意を向けず、感情そのものを見つめるのである。感情そのものは持続することはないので、間もなく力を失うだろう。

瞑想訓練で得た経験を生かし、感情解放プロセスを日常生活に応用しよう。時間を経るうちに、怒りの実体が明快化し、怒りっぽさは弱まるだろう。

強迫観念的な欲望や羨望その他の苦痛の伴う感情についても、この訓練を応用しよう。

愛と思いやりの瞑想

そもそも瞑想とは、これまでとはまったく異なる方法による物事の経験に他ならない。例えば、苦しんでいる親しい人をリアルに思い起こしてみよう。すると、その人の苦しみを和らげて、苦しみの原因を何とか取り除いてあげたい、という望みが湧くものである。こうした思いやりの気持ちが心一杯に広がったら、そこにしばらく留まるといい。

あらゆる生き物は苦しみから逃れたいと望んでいる。この真理を実感し、思いやりの気持ちを彼らにまで押し広げよう。こうした無限の思いやりの気持ちと、彼らの苦しみを減らすのに必要なことを何でも喜んで引き受ける心構えとを結びつけよう。すべてを抱きかかえる膨大な思いやりの気持ちの中にできるだけ長く浸っていよう。

生き物が経験している無数に近い苦しみに思いをはせよう。その際、自分の無力感と勇気が失われることもあるだろう。そのようなときには、幸福な人とか賞賛に値する人物に意識をフォーカスしよう。それらの人物の中に喜びを見出し、熱烈な喜びを経験しよう。そうすることは、意気消沈や妬みに対する解毒剤として作用するだろう。

もう一つの方法は、偏見のない公平無私の瞑想に切り替えることである。愛と思いやりの気持ちを、愛する者、見知らぬ人、敵の誰彼を問わず、あらゆる人間に平等に向けるのである。自分を脅すような嫌な人も、苦しみを避けて幸福になりたい、と懸命に願っていることを思い起こそう。

あるいは、無私無欲の愛、または、すべての人間が幸福になる原因を見出し、彼らが幸福を手に入れられるように、と熱く願うのである。愛情溢れた親切心が心に充満したら、すべてを抱き込むほど大きな利他の愛にしばらく留まろう。

瞑想の最後に、この世のあらゆる現象には相互依存の性質がある、という真理をじっくりと考えよう。鳥が空を飛ぶには一枚ではなく二枚の羽が必要であるのと同じで、人間は智慧と慈悲心の両方が必要であることを理解しよう。日常生活に戻る前に、瞑想によって生み出された善良な心を生きとし生けるものすべてに捧げよう。

楽観主義と悲観主義の両方の目で捉えてみよう

まず、自分が飛行機で旅をしている状況を想定しよう。新たな赴任先に長距離飛行中の自分をイメージしよう。搭乗機が突然乱気流に巻き込まれ、翼が激しく上下運動をはじめる。続いて惨事が予想される。どうにか乱気流からは抜け出したらしい。だが、座席の窮屈なことにあらためて気がつく。まったく座り心地が悪くて不愉快である。飛行状況で、心は文句で一杯になる。一向に飲み物を運んでこない乗務員までが疎ましくなる。新しい任務について考え始める。赴任先の人々が自分と相性が悪そうだとか、自分は理解されそうにないと思い込む。自分の専門技術は無視され、重要プロジェクトに参加させてくれそうもないし、騙す人間さえいそうだ。この旅には悲劇的結末が控えている。どうして引き受けてしまったのだろう。ありとあらゆる取り越し苦労で振り回される。以上のように考えて、気が滅入り、陰鬱になるのを経験しよう。

次に、同じ状況を別のやり方で経験してみよう。

乱気流に巻き込まれても、飛行機の旅には付きものだと捉える。過ぎ行くどの瞬間も貴重なものだ、ということをはっきりと認識する。乱気流から抜け出したときには、無事に終わったことを心から喜び、残りの人生を建設的に使おうと決心する。たとえ座席がゆったりしていなくても、せめて背中と足の凝りを和らげる姿勢くらいは何とかできる。ほとんど立ち通しでかいがいしくサービスする女性乗務員が、明るく世話をしてくれることに感謝する。これから始まる未知の世界での冒険に興奮する。赴任先には、面白そうで生産的な人々が待ち受けている。新たな機会に遭遇する、という考えでワクワクする。自分の活動は生気に溢れ、どのような障害も克服できる心の資源を備えていることを確信する。

以上のように陽気で活気に満ちたポジティブな心境を経験してみよう。

両方の心境の違いを比べ、まったく同一の外的状況に置かれたとしても、心の作用を通じて、なぜこれほど異なる心境になるのかを理解しよう。

時間の価値を評価し今この瞬間を満喫する

心を内側に向け、過ぎ行く一瞬一瞬がどれほど豊かなものかを噛みしめよう。怒涛のような激しい感情やイメージや雑念の流れから距離を置くと、光り輝く黄金が一筋の流れとなって溶け出したように、時が純粋な気づきとなってくるだろう。

過去の思考が止み、未来の思考が未だ浮かばない、その合間の時間に、一切手が加えられてなく、明確で、目覚めていて、新鮮なこの瞬間の感覚を経験することができるだろう。壮大な自然に見とれている幼児のように、何も考えず、しばらくそのままでいよう。

精神を歩行に集中する瞑想

ベトナムの仏教僧、チック・ナット・ハンが開発した方法である。「自由、着実、そして急がずに歩行する楽しさを味わうだけでいい。一歩一歩に意識を集中する。しゃべりたくなったら歩みを止め、前方にいる人との会話にだけ注意を傾注する。立ち止まって、辺りを見回し、木、白い雲、無限に広がる空、鳥のさえずりに耳を傾け、気持ちよいそよ風に吹かれている命の素晴らしさを味わう。完全に自由で解放された人間として歩くのである。一歩踏み出すごとに足取りが軽くなるのを感じよう。そして一歩一歩の真価を噛みしめよう。

オープン・プレゼンスの流れに入ろう

目は自然に開けて、背筋を無理なく伸ばした瞑想の姿勢で、心を静めよう。次に、壮大な大空のように心を無限に広げよう。特に集中する対象は必要としない。ゆったりとリラックスし、それでいて完全に目覚めた状態を保とう。雑念から心を解放し、心の鮮明さが全体に充満するのを感じよう。無理せず、それでいて心が散漫にならないように注意しよう。感覚的知覚、記憶、想像力は無闇に押さえ込む必要はないが、単純にそれらの影響を受けないといった感じが得られればいい。こうしてしばらくの間リラックスした状態を保とう。静寂で壮大な心は、知覚によって変化することはない。思考が入り込んできても、水面に描いた絵が跡形もなく消えるように、自然に消えるに任せよう。しばらくの間、平安を感じていよう。

あとがき

心血を注いで本書を書き上げました。ここには作り事は一切存在しません。本書で書かれている考え方は、精神的指導者である、カンギュル・リンポチェ、ドゥジョム・リンポチェ、ディンゴ・キェンツェ・リンポチェ、第14世ダライ・ラマ法王、トゥルシク・リンポチェ、ペマ・ワンギェル・リンポチェ、シェチェン・ラブジャム・リンポチェ、ジグメ・キェンツェ・リンポチェ、ズィガー・コントゥル・リンポチェ、そして人生を共にしてきた人々の言葉と行為に鼓舞されたものです。

本書の内容を読みやすく調整してくださった方々に深く感謝します。特に、本書の出版に骨を折ってくださった、カリッセ・バスケットおよびヴィヴィアン・クルツ、英語訳のジェシー・ブラウア、その貴重な提案によって、一段と簡潔に、生気を帯びた、編集者のジュディー・クライン、Little Brown 社の編集チーム、幅広い読者に本書を紹介してくださった方々、ポール・エクマン、ピコ・アイヤーその他のご親切な友人たちに感謝いたします。

本書の著作権からの収入は全額、チベット、ネパール、ブータンの人道的プロジェクトに投入されます。プロジェクトの詳細をご希望の方は左記にどうぞ。

http://www.shechen.org

謝辞　著者は、以下の出版物の引用許可に対し心より謝意を表します。

■Revue Québécoise de Psychologie 誌18号（1997）で発表されたRuut Veenhoven 教授（エラスムス大学ロッテルダムおよびユトレヒト大学）著の"Advances in Understanding Happiness"原タイトルは"Progrès dans la compréhension du bonheur"著者による許可取得

■ウォールストリート・ジャーナル紙2004年11月5日付けのB1面記事"Scans of Monks' Brains Show Meditation Alters Structure, Functioning"全世界著作権者は©2004 Dow Jones & Company, Inc. ライセンス番号1382650953002／1382671136678　ウォールストリート・ジャーナル紙より許可取得

■ワシントンポスト紙2005年1月3日付けA5面のMark Kaufmanによる記事"Meditation Gives Brain a Charge, Study Finds"著作権者は©2005 The Washington Post 許可取得

■Daniel Goleman 著 Destructive Emotions: How Can We Overcome Them? A Scientific Dialogue with the Dalai Lama　著作権者©2003　The Mind and Life Institute. Randam House, Inc の1部門 Bantam Books の許可取得

■Wired 誌1996年9月号内で発表されたJohn Geirland によるMihaly Csikszentmihalyi インタビュー記事"Go with the Flow"の許可取得

訳者あとがき

本書は、Matthieu Ricard による原書 Plaidoyer pour le bonheur, Nil 2003 の英語訳 Happiness, A Guide to Developing Life's Most Important Skill（英訳者：Jessy Browner, Little, Brown and Company 2006）をさらに日本語に翻訳した、いわば「重訳」です。そのため、誤訳を避けることを最優先課題と考え、また、チベット仏教の僧侶である著書自身の「仏教書として扱われることは望まない」という希望もふまえ、仏教の専門用語は避け、できるだけ平易で一般的な表現を使うように配慮しました。

日本語版誕生のきっかけについて一言触れたいと思います。訳者の住む英国の新聞『インディペンデント』に２００７年の年明け間もなく、「世界一幸福な人物」という見出しで一面を割いた記事を発見、一気に読み通しました。「幸福は習得可能な技術である」という著者リカール氏の言葉に大きな衝撃を受け、英語版発売と同時に取り寄せたのでした。意気込んで読み始めたところが、ソファーに寝そべって読むには、余りにも中身の濃い本であることを痛感しました。我が脳内の記憶装置に残余するごく限られた語彙に頼っていては、完全に理解するのは至難の技でした。覚悟を決め、辞書と首引きの読解作業を進めるうちに、「これは自分一人だけで理解して満足しているにはもったいな過ぎる」という思いがよぎりました。「たとえ自費出版でも日本の皆様にご紹介したい」と、パソコンに向かっての「学習」が始まったのでした。

私事になってしまいますが、訳者は日本では少数派のカトリック系大学を卒業し、司祭であった恩師の強い影響を受けて受洗、教会に通い、しかも20年近く英国に暮らす、いわば規格外れの日本人です。チベット仏教僧による本書を読もうとした動機には、日本人でありながら、仏教に関する知識を一切持たないことへの反省の意味もありました。また、翻訳を決意した段階では、「他流試合」といった挑戦的な気分でした。ところが、読み進むほどに、チベット仏教の根底をなす、利他の精神に支えられた慈悲心の教えが、「生きることは愛すること」という恩師、エバレット神父の単純明快なモットーとも、教会や聖書によって叩き込まれた「無条件の愛の精神と実践」の教えとも、まったく違和感がないどころか、宗教的な壁が容易に超えられる、という事実に驚愕したのでした。広い意味での精神性に関して、ダライ・ラマがしばしば使われる「世俗的精神性」こそが、21世紀の世界に最も貢献できる精神かもしれない、という思いが強まりました。多くの人々が心から自分の宗教を信じているか、という問いには大きな疑問符がつくでしょう。そして、宗教の伝統的儀式に習慣的に参加している人が圧倒的多数なのではないでしょうか。キリスト教徒が仏教の教えに基づく「幸福論」を学習することは、決してマイナスにはならない、とはっきりと確信してしまってからというもの、完成に至るまでの一瞬一瞬が精神的向上の喜びで満たされる貴重な時間に変わりました。

２００７年に国連児童基金（ユニセフ）が先進国の子供の「幸福度」調査を発表しています。それによると、子どもの意識項目で、「孤独を感じる」と答えた日本の15歳の割合は、２位のアイスランド（10・３％）、フランス（６・４％）、英国（５・４％）に比べて、29・８％と、Ｏ

ＥＣＤ加盟25カ国中、ずば抜けて高い数字です。加えて、日本の自殺者数は9年連続で3万人を超えており（２００６年度調査）、旧ソ連圏を除いて世界最悪の水準です。さらに、20～30代の死亡原因の第一位となっています。60歳以上の高齢者の自殺も目立っています。世界最高峰の技術力に支えられた物質的豊かさを誇る日本の子供が世界一孤独で、大人が自殺に走る惨状は、目を覆わんばかりです。日本人の倫理観の中に、「他人に迷惑をかけない生き方」が重要な位置を占めているのではないでしょうか。迷惑をかけない生き方の結果が、孤独であり、自殺であるのは、極めて深刻な問題です。反面、他人の迷惑を考えないほどに心理的に追いつめられた若者が残忍な行為に走る現象をどう捉えればよいのでしょうか。

そうした今こそ、日本の皆様に、「人間は誰でも、苦しみから自らを解き放つ力を備えている」「根源的かつ永続的な苦しみはない」といった言葉を含む、「苦しみのメカニズム」に関する本書の明快な論理を是非ともお読みいただくことを心からお勧めします。本書を通じて強調されている、因果性と相互依存性、その延長上にある利他的精神の訓練は、日本人が最も必要とするものである、と確信します。

もう一つ、私事になりますが、訳者は、英国在住のヨガ・気功治療の大家、望月勇師の手ほどきで20年近く、ヨガと瞑想の修行に取り組んできました。本書が強調している、瞑想のもたらす内的変革は、したがって、体験ずみです。心を変革させて、はじめて得られる本物の幸福、そのための技術を、できるだけ多くの日本の皆様に体得していただきたい、と心から希望してやみません。

最後に、日本語訳出版の実現には、多くの方々のご支援をいただきました。心より感謝の気持ちを表します。特に、本書日本語版出版を迷わず決断された、評言社社長の安田喜根氏、編集者の中村幸博氏、出版コンサルタントの斉藤勝義氏、日本語の拙さを厳しく指摘して知恵を絞ってくれた我が子供たちを含む大勢の方々に改めて心からのお礼を申し上げます。

２００８年4月　ロンドンにて　　竹中ブラウン　厚子

１９４１年生まれ。上智大学外国語学部英語科卒。１９９０年に渡英、英国翻訳通訳家協会（ＩＴＩ）に所属し主に日本の本の英訳に従事。訳書：Total Forecast Japan 1990's（共訳 Cassell Asia Pacific Business Reference）, Charting Japanese Industry（共訳 Cassell）他。

∽ はじめに ∽

【1】マチウ・リカール Animal Mitigrations（ニューヨーク：Hill and Wang、ロンドン：Constable、1970年）
【2】ジャン=フランソワ・ルヴェル／マチウ・リカール The Monk and the Philosopher：1997年〔邦訳『僧侶と哲学者』新評論、1998年〕
【3】ポール・エクマン、リチャードJ. デービッドソン、マチウ・リカール、B. アラン・ウォレス "Buddhist and Psychological Perspective on Emotions and Well Being" Current Directions in Psychological Science 14：2（2005年4月、59-63）

∽ 第1章 ∽

エピグラフ：ジャン―ジャック・ルソー〔Emile ou l'education 1768、邦訳『エミールまたは教育について』東京大学出版会、1988年〕"
【1】アンリ・ベルグソン "Les Deux sources de la morale et de la religion" in Remarques finales（パリPUF, 1997）〔邦訳『道徳と宗教の二源泉』岩波文庫、1977年〕
【2】Ruut Veehoven "Advances in Understanding Happiness", Erasmus UniversityRotterdam and University of Utrecht（オランダ）. 原題は"Progres dans la comprehension du bonheure", Revue Quebecoise de Psychologie 18（1997）
【3】Andre Burguiere, Le Nouvel observateur, special issue "Le Bonheur", 1988.
【4】Robert Misrahi, Le Bonheur, essai sur la joie（Paris：Optiques, Hatier, 1994）
【5】André Compte-Sponville, Le Bonheur, désespérément（Nantes：Editions Pleins Feux, 2000）
【6】Katherine Mansfield, Bliss and Other Stories（North Stratford, N. H.：Ayer, 1977）〔邦訳『幸福』平凡社〕
【7】Etty Hillesum, Etty：A Diary 1941-43、英訳者 Arnold J. Pomerans（London：J. Cape, 1983）〔邦訳『エロスと神と収容所、エティの日記』朝日新聞社、1986年〕
【8】Rabindranath Tagore, Stray Birds（New York：Macmillan, 1916）

【9】 Hillesum　前掲
【10】 Georges Bernanos, Journal d'un cure de campagne (Paris Plon, 1951)

〜 第2章 〜

エピグラフ：『エピクロスの箴言集』M. Conche (Epimethee, PUF, 1995)
【1】 Chögyam Trungpa, Cutting Through Spiritual Materialism, John Baker and Marvin Casper編集 (Boston : Shambhala, 1973)〔邦訳『タントラへの道－精神の物質主義を断ち切って』めるくまーる社、1981年〕
【2】 Dominique Noguez, Les Plaisirs de la vie (Paris : Payot et Rivages, 2000)
【3】 Immanuel Kant, Clitique de la raison pure 翻訳者 Tremesaygues/Pacaud (Paris : PUF, 1971)
【4】 Immanuel Kant, Clitique de la raison pratique 翻訳者François Picavet (Paris : PUF, 1971)
【5】 Romain Rolland, Jean-Christophe, 第Ⅷ巻 (Paris : Albin Michel, 1952)〔邦訳『ジャンクリストフ』新潮社、1983年〕

〜 第3章 〜

【1】 2001年11月26日ポルトガルのコインブラで開催されたダライ・ラマの一般講演より（チベット語からの翻訳者：マチウ・リカール）
【2】 Marcus Aurelius, Pensées, 第19巻 (Paris : Société d'Editions, 1953)〔邦訳『自省録』〕マルクス・アウレリウス、京都大学学術出版会、1998年〕
【3】 B. Alan Wallas, Buddhism with an Attitude : The Tibetan Seven-Point Mind Training (Ithaca、ニューヨーク : Snow Lion, 2003)
【4】 Richard Layard, Happiness : Lessons from a New Science (London : Allen Lane, Penguin Books, 2005)
【5】 Pascal Bruckner, L'Euphorie perpétuelle (Paris : Grasset, 2000).
【6】 Alain, Propos sur le bonheur (Paris : Gallimard, 1998).〔邦訳『アランの幸福論』ディスカバー・トゥエンティワン、2007年〕

第4章

エピグラフ：ディンゴ・キェンツェ・リポンチェ The Hundred Verses of Advice of Padampa Sangye（ボストン：Shambara、2004年）

【1】Christophe André, Vivre heureux：psychologie du bonheur（Paris：Odile Jacob, 2003）

【2】Paul Ekman, Emotion Revealed（New York：Times Press, 2003）.〔邦訳『顔は口ほどに嘘をつく』河出書房新社、2006年〕

【3】P. Brickman/D. Coates/R, Janoff-Bulman, "Lottery Winners and Accident Victims：Is Happiness Relative?" Journal of Personality and Social Psychology 36（1978）, 917-27

【4】Michael Argyle, "Causes and Correlates of Happiness", in D. Kahneman, E. Diener, and N. Schwarz編Well-Being：The Foundations of Hedonic Psychology（ニューヨーク：Russell Sage Foundation, 2003）

【5】Jean-Paul Sartre, La Nausée（Paris：Gallimard 1954）.〔邦訳：白井浩司邦訳『嘔吐』より〕

【6】G. C. Whiteneck その他、『ロッキーマウンテン脊髄損傷システム』国立身体障害者研究所向け報告書 1985年：29-33

第5章

【1】Misrahi　前掲

【2】D. G. Myers, American Paraddox（ニューヘブン：Yale University Press, 2000）.

【3】Arthur Schopenhauer, The World as Will and Representation〔邦訳『意思と表象としての世界』白水社、1996年〕

【4】Sigmund Freud, Malaise dans la civilisation〔邦訳『幻想の未来／文化への不満』光文社、2007年〕

【5】Martin Seligman, Authentic Happiness（ニューヨーク：Free Press, 2002）〔邦訳『世界で一つだけの幸せ：ポジティブ心理学が教えてくれる満ち足りた人生』アスペクト、2004年〕

【6】ダライ・ラマ/ハワード・カトラー The Art of Happiness：A handbook for Living（Rockland, Mass：Compass, 1998）〔邦訳『心の育て方』求龍堂、2000年〕

【7】 Wallace　前掲
【8】 Comte-Sponville　前掲
【9】 Cavalli-Sforza　前掲

第6章

【1】 M. D. S. Ainsworth, "Infant-Mother Attachment", American Psychologist 34 (1979), 932-37. G. Noam and K. Fischer 編の Development and Vulnerability in Close Relationships（ヒルズデールN, J：Erlbaum, 1996）内のP. R. Shaver/C. L. Clark による研究，"Forms of Adult Romantic Attachment and Their Cognitive and Emotional Underpinnings". Kruglanski/E. T. Higgins 編の"Social Psychology：Handbook of Basic Principles"第2編（ニューヨーク：Guilford, 2005）の中の P. R. Shaver and M. Miklincer 著の"Attachment Theory and Research：Core Concepts, Basic Principles, Conceptual Bridges"
【2】 M. Miklincer/P. R. Shaver "Attachment Security, Compassion, and Altruism" Current Directions in Psychological Science 14 (2005), 34-38
【3】 G. Corneau, La Guérison du Coeur：nos souffrances ont-elles un sens?（パリ：Laffont, 2001）
【4】 E. Fernandez/D. C. Turk, "The Utility of Cognitive Coping Strategies for Altering Pain Perception：A Meta-analysis", Pain 38 (1989), 123-35
【5】 Lisa K. Mannix/Rohit S. Chadurkar/Lisa A. Rubicki/Diane L. Tusek/Glen D. Solomon："Effect of Guided Imagery on Quality of Life for Patients with Chronic Tention-Type Headache" Headache 39 (1999), 326-34.
【6】 Tenzin Choedrak/Giles Van Grasdorff, "The Rainbow Palace"（ロンドン：Bantan, 2000）
【7】 Ani Pachen/A Donnelly, "Sorrow Mountain：The Journey of a Tibetan Warrior Nun"（ニューヨーク：Kodansha America, 2000）

第7章

エピグラフ：チャンドラ・キールティ Madhyamakalankara（7世紀）はインド仏教及びナーガールジュナ哲学最高の解説者。
【1】 Han de Wit "De Lotus en de roos：Boeddhisme in dialog met psycholo-

gie, godsdienst en ethiek"（Kampen：Kok Agora, 1998）
【2】個人的書簡
【3】Aaron Beck, "Prisoners of Hate：The Cognitive Basis of Anger, Hostility and Violence"（ニューヨーク：Harper Collins, 1999）
【4】Buddhism and Science：Breaking New Ground（ニューヨーク：Columbia University Press, 2003）の中のD. Galin著 "The Concepts of Self, Person, and I in Western Psychology and in Buddhism"
【5】Charles Scott Sherrington, "The Integrative Action of Nervous System"（ニューヘブン：Yale University Press, 1948）

第8章

エピグラフ：アラン　前掲
【1】Andrew Solomon, "TheNoonday Demon：An Atlas of Depression"（ニューヨーク：Scribner, 2001）〔邦訳『真昼の悪魔―うつの解剖学』原書房、2003年〕
【2】同上
【3】ディンゴ・キェンツェ, "The Heart Treasure of the Enlightened Ones"（ボストン：Shambhala, 1993）
【4】Nicholas Boileau, Épitre V. à Guilleragues（パリ：Gallimard, 1995）

第9章

【1】R. J. Davidson/W. Irwin, Trend in Cognitive Science 誌3（1999）11-21の "The Functional Neuroanatomy of Emotion and Affective Style" 参照；R. J. Davidson, Cognition and Emotion 誌42（2000）, "Cognitive Neuroscience Needs Affective Neuroscience (and Vice Versa)" 89-92；A, R, Damasio. Descartes' Erro（ニューヨーク：Avon, 1994）；E. T. Rolls, The Brain and Emotion（ニューヨーク：Oxford University Press, 1999）
【2】Nico H. Fidja, Kahneman/Diener/Schwarz編集のWell-Being内の "Emotions and Hedonic Experience" 参照
【3】Ekman/Davidson/Ricard/Wallace 前掲
【4】同上

【5】 M. L. Lewis/J. Havikland-Jones 編集の Handbook of Emotions 第2版（ニューヨーク：Guilford, 2000）内の L. Cosmides/J. Tooby, "Evolutionary Psychology and the Emotions". P. Ekman/W. V. Friesen, "The Repertoire of Nonverbal Behavior：Categories, Origins, Usage, and Coding", Semiotical（1969）, 49-98. C. Izard, The Face of Emotion（ニューヨーク：Appleton-Century-Crofts, 1971）
【6】 H. S. Friedman, Hostility, Coping, and Health（ワシントンDC：American Psychological Association, 1992）及び J. Vahtera/M. Kivimaki/A, Uutela/J. Pentti, "Hostility and Ill Health：Role of Psychological Resources in Two Contexts of Working Life", Journal of Psychosomatic Research 48（2000）, 89-98を特に参照。ただし、西欧では、敵意と暴力は本質的な感情ではなしに、性格特性と考えられていることに留意すべきである。
【7】 Chesney その他の編集による、Anger and Hostility in Cardiovascular and Behavioral Disorders（ニューヨーク：McGraw-Hill, 1985）内の W. Barefoot その他による "The Health Consequences of Hostility"
【8】 Psychological Bulletin 126（2000）, 890-906内のR. J. Davidson/D. C. Jackson/N. H. Kalin, "Emotion, Plasticity, Context, and Regulation：Perspectives from Affective Neuroscience" 及び Ekman 前掲
【9】 Solomon　前掲
【10】 Ekman/Davidson/Ricard/Wallace 前掲
【11】 Psychology 第6版（ニューヨーク：Worth, 2001）の D. Myers, "Happiness"
【12】 C. R. Snyder/Shane J. Lopez編集のHandbook of Positive Psychology（ニューヨーク：Oxford University Press, 2002）内の Barbara Fredrickson の "Positive Emotions"
【13】 William James, The Principles of Psychology（マサチューセッツ州ケンブリッジ：Harvard University Press, 1890/1981）

第10章

【1】 D. Wegner/P. Pennebaker編集のHandbook of Mental Control（ニュージャージー州イーグルウッド・クリフス：Prentice Hall, 1993）内の Dolf Zillmann,

"Mental Control of Angry Aggression"
【2】Journal of Abnormal and Social Psychology 65 (1962), 232-37内のJ. E. Hokanson その他による"The Effect of Status, Type of Frustration, and Aggresion on Vascular Process"
【3】Handbook of Positive Psychology 35 (2000), 485-97内 の Daniel Batson/Nadia Ahmad/David A. Lishner/Jo-Ann Tsang による"Empathy and Altruism"
【4】Alain　前掲
【5】ダライ・ラマ, Ancient Wisdom, Modern World : Ethics for the Next Millennium (ロンドン : Little Brown, 1999)
【6】Dilgo Khyentse, Heart Treasure
【7】Ekman, Emotions Revealed　前掲
【8】Alain　前掲
【9】Ekman/Davidson/Ricard/Wallacew　前掲

第11章

【1】Shopenhauer　前掲
【2】Christian Boiron, La Source du bonheur (パリ : Albin Michel, 2000)
【3】Alain　前掲
【4】Kahneman/Diener/Schwarz編集のWell-Being内のK. C. Berridgeによる"Pleasure, Pain, Desire, and Dread : Hidden Core Processes of Emotion"

第12章

【1】Beck　前掲
【2】ダライ・ラマ/M.リカール, 365 Dalai Lama : Daily Advice from the Heart (ロンドン : Thorsonz Element, 2003)
【3】Hillesum　前掲
【4】Paul Lebeau, Etty Hillesum, un itineraire spiritual (パリ : Albin Michel, 2001)

第13章

【1】Swami Prajnanpad“Lettres à ses disciples, Vol. 3, La Vérité du bonheur（パリ：L'Originel, 1990）

第14章

【1】A. Comte-Sponville, Petit traité des grandes vertus（パリ：PUE, 1995）

第15章

エピグラフ：Kahneman/Diener/Schwarz 編集による Well-Being 内の Daniel Kahneman の“Objective Happiness”

【1】例えば、Ruut VeenhovenはBibliography of Happinessで2,475以上の幸福に関する科学的出版物を比較検討している。RISBO, Studies in Social and Cultural Transformation, Erasmus University, オランダのロッテルダム

【2】F. M. Andrews その他による Social Indicators of Well-being（ニューヨーク：Plenum, 1979）及び Psychological Bulletin 96号（1984），542-75内の E. Diener による、“Subjective Well-being”

【3】米国保健福祉省出版91-1506内の D. A. Dawson, Family Structure and Children's Health：United States, 1988. Vital and Health Statistics, シリーズ10 178号（ワシントン市：National Center for Health Studies, 1991）

【4】M. Argyle, “Causes and Correlates of Happiness”

【5】Layard　前掲

【6】同上

【7】M. H. Appley 編集の Adaptation-Level Theory：A Symposium（ニューヨーク：Academic Press,1971）内の P. Brickman/D. T. Cambell による“Hedonic Relativism and Planning the Good Society”

【8】Social Indicators Research 2002内のR. Biswas-Diener/E. Dienerによる“Making the Best of a Bad Situation：Satisfaction in the Slums of Culcutta”

【9】Martin Seligman, The Optimistic Child（ニューヨーク：Houghton Mifflin, 1996）

【10】WHO“Wolrd Health Report, 1999”

【11】NIMH（米国立精神衛生研究所）のホームページSuicide Facts for 1996

参照
【12】 Layard　前掲
【13】 Gallup 社1994年度世論調査
【14】 Seligman, Authentic Happiness　前掲
【15】 Journal of Personality and Social Psychology 54 (1998), 1030-39内の A. Tellegen その他による "Personal Similarity in Twins Reared Apart and Together"
【16】 米科学誌 Science 286号 (1999), 1155-58内の D. Francis/J. Diorio/D. Liu/M. J. Meaney による記事 "Nongenomic Transmission Across Generations of Maternal Behavior and Stress Responses in the Rat"
【17】 Martin Seligman, What You Can Change and What You Can't (ニューヨーク : Knopf, 1994)
【18】 Journal of Personality and Social Behavior 誌65号 (1993) 1046-53内の K. Magnus その他による記事 "Extraversion and Neuroticism as Predictors of Objective Life Events : A Longitudinal Analysis"
【19】 Journal of Personality and Social Psychology 誌80号 (2001) 内の D. Danner その他による記事 "Positive Emotions in Early Life and Longevity : Findings from the Nun Study"
【20】 Journal of the American Geriatics Society 誌98号 (2000) 473-78内 の G. Ostirその他による記事 "Emotional Well-being Predicts Subsequent Functional Independence and Survival"
【21】 American Journal of Public Health 誌77号 (1987) 内の J. Kaprio/M. Koskenvo/H. Rita による記事 "Mortality After Bereavement : A Prospective Study of 95, 647 Widowed Persons"
【22】 Psychological Bulletin 誌96号 (1984) 542-75内の E. Diener による記事 "Subjective Well-being"
【23】 Journal of Personality and Social Psychology 誌68号 (1994) 926-35内の E. Diener その他による記事 "Resources, Personal Strivings, and Subjective Well-being : A Nomothetic and Idiographic Approach"
【24】 Veenhoven, "Advances in Understanding Happiness"
【25】 Cavalli-Sforza　前掲

【26】ニューヨーク・タイムズ紙2001年5月19日のB9-11面のD. Leonhardtによる記事“If Richer Isn`t Happier, What Is?”

第16章

【1】本テーマに関しては、B. Allan Walace の The Taboo of Subjectivity：Toward a New Science of Consciousness,（ニューヨーク：Oxford University Press, 2000）及びMattieu Ricard/Trinh Xuan Thuan, The quantam and the Lotus（ニューヨーク：Crown, 2002）を参照。
【2】英科学誌Nature386号（1997年4月3日）内のG. Kemperman/H. G. Kuhn/F/Gage による記事“More Hippocampal Neurons in Adult Mice Living in an Enriched Environment”及び米科学誌Scientific American、1999年5月号内のGerd Kemerman/Fred Gage による一般向け記事“New Nerve Cells for the Adult Brain”
【3】Nature Medicine誌4：11号（1998年11月）1313-17内のP. S. Erickssonその他による記事“Neurogenesis in the Adult Human Hippocampus”
【4】Daniel Golman, Destructive Emotions：How Can We Overcome Them?（ニューヨーク：Bantan, 2003）〔邦訳：なぜ人は破壊的な感情を持つのか：アーティストハウスパブリッシャーズ、2003年〕
【5】米科学アカデミー紀要 PNAS101：46、2004年11月16日号内の A. Lutz/ L. L. Greischar/N. B. Rawlings/M. Ricard/R. J. Davidson による記事“Long-Term Meditators Self-Induce High-Amplitude Gamma Synchrony During Mental Practice”
【6】ウォールストリート・ジャーナル紙2004年11月5日 B1面の Sharon Begley による Davidson のインタビュー記事“Scans of Monks' Brains Show Meditation Alters Structure, Functioning”
【7】ワシントン・ポスト紙2005年1月3日 A5面の Mark Kaufman による Davidson のインタビュー記事“Meditation Gives Brain a Charge, Study Finds”
【8】同上
【9】Begley　前掲
【10】同上
【11】L. A. Schmidt/J. Schulkin 編集の Extreme Fear and Shyness：Origins

and Outcomes（ニューヨーク、Oxford University Press, 1999）内のR. J. Davidson/M. Rickman による "Behavioral Inhibition and the Emotional Circuitry of the Brain：Stability and Plasticity During the Early Childhood Year"
【12】Goleman, Destructive Emotions
【13】Lutz その他　前掲
【14】Goleman, Destructive Emotions
【15】同上
【16】Kaufman　前掲
【17】Psycosomatic Medicine 誌65号（2003）, 564-70内の R. J. Davidson/J. Kabat-Zinn その他による記事 "Alterations in Brain and Immune Function Produced by Mindfulness Meditation"

第17章

【1】英 BBC ワールド・サービス2001年の Science in Action 報告より
【2】米精神科学誌 Psychological Science 13（2002）, 81-84内の E. Diener/M. E. P. Seligman による記事 "Very Happy People"
【3】Seligman, Authentic Happiness
【4】Davidson/Ann Harringtonによる編集のVisions of Compassion（ニューヨーク：Oxford University Press, 2002）内の E. Sober による "Kindness and Cruelty in Evolution"
【5】Personality and Social Psychology Bulletin 誌20号（1994）603-10内のC. Daniel Batson による記事 "Why Act for the Public Good? Four Answers"
【6】Journal of Personality and Social Psychology 55：（1988）, 52-57内の C. Daniel Batson/Janine L. Dyck による記事 "Five Studies Testing Two New Egoistic Alternatives to the Empathy-Altruism Hypothesis"
【7】Davidson/Harrington 編集の Visions of Compassion 内の Nancy Eisenbergによる "Empathy-Related Emotional Responses, Altruism and Their Socialization"

~第18章~

エピグラフ：ディンゴ・キェンツェ、Heart Treasure

【1】S. Kirpal Singh, 1986 未出版記事

【2】Journal of Social and Clinical Psychology誌24：5号（2005年5月）607-20内のM. Perez/K. D. Vohs/T. E. Joinerによる 記事 "Discrepancies Between Self-and Other-Esteem as Correlates of Aggression"

【3】Snyder/Lopezによる編集のHandbook of Positive Psychology内のJ. J. Exline/R. F. Baumeisterによる。Case Western Reserve University 2000の非出版記事 "Humility" でJ. P. Tangneyが言及。

~第19章~

エピグラフ：アラン　前掲

【1】Optimism and pessimism： Implications for Theory, Research, and Practice（米国心理学会 APA, 2001）内の L. G. Aspinwall その他による記事 "Understanding How Optimism Works： An Examination of Optimistic's Adaptative Moderation of Belief and Behavior"

【2】Personality and Social Psychology Bulletin誌 22号（1996）, 993-1003内のL. G. Aspinwallその他による記事 "Distinguishing Optimism from Denial：Optimistic Beliefs Predict Attention to Health Threat"

【3】Seligman, Authentic Happiness

【4】Mayo Clinic Proceedings紀要 75号（2000）, 140-43内のT. Marutaその他による記事 "Optimists vs. Pessimists：Survival Rate Among Medical Patients over a 30-Year Period"

【5】M. Seligman, Learned Optimism：How to Change Your Mind and Your Life（ニューヨーク：Free Press, 1998）

【6】Alain　前掲

【7】Snyder/Lopezによる編集の Handbook of Positive Psychology 内の C. R. Snyder その他の "Hope Theory" 及び Journal of Personality and Social Psychology 誌73号（1997）, 1257-67内の Curry その他による記事 "The Role of Hope in Student-Athlete Academic and Sport Achievement"

【8】Snyder/Lopez 編集の Handbook of Positive Psychology 内の Charles S.

Carver/Michael F. Sheierによる記事“Optimism”
【9】Journal of Personality and Social Psychology 56号(1989)267-83内のC. S. Carverその他による記事“Assessing Coping Strategies：A Theoretically Based Approach”及びEuropean Journal of Personality誌7号(1993), 267-81内のK. R. Fontaineその他による記事“Optimism, Perceived Control over Stress, and Coping”

第20章

【1】セネカ、On the Brevity of Life〔邦訳：『人生の短さについて』岩波書店、1980年〕
【2】Vicki Mackenzie, Cave in the Snow： A Western Woman's Quest for Enlightenment(ロンドン：Bloomsbury, 1998)
【3】Nagarjuna, Suhrlleka、チベット語からMattieu Ricardが翻訳

第21章

エピグラフ：Snyder/Lopezによる編集のHandbook of Positive Psychology内のJ. Nakamura/M. Csikszentmihalyiによる“The Concept of Flow”
【1】Wired誌1996年9月号内のM. Csikszentmihalyiによる記事“Go with the Flow”
【2】Daniel Goleman, Emotional Intelligence〔邦訳：『心の知能指数』、講談社プラスアルファ文庫、1998年〕内で言及されたニューズウイーク誌、1994年2月28日号の記事“Like a Waterfall”
【3】William James　前掲
【4】M. Csikszentmihalyi “Go with the Flow”
【5】N. Colangelo/S. Astoulineによる編集のTalent Development Ⅲ(アリゾナ州スコッツデール：Gifted Psychology Press, 1999)内のS. Whalenによる“Challenging Play and Cultivation of Talent, Lesson from the Key School's Flow Activities Room”
【6】Nakamura/ Csikszentmihalyi　前掲

∾ 第22章 ∾

エピグラフ：エピクロス：Maximes capitals（箴言集）

【1】Cavalli-Sforza　前掲

【2】ダライ・ラマ、Ancient Wisdom, Modern world

【3】Francisco J. Varela, Ethical Know-how：Action, Wisdom, and Cognition（カリフォルニア州スタンフォード：Stanford University Press, 1999）

【4】ダライ・ラマ、Ancient Wisdom, Modern world

【5】Compte-Sponville, Petit Traité

【6】イマヌエル・カント、The Philosophy of Law：An Exposition of the Fundamental Principles of Jurisprudence as the Service of Right〔邦訳岩波版『カント全集』〕

【7】Compte-Sponville, Petit Traité

【8】Varela　前掲

【9】ダライ・ラマ、Ancient Wisdom, Modern world

【10】イマヌエル・カント、Critique of Practical Reason〔邦訳『実践理性批判』岩波書店、1935年〕

【11】Varela　前掲

【12】Jeremy Bentham, The Principles of Morals and Legislation（ニューヨーク：Prometheus, 1988）〔邦訳『道徳および立法の諸原理序説、世界の名著38 ベンサム』中央公論社所収〕

【13】John Rawls, A Theory of Justice（マサチューセッツ州ケンブリッジ、Belknap Press, 2005）〔邦訳『正義論』紀伊国屋書店、1979年〕

【14】Charls Taylor, Sources of the Self：The Making of Modern Identity（マサチューセッツ州ケンブリッジ：Harvard University Press, 1989）

【15】Varela　前掲

【16】米科学誌 Neuron 44号（2004）, 389-400内の J. Greene その他による記事 "The Neural Basis of Cognitive Conflict and Control in Moral Judgment"

【17】De Wit　前掲

〜 第23章 〜

エピグラフ：フランス週刊誌 Le Nouvel observateur 特集2002年4-5月号 “La Sagesse d'aujourdhue” 内の Patrick Declerkによる記事 “Exhortations à moi-même”

【1】Hillesum　前掲

【2】エピクロス、箴言集の “Lettre à Ménécée”

【3】Sogyal Rinpoche, The Tibetan Book of Living and Dying（サンフランシスコ：HarperSanFrancisco, 1992）〔邦訳『チベットの生と死の書』講談社、1995年〕

【4】セネカ　前掲

〜 第24章 〜

【1】Ludwig Wittgenstein, On Certainty（Uber Gewissheit）（ニューヨーク：Harper and Row, 1969）〔邦訳『確実性の問題』ルートヴィヒ・ウィトゲンシュタイン全集 第9巻大修館書店、1997年〕

【2】Matthieu Ricard その他による翻訳 The Life of Shabkar（ニューヨーク：Snow Lion, 2001）

<著者略歴>

マチウ・リカール（Matthieu Ricard）

1946年フランス生まれ。チベット仏教僧。

パストゥール研究所のノーベル医学賞受賞者フランソワ・ジャコブ教授の指導の下、分子生物学の国家博士号を取得後、チベット語を学び、仏教修行の道に入る。チベット仏教の文献を欧米に翻訳・紹介、ダライ・ラマ14世のフランス語通訳も務める。

フランスにおいて細胞遺伝子の分野で将来を嘱望された研究者の経歴を放棄し、ヒマラヤ山間で仏教僧として35年間修行に専心。現在は著述家、翻訳家、写真家としても活躍するほか、瞑想の脳に及ぼす効果に関して展開中の科学研究にも参加。チベットとネパールを生活の拠点として人道的プロジェクトに従事。

著書：『僧侶と哲学者』（J.F.ルヴェルとの共著、邦訳1997新評論）、『掌の中の無限』（チン・スアン・トゥアンとの共著、邦訳2003新評論）ほか。

※著者の希望により、本書の印税は全額、チベット、ネパール、ブータンの人道的プロジェクトに寄付される。

http://www.shechen.org

Happiness 幸福の探求

2008年9月15日　初版 第1刷発行

著　者／マチウ・リカール著
訳　者／竹中ブラウン・厚子
発行者／安田喜根
発行所／株式会社 評言社
東京都千代田区神田須田町1-13-5
藤野ビル3F（〒101-0041）
TEL. 03-3256-6701（代表）　FAX. 03-3256-6702
http://www.hyogensha.co.jp
印刷・製本／株式会社シナノ
©Matthieu Ricard 2008 Printed in Japan
ISBN978-4-8282-0529-8 C0012